臺灣歷史與文化 研究輯刊

二 編

第 12 冊

張麗俊及《水竹居主人日記》之文學作品研究

賴恆毅 著

花木蘭文化出版社

國家圖書館出版品預行編目資料

張麗俊及《水竹居主人日記》之文學作品研究／賴恆毅 著 ——
初版 —— 新北市：花木蘭文化出版社，2013〔民102〕
序 2+ 目 2+178 面；19×26 公分
（臺灣歷史與文化研究輯刊 二編；第 12 冊）
ISBN：978-986-322-236-1（精裝）
1. 張麗俊 2. 傳記文學 3. 文學評論
733.08   102002849

ISBN-978-986-322-236-1

9 789863 222361

臺灣歷史與文化研究輯刊
二 編 第十二冊   ISBN：978-986-322-236-1

張麗俊及《水竹居主人日記》之文學作品研究

作 者 賴恆毅
總 編 輯 杜潔祥
出 版 花木蘭文化出版社
發 行 所 花木蘭文化出版社
發 行 人 高小娟
聯絡地址 235 新北市中和區中安街七二號十三樓
        電話：02-2923-1455／傳眞：02-2923-1452
網 址 http://www.huamulan.tw 信箱 sut81518@gmail.com
印 刷 普羅文化出版廣告事業
初 版 2013 年 3 月
定 價 二編 28 冊（精裝）新臺幣 56,000 元

張麗俊及《水竹居主人日記》之文學作品研究

賴恆毅　著

作者簡介

賴恆毅，國立臺北教育大學臺灣文學所碩士（現更名為臺灣文化所），國立中正大學中國文學所博士，研究專長為清代暨日領時期之空間與文化現象。碩博士論文分別為《張麗俊及《水竹居主人日記》之文學作品研究》（碩士論文）、《清代臺灣地理空間書寫與文化敘事》（博士論文）。另有〈在臺日人之基隆書寫——以《基隆港》收錄之日人漢詩為觀察場域〉、〈臺灣的行旅經驗及其文化意涵——以「臺灣勸業共進會」相關記錄為例〉、〈從澄臺、斐亭的建構看清代官員在臺灣道署內的宦遊視域〉、〈郁永河《裨海紀遊》之竹枝詞研究〉、〈由魏清德〈新店賦〉及相關作品觀察其應世態度〉、〈葉俊麟詞作中的都市風情〉等論著。

提　　要

　　本論文以張麗俊及《水竹居主人日記》之文學作品為研究論題，從對張麗俊家世生平的掌握，陳述其社會地位與時局觀感，進而交相呈現張麗俊於當時歷史脈絡的立體面貌。其次，藉此來探索其文學作品的寫作動機，嘗試區分其作品的類別與確切的數量，進而就其作品的數值與主題，作深度的探析。在章節架構上，以前後互相印證的論述方式，希望能夠完整呼應本論文的預定研究目標。因此除卻緒論與結論之外，在主論第二、三、四、五、六、七章的部分，其結構安排如下：

　　第二章為「張麗俊家世、生平及其交遊」，共分兩節。第一節「張麗俊的家世與生平」，著重在張氏先祖與家世背景，以及個人生平的考述。次節為「張麗俊之文學交遊」，針對在文學上往來較為密切的文友，呈現他們的互動。

　　第三章就其張麗俊的社會角色和地方參與進行探討。擬在其多元的角色扮演中，分成「傳統漢學的維繫與傳遞」、「官方保正、商務團體理監事的擔任」、「民間廟宇的執掌與管理」等三方面來說明。

　　第四章則以「張麗俊的時局觀」為核心，生活於殖民體制下的傳統仕紳，對於當日內在社會之脈動，與外在國際關係的變化，其觀感究竟為何？本章逐節討論張麗俊「對於殖民者的態度」、「對於文化反抗者的態度」、「對於中國政府的觀察」等不同層次，指陳櫟社詩人張麗俊的時局觀。

　　第五章，「《水竹居主人日記》之文學作品寫作動機與類型」，本章探討張氏書寫眾多文學作品的動機，依照動機層次的不同，羅列「參與詩會及相關文學活動」、「因應社會地位的交際酬酢」、「抒發自我情性」三項進行說明。次節就其文學作品的類型進行歸納，擬別為詩作、文章、書信、對聯等四類，除對文類特徵舉例說明外，並對作品數量進行詳細統計。

　　第六、七章是「《水竹居主人日記》之文學作品主題探析」，分為上、下兩章呈現。在第六章的部分，主要側重在張麗俊「內在情感的表現」與「外在世局的應對」的層面，希望藉此章之陳說，能與本論文前半部之研究成果產生相互印證的效果，並反映張氏文學作品中「身陷囹圄的悲憤」、「痛失親友的哀傷」、「生活的自適與感懷」、「表現對日統治之接納與臣服」、「為庶民出聲的建言與陳情」等不同主題。至於第七章，則企圖將張麗俊置放在時代脈絡中，剖析其文化思維與旅行視野，以「現代化事物的體驗與描寫」、「傳統的禮教文化觀念」、「地景地物的描寫」、「對殖民權力的詮釋與觀看」等項進行探析。綜合兩章的討論，希冀透過立體而多面的角度，將張麗俊文學作品作深入且詳盡的論述。

　　第八章為「結論」。該章歸納論文的大要，並提出本論文的研究價值與具體成果。

翁 序

　　賴恆毅的碩士論文〈張麗俊及《水竹居主人日記》之文學作品研究〉將由花木蘭文化出版社出版，這是值得恭喜的盛事，花木蘭文化出版社策畫「臺灣歷史與文化研究輯刊」，為臺灣文學、文化提供一個新的出版途徑，令人欣喜。

　　觀施懿琳的〈從張麗俊日記看日治時期中部傳統文人的文學活動與角色扮演〉及許雪姬的〈張麗俊先生《水竹居主人日記》的史料價值〉論文，由兩位教授的專論可知《水竹居主人日記》在臺灣文學與臺灣史學都具有重要的價值，故建議恆毅深入探討研究，並撰寫碩士論文。那時《水竹居主人日記》全書十冊剛由中研院近史所出版不久，王見川、陳世榮、許雪姬、洪秋芬、李力庸、陳鴻圖、何鳳嬌、廖振富、李毓嵐、林蘭芳、呂紹理、范燕秋等學者所結集的《水竹居主人日記學術研討會論文集》提供了許多寶貴的研究成果可供參考。

　　恆毅對張麗俊及《水竹居主人日記》的研究可謂躬逢其盛，復加他的努力與用心，所以論文完成後，陸續相關張麗俊、《水竹居主人日記》的學位論文，如〈張麗俊《水竹居主人日記》記載之臺灣文學史料分析〉、〈張麗俊《水竹居主人日記》收錄之對聯研究〉、〈從《水竹居主人日記》看日治時期常民生活中的演藝活動〉、〈古廟宇新價值——日治中期張麗俊主導下豐原慈濟宮的修築意義〉等，多將恆毅的學位論文列為研究參考，並持續深化此研究。除此之外，其他學位論文亦有引用恆毅的研究成果，如〈櫟社文人陳瑚及其文學創作探析〉、〈施梅樵及其漢詩研究〉、〈傅錫祺及其《鶴亭詩集》研究〉，顯示恆毅的研究頗受肯定。

恆毅用心好學，除了整理學位論文，並進一步深化研究所得，故有數篇《水竹居主人日記》的期刊論文：〈張麗俊《水竹居主人日記》中的彰化史料〉、〈被殖民者的空間感知——櫟社張麗俊詩作中的旅行視野〉、〈臺灣的行旅經驗及其文化意涵——以「臺灣勸業共進會」相關記錄為例〉。除了《水竹居主人日記》的研究，國立臺北教育大學臺文所碩士班畢業之後，恆毅又以學位論文〈清代臺灣地理空間書寫與文化敘事〉獲得中正大學中研所博士學位，就讀碩博士班時並發表了其他的期刊論文：〈從澄臺、斐亭的建構看清代官員在臺灣道署內的宦遊視域〉、〈郁永河《裨海紀遊》之竹枝詞研究〉、〈水仙尊王與臺北屈原宮〉，很高興看到恆毅在學術上的持續研究。

　　由中央研究院臺灣史研究所知識庫（http://taco.ith.sinica.edu.tw/tdk/%E9%A6%96%E9%A0%81），可以看到殖民統治之下張麗俊的《水竹居主人日記》、林獻堂的《灌園先生日記》、《呂赫若日記》、《簡吉獄中日記》、《黃旺成先生日記》、《楊基振日記》等，日治時期臺灣知識分子面對時代鉅變，盡心盡力，為臺灣打拼，留下諸多的文史智慧與寶貴文獻，這實在令人感動與敬佩。

　　鑑往知來，戰後的臺灣發展有時被批評為重科技，輕人文，給臺灣人文的開展空間不足，這由成功大學中文系及臺文系施懿琳教授的《全臺詩》已整理了一百多冊，可惜受限於經費，目前所刊印的尚不足全部《全臺詩》的三分之一，或可見其一端。近年來，國人不斷對文化建設提出反省，對於五分鐘熱度的文化大拜拜，或是即興式的煙火活動提出諸多批評；如何有效、踏實，深耕臺灣的文學與文化應當才是更為重要。當今臺灣年輕人面臨高失業率的困境，有的還稱為崩世代或失落的一代，我們除持續對年輕人鼓舞之外，更應當創造友善的環境給下一代的年輕朋友，這樣他們未來才能更有心來回饋社會。

　　恆毅的著作即將出版，一方面祝福他，另一方面也為當前學術環境對年輕朋友的衝擊帶有幾分憂心。嚴冬過去就是春暖花開，黎明之前雖有黑暗，只要努力不懈，光明希望終將來臨，以此和恆毅及年輕朋友們共勉。

翁聖峰（http://singhong.blogspot.tw/）
序於國立臺北教育大學臺灣文化研究所

目

次

第一章 緒 論

本章共分爲兩節，首節說明研究的動機，回溯過去張麗俊及其《水竹居主人日記》的相關研究成果；次節指出本論文的研究方法、範圍和章節架構。

第一節 研究動機與文獻回顧

一、研究動機

張麗俊，生於同治七年（1868），卒於昭和十六年（1941）。臺中葫蘆墩（豐原）人士，其生命歷程跨越了清末、日治兩個時期，早年曾與櫟社社長傅錫祺同受業於謝頌臣，乃一介飽含漢學養分的傳統文人。在進入日本統治時期之後，被官方任命爲當地的保正，更擔任了葫蘆墩區十九保聯合會議長。他於明治四十年（1907）年加入櫟社，對於延續漢學不遺餘力，不僅利用夜間教授地方子弟，同時畢生創作漢詩、漢文不輟，並協助寫作許多應用文書作品。此外更身兼多職，包括慈濟宮修繕會總理、葫蘆墩興產信用組合理事、富春信託株式會社常務理事、財團法人豐原水利組合之組合員兼評議員等諸多職務。

張氏傳世的作品，目前僅見《水竹居主人日記》一部，紀錄其二十九年間（始於 1906 年 1 月，終於 1937 年 2 月。其中 1922 年僅記 27 日）的日常生活，呈現日本統治下中部地方傳統士紳的活動樣貌，其史料價值的重要性不言可喻。該日記原爲施懿琳、鍾美芳等人於臺中縣田野調查時發現，藏於其裔孫張德懋先生家中，後經中研院近史所許雪姬、洪淑芬等人解讀、校註，

重新印行成十冊的日記，目前已於 2004 年 11 月全套出版完畢。此套日記可說是「新出土」的珍貴資料，有鑑於此，施懿琳〔註1〕、許雪姬〔註2〕兩人皆有相關之先行研究，臺中縣政府與中研院近史所更於 2004 年 11 月 27、28 日舉辦「水竹居主人日記學術研討會」〔註3〕，會議期間共發表了十四篇相關論文，開創了張麗俊日記的多元研究面向，足見學術界對於此部日記的重視，也展現了該部日記的內容豐碩，是一座蘊藏豐富內涵的寶山。具有相當可觀的文學、歷史等價值。

　　許雪姬在〈張麗俊先生《水竹居主人日記》的史料價值〉〔註4〕一文，指出該日記具有三大史料價值，分別是：政治運動史料、文學史、保甲制度史。而「水竹居主人日記學術研討會」所宣讀的十四篇論文，更是跨越學科領域，包含歷史、法律、文學、農田水利、民間信仰、公衛等多方面的研究論述，研究者分別就其日記中的相關課題，抽繹日記的相關部分來進行討論。由此可知，張氏日記內容的多元豐碩，可以滿足不同學科研究的需要。

　　經過詳細閱讀日記，以及前賢之研究後，筆者發現多重身分的張麗俊，可說是所謂「地方領導階層」〔註5〕的最佳寫照。而日治時期實乃新、舊文化思想夾雜、變遷的時代，對於舊文人出身的張麗俊而言，因為擔任了諸多公務、商務方面的工作，所以他對於新世界的接受，有著比一般人更開放的心態，也能夠以較多元的角度來審視新科技所帶來的文明衝擊，然而也因為擁

〔註1〕施懿琳〈從張麗俊日記看日治時期中部傳統文人的文學活動與角色扮演〉，原發表於「中臺灣鄉土文化學術研討會」，行政院文建會主辦、臺中市文化局承辦，2000 年 9 月 14〜15 日。現收入許俊雅編《講座 FORMOSA：臺灣古典文學評論合集》，萬卷樓圖書股份有限公司出版，2004 年 11 月初版，頁 443〜483。

〔註2〕許雪姬〈張麗俊先生《水竹居主人日記》的史料價值〉，原刊於《中縣文獻》第 6 期，1998 年 1 月，頁 1〜30。後收入張麗俊《水竹居主人日記》（一），許雪姬、洪秋芬編纂、解說，中研院近史所出版，2000 年 11 月，書前頁 1〜51。

〔註3〕中央研究院近代史研究所、臺中縣文化局共同主辦，在臺中縣清水鎮「臺中縣港區藝術中心」舉行，共發表 14 篇論文。該研討會之論文集，隨後由臺中縣文化局於 2005 年 9 月出版。

〔註4〕同註2。張麗俊《水竹居主人日記》（一），書前頁 1〜51。

〔註5〕根據吳文星的定義：「具體而言，這些人在清代係指擁有科舉功名的士紳，以及沒有科舉功名的富商、地主和儒士等，在日據時期則是指政治、經濟、教育及文化等方面地位較重要或表現傑出者。」吳文星《日據時期臺灣社會領導階層之研究》，正中書局出版，1992 年 3 月初版，頁 5。

有漢學根柢，使得他基於傳統的文化觀念，對於舊有的禮教傳統有所堅持，呈顯了若干守舊的樣貌，但大體上他還是對於時代變遷採取寬容、接納的態度。遂此，張麗俊既新且舊，非可以截然化歸爲保守、迂腐陣營的傳統文人，他的多元複雜，乃是窺視整個日治時期，舊文人如何對應新世界的最佳例證。近年來，在學者的相關研究、考證之下，我們了解到以往對於新／舊文學、文化等，皆率以二分法的態度，實是錯誤的觀念，在當時新舊交融的過渡時期，文學觀念、文化觀念都有著相當多的模糊空間，透過對張麗俊《水竹居主人日記》進行詳細查考，可以進一步來廓清當時傳統文人對話新世界的心態，也可以建立當時傳統文人生活的實際面貌。

其次，《水竹居主人日記》當中抄錄了非常多張氏的個人創作，涵蓋詩、文、書信、對聯等文學作品，關於這方面的研究，目前則有廖振富〈日治時期臺灣傳統文人日常生活中的漢文書寫——以張麗俊《水竹居主人日記》爲考察對象〉〔註6〕一文，該篇研究初步整理了張氏日記中所留存的文學作品，並揭示其價值所在，開啓了張麗俊的漢文書寫研究面向，透過此文的引領，引發筆者想要繼續追索的好奇心。因此，對於張麗俊於日記當中所載錄之數量龐大的文學作品，其主題究竟反映了何種樣貌，而於當時的環境脈絡下，又表現出什麼樣的特色？是否與其身份的角色扮演有所呼應，凡此種種，皆是筆者欲尋求解答的核心問題。

綜合前文所述，本論文擬以「張麗俊及《水竹居主人日記》之文學作品研究」爲題，探究張麗俊生平經歷、社會角色、地方參與，及其時局觀，並嘗試就日記當中的文學作品進行主題分析考察。

二、相關文獻回顧

如上所言，現階段有關張麗俊或其《水竹居主人日記》，乃至於豐原慈濟宮等相關研究，約有十餘篇，雖張麗俊《水竹居主人日記》仍屬新發現的資料，一些背景資料的考證尚在陸續建立、挖掘之中，然就這短短幾年間，已有如此的研究成果，不可不謂之豐碩。以下就目前的研究現況作簡要說明。

第一篇有關張氏日記的研究，當推施懿琳〈從張麗俊日記看日治時期中

〔註 6〕廖振富〈日治時期臺灣傳統文人日常生活中的漢文書寫——以張麗俊《水竹居主人日記》爲考察對象〉，《水竹居主人日記學術研討會論文集》，臺中縣文化局，2005 年 9 月出版，頁 249～292。

部傳統文人的文學活動與角色扮演〉一文，在當時相關背景史料尚未齊備的情況下，即爲張麗俊的「文學活動與文學團體」、「角色扮演與身分認同」兩大生活主軸，勾勒出大致的脈絡，立下了張麗俊研究的里程碑。

而許雪姬〈張麗俊先生《水竹居主人日記》的史料價值〉一文，則以史學的角度來論述張麗俊及其日記的內容與史料價值，除指出張氏日記含有政治運動史料、文學史、保甲制度史等三大史料價值外，在內容上更可抽繹出家族史、宗教活動、地方產業、生活史（年中生活與休閒娛樂）、公共衛生史、民變史、對日本統治的看法等數種不同的史實成分。此文將張麗俊日記的種種研究取向，作一具體而微的說明，同時也揭櫫了張麗俊日記的諸多研究面向。

在這兩篇先行研究之後，2004 年 11 月 27、28 日，臺中縣政府與中研院近史所聯合舉辦「水竹居主人日記學術研討會」，會議共宣讀了十四篇不同範疇的研究論文，依照研究領域來說，概可分爲三類：

其一，以張麗俊日記進行其個人生平、日記內容等內部研究的建構，如許雪姬〈張麗俊生活中的女性〉、洪麗完〈落地生根：廣東大埔赤山下灣張家之移墾爲例（1700～1900）〉、廖振富〈日治時期臺灣傳統文人日常生活中的漢文書寫──以張麗俊《水竹居主人日記》爲考察對象〉、李毓嵐〈日治時期傳統文人的詩社活動──以張麗俊與櫟社爲例〉、林蘭芳〈傳統士紳與新科技的對話──豐原張麗俊的近代化體驗〉、呂紹理〈從《水竹居主人日記》看日治時期保正的生活與休閒娛樂〉等篇什，這些研究成果不啻將張氏個人生平交遊、生活情形作出考證，更建立了有關於張麗俊研究的廣度，如文學寫作、文學社團參與、現代性體驗、休閒旅遊等等不同層次的討論，激發筆者鋪排研究命題的端緒，除爲本論文提供了基礎之養分外，也敦促了本論文繼續向前拓展的決心。

其二，或借助張氏日記考察當時社會、經濟、文化、制度、農田水利建設，如洪秋芬〈日治時期殖民政權與地方組織團體關係之初探──葫蘆墩興產信用組合之個案研究〉〔註 7〕、李力庸〈由《水竹居主人日記》看日治時期的米穀活動〉、陳鴻圖〈八寶圳與豐原地區的農田灌溉──《水竹居主人日記》中的水利圖像〉、何鳳嬌〈張麗俊與臺灣糖業發展──以《水竹居主人日記》爲中心的討論〉、范燕秋〈由《水竹居主人日記》看殖民地公共衛生之運作〉、

〔註 7〕該篇論文除發表於「水竹居主人日記學術研討會」外，另刊於《思與言》第 42 卷第 2 期，2004 年 6 月，頁 1～41。

王志弘〈生活中的法律感性──以《水竹居主人日記》爲本的探討〉等論文，
藉由前賢的耕耘成果，吾人除可拼湊出日治時期的社會運作體系，更可以了
解到當日社會發展的具體樣貌，補足對當時歷史背景的知識縱深。

其三，有關豐原地區的民間信仰探討，如王見川〈南瑤宮、聚星觀、臺
灣正劇及其他《水竹居主人日記》所見日治時期臺灣的宗教信仰與戲劇〉、陳
世榮〈民間信仰與菁英──以張麗俊爲核心的社會網絡〉兩篇，前者討論的
課題包括：南瑤宮的進香與信仰圈、聚星觀的早期歷史與活動、新竹城隍廟
的宗教活動、臺灣寺廟至大陸進香之情形、以及日治中期出現的臺灣正劇等
五大子題。而後者則是討論張麗俊進香活動的動機與目的，並觀察張氏如何
藉由參與民間信仰活動，來建立其人際關係與社會網絡，分析地方菁英如何
發揮影響力與人際動員能力。

另外，筆者亦初步對張麗俊及《水竹居主人日記》進行相關研究，所得
成果呈現於〈帝國魅影下的臺灣旅行經驗考察──以傳統文人張麗俊、中國
官員張遵旭參加「始政二十年臺灣勸業共進會」爲例〉〔註8〕，以及〈張麗俊
《水竹居主人日記》之獄中詩作試析〉〔註9〕兩篇論文，爲本研究建立了相關
的論述基礎，也開啓繼續深入研究的興趣。

以上是有關張麗俊及其日記的研究成果簡述，從討論中可知目前研究的
成績斐然，各種相關研究也已陸續有了開端，前賢的辛苦耕耘，讓吾人在張
麗俊日記的研究上不至於難以起步，相關資料不虞匱乏。前輩學者多重層次
的論述，同時也避免了研究視野的偏狹偏限。有這些研究成果爲基石，筆者
秉持著向前開展的企圖心，試圖爲張麗俊以及日記中之文學作品作出考述，
提出張麗俊及《水竹居主人日記》之文學作品的內涵與價值。

第二節　研究範圍、方法與章節架構

一、研究範圍

本論文以《水竹居主人日記》爲研究素材，採用經過中研院校註、解讀

〔註8〕 發表於「第一屆國北教大暨臺師大臺文所研究生論文發表會」，2006 年 11 月
　　　 18 日，國立臺北教育大學視聽館 406 教室。
〔註9〕 發表於「國立臺北教育大學臺灣文學研究所第三屆研究生學術研討會」，2006
　　　 年 5 月 6 日，國立臺北教育大學至善樓國際會議廳。

後之十冊排印本《水竹居主人日記》。在內文引述時，該排印本書前的〈解讀凡例〉有言：「校讀原文中的錯漏字，錯字以〔〕將正確的字改於後，漏字則以【】補於後。」〔註10〕因此，凡引用日記原文時，一律依照中研院排印本《水竹居主人日記》為準，對於前述之「錯漏字」亦一併照錄。但若發現其校注有錯誤時，本論文則在註文中另作說明。

依循前文說明的研究動機，本論文預定討論的範圍有二，其一：建立張麗俊基本的生平背景資料。其二：探討張麗俊日記當中諸多文學作品的主題內涵。

在建立張麗俊基本的生平背景資料方面，以往對於張麗俊的認識，在此日記出土之前，可說是一片空白且面貌模糊。而在日記出土之後，繼而中研院召開研討會，這才讓張麗俊及其日記為人所知，但截至目前為止，對於張麗俊個人生平背景的介紹，仍舊略顯割裂，並沒有一個較為立體、完整的討論，基於研究者需先掌握對象的背景知識，才能進行其他深入的探討。因此本論文嘗試從其日記，以及其他相關史籍、資料，為張麗俊勾勒其家世、生平，乃至於其文學上的交遊情形，並製作其生平年表，提供後學者參考。

掌握住研究對象基本樣貌之後，本論文希望從不同面向的角度，來建構張麗俊的人格特質。試圖自社會參與，以及對時局之觀感切入，進一步的瞭解其扮演著何種的社會角色，和傳統仕紳對於日本當局、文化運動，甚至是對岸中國的態度觀感。依此，本論文預定於第三章、第四章就上述內容，以日記相關記載為主，進行深入剖析。在第三章的部分，羅列傳統漢學的維繫與傳遞，官方保正、商務團體理監事的擔任，以及民間廟宇的執掌與管理等三個層面。而第四章則從其觀察殖民者、文化抗爭者、中國等三個角度分別說明。藉由兩章共六節的論述，能夠使張麗俊的面目得以清晰浮現，建立較為立體的人格形象。

其次，在探討日記中文學作品的主題內涵方面。立足於前述張麗俊相關背景的基礎之上，本論文進一步鎖定日記當中的文學作品，嘗試為升三歸納寫作這些文學作品的動機，並就其作品的外部特徵，試圖歸類其文學作品的類型，繼而統計出這些作品的確切數量，以期對這些文學作品有一個完整的了解與掌握。接著，深入解讀這些文學作品的內涵，釐析出內在情感表現與外在世局的應對，以及過渡時代的文化思維與旅行視野等不同層次的主題意識。前者著重於張麗俊個人情志與處於殖民世界的反應與表達；後者則呈現

〔註10〕見每冊《水竹居主人日記》的書前頁。

張氏於當下的價值觀念與其旅行視野，希望以較爲立體的討論，盡量凸顯張麗俊於新舊時代交替間，複雜糾葛的文化價值觀，並以其行旅作品，說明他眼中的殖民世界，以及對殖民權力的獨特詮釋與觀看。

　　經由上文的陳述，本論文的研究範圍已有大致的輪廓，目前學界對於臺灣古典文學的研究，相較於現代文學領域而言，投入研究的人員較爲有限，而研究生更見少數，因此筆者不揣淺陋，嘗試對張麗俊及其日記中之文學作品進行考察與整理，希冀能對臺灣古典文學的研究，盡一棉薄之力。

二、研究方法

（一）《水竹居主人日記》的爬梳與解讀

　　張麗俊日記記載長達二十餘年，出版後的日記亦有十冊之多，文本內容與份量均甚爲豐碩，若無腳踏實地的逐日仔細解讀，就可能無法對於預定探討的目標，有一份完整的脈絡認識，更遑論針對研究課題進行深入的討論，因此，本論文首要的研究方法，即是對於張麗俊日記進行深入的細讀功夫，除一方面可仔細過濾本論文預定探討的項目外，更重要的是，張麗俊的文學作品乃以傳統的漢文寫成，其文字上的障礙往往造成解讀上誤差，爲了儘可能減少文字障礙，精讀的工作乃是分析論述的前置作業。

　　再者，爲掌握張麗俊的生平大要與前述相關議題的具體數字，對於日記進行詳細爬梳亦是極爲基礎且必要的準備工作。日記記載了張麗俊三十九歲至七十歲的生活點滴，透過檢視與整理日記內文，相信可以將張麗俊後半生的生活脈絡，清楚而立體的勾勒出來，進而爲本論文立下論述的基礎。另外，對於文學作品的數量、旅遊活動的次數與遊歷新八景的情形，以及入獄事件始末與獄中詩作等面向的掌控，也必須經由過濾日記，才能作出確切的統計，始可在章節內進行討論。若無這些基本的準備工作，則本論文將毫無立論的依據，也失去作爲學術論文的參考價值。

（二）歷史脈絡的理解

　　本論文所探討之對象日本統治時期的傳統文人，並對於其在該時空脈絡所寫作之文學作品進行內在主題的剖析，因此需要了解當時的歷史情境，才能對本論文之相關課題進行深度討論，如張麗俊的時局觀和社會地位，就與當時的時空環境息息相關，論者須明辨斯時的漢學與公學校之教育狀況、臺

灣社會的文化運動情形，甚至中國政經情勢的變化。又如欲探析張麗俊對於臺灣新八景的詮解，我們必須先針對該八景設立的原委，有一概括的認識，進而才能對於張麗俊的觀感有中肯的評斷。因此參考相關歷史研究的論著，對於日治時期歷史脈絡有所理解，將有所裨益本論文的分析探討。

（三）相關學門的參酌與應用

為符合本論文的研究課題，除了文學、史學等研究途徑，也需參考其他相關學門的研究方法與成果，如文學社會學、社會學、旅行文學、旅遊心理學等不同類別的領域。以文學社會學來說，張麗俊不單單是清末跨越日治的傳統舊文人，同時也是殖民社會的地方仕紳，其複雜多元的角色扮演，讓他的文學創作與當時的社會環境緊密結合，文學作品實為作者對於所處社會的反應，因此運用文學社會學的詮釋角度，來考察他的文學表現，並藉此分析其文學作品所反映的深層底蘊，不失為本文研究課題的處理門徑。另外，在探討張麗俊對於「現代化」的接納程度上，需先對其語彙有確切的掌握，因此，本文必須參酌社會學中對於「現代化」的定義與歸納，方可更切合此一主題的論述。而針對本論文有關「旅遊」方面的討論，也需要借用旅行文學的眼光，並輔以旅遊心理學，用以說明張氏的旅遊心理。在上述相關學門的參酌與應用，相信本論文的內容能夠更為扎實。

（四）其他資料文獻的輔佐

本論文在擬定論題之際，除需應用上列相關學門的研究方法外，另外相關資料的蒐集與掌握，亦是不可或缺的步驟，如欲討論張麗俊參加「始政四十年的臺灣共進會」的活動細節，則需對於此會的籌辦過程，以及相關參觀紀錄先有所了解，因此，筆者即在臺灣圖書館找尋相關文獻，除了臺灣勸業共進會編《臺灣勸業共進會協贊會報告書》、張遵旭〈臺灣遊記〉，以及程佳惠《臺灣史上第一大博覽會：1935 年魅力臺灣 Show》、《臺灣日日新報》等較為人所熟知的文獻資料、或研究報告外，筆者覓得一份由江蘇省長公署實業科所撰寫的《參觀臺灣勸業共進會報告書》，此為江蘇省代表王樹棨參加「始政四十年的臺灣共進會」的觀察報告，是除了張遵旭以外，第二位直接參加此共進會的中國官員，屬於珍貴的文獻資料，筆者因此可以多方考察臺灣人、中國人對於日人舉辦此博覽會的觀察感受，為論文增加了更多探討的向度。

三、章節架構

本論文以張麗俊及《水竹居主人日記》之文學作品為研究論題，從對張麗俊家世生平的掌握，陳述其社會地位與時局觀感，進而交相呈現張麗俊於當時歷史脈絡的立體面貌。其次，據此來探索其文學作品的寫作動機，嘗試區分其作品的類別與確切的數量，進而就其作品的數個主題，作深度的探析。在章節架構上，以前後互相印證的論述方式，希望能夠完整呼應本論文的預定研究目標。因此除卻緒論與結論之外，在主論第二、三、四、五、六、七章的部分，其結構安排如下：

第二章為「張麗俊家世、生平及其交遊」，共分兩節。第一節「張麗俊的家世與生平」，著重在張氏先祖與家世背景，以及個人生平的考述。次節為「張麗俊之文學交遊」，針對在文學上往來較為密切的文友，呈現他們的互動。

第三章就其張麗俊的社會角色和地方參與進行探討。擬在其多元的角色扮演中，分成「傳統漢學的維繫與傳遞」、「官方保正、商務團體理監事的擔任」、「民間廟宇的執掌與管理」等三方面來說明。

第四章則以「張麗俊的時局觀」為核心，生活於殖民體制下的傳統仕紳，對於當日內在社會之脈動，與外在國際關係的變化，其觀感究竟為何？本章逐節討論張麗俊「對於殖民者的態度」、「對於文化反抗者的態度」、「對於中國政府的觀察」等不同層次，指陳櫟社詩人張麗俊的時局觀。

第五章，「《水竹居主人日記》之文學作品寫作動機與類型」，本章探討張氏書寫眾多文學作品的動機，依照動機層次的不同，羅列「參與詩會及相關文學活動」、「因應社會地位的交際酬酢」、「抒發自我情性」三項進行說明。次節就其文學作品的類型進行歸納，擬別為詩作、文章、書信、對聯等四類，除對文類特徵舉例說明外，並對作品數量進行詳細統計。

第六、七章是「《水竹居主人日記》之文學作品主題探析」，分為上、下兩章呈現。在第六章的部分，主要側重在張麗俊「內在情感的表現」與「外在世局的應對」的層面，希望藉此章之陳說，能與本論文前半部之研究成果產生相互印證的效果，並反映張氏文學作品中「身陷囹圄的悲憤」、「痛失親友的哀傷」、「生活的自適與感懷」、「表現對日統治之接納與臣服」、「為庶民出聲的建言與陳情」等不同主題。至於第七章，則企圖將張麗俊置放在時代脈絡中，剖析其文化思維與旅行視野，以「現代化事物的體驗與描寫」、「傳統的禮教文化觀念」、「地景地物的描寫」、「對殖民權力的詮釋與觀看」等項

進行探析。綜合兩章的討論，希冀透過立體而多面的角度，將張麗俊文學作品作深入且詳盡的論述。

　　第八章爲「結論」。該章歸納論文的大要，並提出本論文的研究價值與具體成果。

第二章　張麗俊家世、生平及其交遊

第一節　張麗俊之家世與生平

　　張麗俊，字升三，號南村，臺中豐原下南坑人，生於清同治七年（1868）五月十八日，卒於昭和十六年（1941）九月十五日〔註1〕，享年七十四歲。升三為豐原地區領導階層，亦是櫟社成員，本節將呈現其家世狀況，並簡述其生平梗概。

一、家世背景

　　張家之開臺先祖為張達朝、張達京兄弟，張氏兄弟原籍廣東省大埔縣，雍正十年（1732）渡海來臺，乃清代首批漢人入墾豐原地區，建立漢人聚落的重要功臣。據張麗俊撰之《清河堂張氏族譜》，升三乃大房張達朝之裔孫，達朝則是張麗俊的十一世祖。

　　張達朝，字承祖，諡號恬睦，進士出身，生於康熙二十三年（1684），卒於乾隆二十八年（1763），享年七十有七。張達朝四十八歲時與胞弟達京來臺，共同開墾揀東上下堡之水田，收受租納因而富甲一方，後於霧林庄聚族而居，並建其祖厝。然而這樣的榮渥並沒有維持多久，優渥的環境引起有心人的覬覦，因而屢屢遭受匪徒的侵擾，導致家道中落、子孫離散，最後將屋址出典於林懋卿，然卻未知親族何人作主，以致鳩佔鵲巢，祖厝遂被侵佔，迄張麗俊的父親這輩，此事仍持續糾纏，其父曾就此事多次向主事者控告，但還是無力回天。

〔註1〕 筆者案：此日期為新曆。舊曆則是四月十六日生，七月二十四日卒。

　　相較於大房張達朝後世的家運不甚平順，甚至可以說是沒落，張達京這一房的後代發展則相當不錯，其子六人均有功名，俱爲歲貢生；且大房裔孫張肇元功加守府，同輩中多人亦秀才出身。可見達京一系家運甚旺，在臺後裔人才輩出，親族多居於社口一帶，咸爲地方翹楚。〔註2〕

　　從上述的說明可知，升三先世張達朝所打下的龐大家業，幾代下來已不復見，至升三之時，僅小有資產，其生長環境只能算是中上，即生活上不需體力上的勞動，但亦非紈絝子弟般有一擲千金的餘裕。另外，達京一系後世有五大房，親族人數眾多，達朝子嗣則較爲單薄，根據〈張家世系表〉〔註3〕僅有四房，而張麗俊祖父、父親則各僅有兩房而已，換言之，其家族不管在財力上、或是在家族人數上，都較達京家弱勢，在地方上並不知名。因此家族成員的相關資料不多，以下僅就張麗俊祖父母、及父母作簡單介紹。

　　張麗俊祖父名觀薦，嘉慶二年（1797）八月十九日出生，卒於道光二十六年（1846）七月三日，年五十。祖母則是陳淑柔，生於嘉慶三年（1798）九月十日，卒於同治七年（1857），年六十。張觀薦生有二子，長子張名卿，次子張名色，後者即張麗俊之父。名色生於道光七年（1827）七月四日，卒於光緒十六年（1890）四月九日，年六十四。名色老年得子，分別在三十六歲與四十歲時才生下張金池、張麗俊兩兄弟，因此對其教育相當看重，讓他們從小浸淫傳統漢學，這也奠下升三漢學涵養的重要動因。惟名色在張麗俊二十三歲時即已仙逝，且其日記是從明治三十九年（1906）才開始記錄，因此當中並未有太多父親的記事，殊爲可惜。

　　或許是父親早逝使然，張麗俊把對父親的孝心加倍投注在母親身上，在其日記中常常可見對母親的關愛。張母林盡氏生於道光十五年（1835）一月七日，卒於大正七年（1918）八月六日，高壽八十四歲。丈夫過世時張母年約五十，守寡近三十年，但這段時間張麗俊極盡事母之孝，如母親生日之時，

〔註2〕 以上張達朝、張達京生平梗概參考張麗俊《清河堂張氏族譜》，施懿琳、鍾美芳等合撰《臺中縣文學發展史田野調查報告書》，臺中縣立文化中心，1993年6月初版，頁41。張達京生平亦參考《豐原市志・人物志・張達京》，豐原市公所，1986年10月出版，頁465～467。以及陳炎正〈張達京與葫蘆墩圳開發〉，收入《臺中縣開發史學術研討會論文集》，臺中縣文化局，2003年12月出版，頁147～168。

〔註3〕 〈張家世系表〉爲《水竹居主人日記》（一）文後之附錄。

總不忘親往市集採買，好為母親準備壽宴〔註4〕。此外，大正四年（1915）母親適逢八十一歲大壽，更與長子世藩婚事合辦，舉行盛大的壽婚儀式，著實讓母親相當風光，堪稱地方盛事一椿。〔註5〕

　　除了特殊日子以外，平時的張麗俊也會陪同母親到廟宇燒香，或至街上買布、作衣服，甚至會帶領著母親到處觀光，例如：明治三十九年（1906）六月，張麗俊與母親、大嫂、清漣同遊臺中大街，並至俱樂部及物產陳列館等處觀覽，此行目之所覩，皆奇異華美之物，故張麗俊會說「故欲廣我母親眼界並身親濸車之巧焉，又目見大肚溪鉄橋釣〔吊〕橋之妙焉，何幸乎！」〔註6〕。考大肚溪鐵橋之興建，當時屬於艱鉅的工事，全長八百呎，共計六十個橋墩。明治三十八年（1905）六月十日在臺中火車站舉行二八水（二水）到葫蘆墩（豐原）間鐵道開通式。無怪乎發出：「七十餘之老人而見此所未見之物者，寔亦天賜之者也。」〔註7〕

　　張麗俊事親孝順，其母視升三為唯一的依靠，在張麗俊中年遭人誣陷而身陷囹圄之時，長姪清波〔註8〕卻又企圖強分家產〔註9〕，家裡風波不斷，張母拖著年邁的身體而擔心不已，最後悲病交加，遂於大正七年（1918）九月十日與世長辭，茲舉日記兩則以見：

舊七月初五日　新八月十一日　日曜日

　晴天，在家，……，但我母年高，自五月初一被清波發起一事，六月十八又官廳發覺此事，臥病老人那堪受此悲楚，我不孝，罪無可逭矣。〔註10〕

〔註4〕張麗俊《水竹居主人日記》（一），許雪姬、洪秋芬編纂、解說，中研院近史所，2000 年 11 月初版。見明治四十年（1907）二月十九日（農曆一月七日），頁 182。

〔註5〕此壽婚式席開約五十餘桌，前來參加之賓客約有五百人之多。另外警部補、巡查、公學校長及先生等地方要角亦前來祝賀。見張麗俊《水竹居主人日記》（四），大正四年（1915）一月二十六日至二十八日，頁 142～145。其次，在壽婚式結束之後，張氏請人為家族攝影留念，此照片現收入排印本《水竹居主人日記》（一）附錄照片之第 2～3 頁。

〔註6〕同註4。見明治三十九年（1906）六月七日，頁 72～73。

〔註7〕同註4。見明治三十九年（1906）六月七日，頁 72～73。

〔註8〕清波非張家血緣，實為螟蛉子，本姓王，其父為王冀立。參見《水竹居主人日記》（一）文後之〈張家世系表〉。

〔註9〕長姪清波分產一事，見五月三十日，以及六月九日至十一月二十一日之日記，張麗俊《水竹居主人日記》（五），頁 187，192～214。

〔註10〕張麗俊《水竹居主人日記》（五），許雪姬、洪秋芬、李毓嵐編纂、解說，中研院近史所，2001 年 8 月初版。見大正七年（1918））八月十一日，頁 205。

> 舊八月初六日　新九月十日　木曜日
>
> 晴天，午前一時起視母親，殆將屬纊，少焉氣即息。嗚呼！與我做
> 五十一年母子，……，今只轉瞬間，母子分離，所謂痛抱終天
> 也，……。〔註11〕

無法使母親安享天年，反而讓她臥床之時尚且爲自己操煩，並在受審期間病
故，認爲自己「罪無可逭」，無法彌補的缺憾尤深，夜夜自責不已。

　　以上簡單介紹張麗俊的開臺先祖，以及其父母之生平梗概。透過內文敘
述，知悉了張麗俊的家庭狀況，與對母親的孝順態度。以下進一步說明張麗
俊的生平大要。

二、張麗俊之生平

　　張麗俊出生於清同治七年（1868）五月十八日，命理師鄭究時批其命格
曰：「性剛志大，詩書易達」。十歲起開始接受漢學教育，跟隨長兄往石岡庄
受學劉秀宗，其後因母病而休學，嗣後復學至二十二歲間，接連受學於廖華
浸、李瀾章、張經賡、鄭國琛、魏文華、廖水瀾、李茂章等門下，研讀《詩》、
《書》、《易》、《禮記》、《四書》、《春秋》等典籍。並學習如寫撰寫文章，奠
下紮實的漢學基礎。二十二歲那年春天，張麗俊娶溝子墘何爲美之長女何燕
爲妻，完成終身大事。可惜次年父親即歸道山，無福享受子媳孝心。同年往
田心子養賢軒再拜謝道隆爲師。二十四歲至二十六歲間，數度參加童子試，
成績雖名列前茅，但入考棚參加道考，揭榜後竟名落孫山。再往謝道隆學海
軒受學，期待再展青雲之志。未料二十八歲那年時局大變，割臺事起，謝頌
臣加入丘逢甲所招募的「誠信義軍」，負責帶領「誠」字正中營，張麗俊因而
留在養賢軒，料理謝氏之往來文書，並教其子姪。五月間日軍前來接收臺灣，
唐景崧、丘逢甲、謝頌臣等人相繼西遁，是年十月臺灣民主國瓦解。日本成
爲臺灣的殖民母國，張麗俊的科舉之路就此斷絕。綜觀張麗俊二十八歲前的
生命歷程，依循傳統文人的生活模式，十年寒窗苦讀，期待一日魚躍龍門，
然乙未之變斷絕仕進之路，卻也開啓了另一種的生活型態。

　　日本領臺後，爲籠絡知識份子或地方仕紳，或勸誘、或強迫其擔任地方
管理人，以消減異族統治的反抗勢力，有漢學背景的張麗俊自然是當局著眼

〔註11〕同註10。見大正七年（1918））九月十日，頁208。

的對象，三十二歲（明治三十二年，1899）七月，出任當庄第一保保正，展開他的公職生涯。四十一歲時因保正任內相當盡心，被推選爲保甲聯合會議長，雖說這都是殖民統治下的樣板職位，然亦是另一種經世濟民的方法。如大正三年（1914）佐久間左馬太討伐太魯閣生蕃〔註12〕，要求各保派出人夫一名，以及開徵臨時保甲費，與人夫的補助費用。針對此項不公平的徵收，張麗俊在臨時保正會議上與警部補、支廳長展開論辯。〔註13〕

　　然而這些公職卻在五十一歲時遭到撤除，只因被誣數年前花錢收買官廳，涉嫌不當利益輸送，致使他遭留置監中前後達兩次。張氏對此起事件非常不服，判刑確定後至臺北覆審法院上訴，大正九年（1920）三月十六日，獲判無罪。這次的牢獄之災是張麗俊一生當中極大之冤屈，其名譽不但遭受損失，而公職也未能復職，更痛心的是，摯愛的母親就在兩次入獄之間與世長辭。

　　另一方面，在公職俗務之餘，張麗俊亦擔任不少地方團體的重要幹部，理事一職有大正三年（1914）成立的葫蘆墩興產信用組合（1922 年起改名豐原信用組合）；大正九年（1920）成立之富春信託株式會社。大正十二年（1923）獲選爲豐原水利組合評議員。昭和五年（1930）富春信託設立「富春製冰會社」，張麗俊則擔任監事。這些理、監事、評議員的職務，不僅表現張麗俊地方上的人際關係，同時也因爲著職務上的方便，讓他得以在公務需要的旅行之外，另有機會遊覽臺灣各地，開展了張麗俊的視野。〔註14〕

　　此外，平時即相當關心地方信仰事務的張麗俊，四十九歲時（大正五年，1916），當地仕紳提議修繕慈濟宮，推舉張麗俊出任修繕委員會總理，升三也不負眾望，投注畢生心力來修築慈濟宮，工事終於在大正十四年（1925）的夏天完成。然官方卻有意無意的侵佔慈濟宮，甚或企圖拆毀慈濟宮，看在張麗俊眼裡，怎能同意官方蠻橫無理的作爲，不僅衛理力爭，更結合地方勢力與當權者展開漫長的周旋。檢看日記，晚年的張麗俊，除了例行詩會活動、或參加旅行之外，大部分的生活重心即擺在捍衛慈濟宮之主權上，歷經多次努力，終在六十九歲（昭和十一年，1936）時得到善意的回應，慈濟宮不會

〔註12〕筆者案：此處所謂之「生蕃」，乃張麗俊日記當中的用語，爲求呈現原文，本論文並不予以修改，以下皆同。又本論文爲學術論述，對於原住民並無貶損之意，特此說明。
〔註13〕細節請參閱本論文第三章第二節。
〔註14〕細節請參閱本論文第七章第二節。

再遭受拆除或遷移的命運。吾人得以在現代化的豐原街上領略她的風華，張麗俊當年的奔走遊說是不可磨滅的功績。

再者，在上述諸多的角色扮演裡，傳統儒生出身的張麗俊仍不忘漢文學之傳承，從四十七歲（大正三年，1914）夏天起，張麗俊尚有另一個身份，即夜間漢學教師。他接受潘日祥等十人的邀請，利用晚間閒暇時間，展開每週三到五天的漢學講授。其後又有豐原店員會、工友會、林阿羅等八人，以及大南農林學校教師劉福才等團體或個人聘請張麗俊。顯見張氏教授漢學的聲望及風評不錯。〔註15〕此外，四十歲（明治四十年，1907）那年，因同窗傅錫祺的引薦加入櫟社，此後參加例行的詩會活動，變成了生活中不可或缺的一部份。如參與每年的春秋雅集（或夏會）、觀月會、登高會、踏青會等等，乃至於出席以櫟社為主導的中部或全島聯吟大會，皆是張麗俊每年的既定行程。而張氏身為櫟社成員，對豐原當地文風的提振也有相當之功，如豐原吟社即以張麗俊為主導者，每每擔任詞宗，更會對社員作品加以改正，張麗俊無異為當地青年的詩學導師。〔註16〕為延續漢文化傳統，做了不少的貢獻。

上文簡要陳述張麗俊的生平梗概，更多的細節，如其社會地位、或其時局觀等項，本論文將另闢章節加以討論，希冀對張麗俊個人有更為深入、細緻的描繪，進而拼湊日治時期傳統文人的生活樣貌。另外，本文根據《水竹居主人日記》及其相關資料，編成「張麗俊生平年表」（見附表一），列於附錄以供參考。

第二節　張麗俊之文學交遊

綜觀張氏生平，除了文學活動之外，平時仍參與多項地方事務，雖然人際往來層面比其他同時代的舊文人較為複雜，但相對的，其交遊對象的知名度也不是很高，多為地方型的人物，為扣緊本論文的主題，對於張氏在文學活動以外的交遊對象，本論文不擬討論，本節就張氏在文學層面上往來較密切者列出說明。就前文所述，張氏雖有功名，但在文學知名度上並非全臺知名人物，加入櫟社也是透過傅錫祺的牽線，因此根據筆者閱讀日記所及，以

〔註15〕細節請參閱本論文第三章第一節。
〔註16〕施懿琳〈從張麗俊日記看日治時期中部傳統文人的文學活動與角色扮演〉，收錄於許俊雅編《講座 FORMOSA：臺灣古典文學評論合集》，萬卷樓圖書股份有限公司出版，2004 年 11 月初版，頁 465。

及比對櫟社社員與其他文人相關的別集，發現真正在文學上與升三交流的騷人墨客爲數不多，大多是張氏在豐原的文學舊識，以其師謝頌臣爲中心的人際網絡，如同門傅錫祺、當地文人（亦是櫟社成員）袁炳修等，另外則屬鹿港文士施梅樵，與櫟社成員吳子瑜兩人與升三有較多的文學互動，以下試論之。

一、謝頌臣

　　謝道隆，字頌臣，一字頌丞，幼名長聰。生於咸豐二年（1852），卒於大正四年（1915）。〔註17〕秀才出身，光緒元年（1875）以第五名入臺灣府學，學養俱豐，張麗俊、傅錫祺等人均爲入室門生。考《水竹居主人日記》，張謝二人除了師生關係之外，私底下的情誼形同父子，如乙未割臺之際，謝頌臣倉皇內渡中國，慌亂中拋下一切僅與妻子、長子同行，張麗俊不僅幫忙看顧他的子女，更協助處理往來文書，打點日常生活的一切。一年後（1896），謝氏返臺定居，靠著自父親傳習而來的崎黃之術，在葫蘆墩開設泰和藥舖，勉強餬口爲生。由於地利之便，升三每至墩街辦事，便順道至泰和一坐，如：「午後，……遇春池，邀住泰和。」、「晴天，往墩到役場，遇錫祺亦來此。茶話後，仝到泰和藥舖，謝先生邀住午飯。」、「……仍往墩，到泰和藥舖，適炳修、登球仝謝先生在此閒談，……。」、「到泰和藥舖，謝先生適自臺中乘滷車回。遂問他，令震郎春池昨晚回時如何？予對以無恙，因並在此午飯。」〔註18〕等例證，可見張麗俊與謝頌臣的生活往來頗爲密切。

　　謝頌臣回臺後意志消沈，其心境由入世轉爲避世，既不出任日方籠絡舊日仕紳的官位，也不積極重新適應日本統治的生活常軌，平時除了以賣藥爲生，閒暇時以山水爲樂，利用賣藥餘資在大坑山居購地築屋，名曰「小東山別墅」，更於大甲溪右岸鍋都科山預立生壙，兩處生前死後的安身之所落成之

〔註17〕關於謝頌臣之生平及其相關介紹，可參考余美玲〈從《小東山詩存》探析謝頌臣之生平與交遊——以櫟社詩人圈爲主〉，《櫟社成立一百週年紀念學術研討會》會議論文，國立臺灣文學館暨國立文化資產保存研究中心籌備處主辦，2001 年 12 月 8～10 日。筆者案，該文是以謝頌臣《小東山詩存》爲基礎，參酌張麗俊的《水竹居主人日記》，從詩作中爬梳其人之生平交遊及與櫟社的關係。

〔註18〕同註4。見明治三十九年（1906）三月十日、五月十三日、六月九日、七月二日，頁 29、60、73、84。

時，謝頌臣均廣邀友朋一起慶祝，之後亦時常邀集友人前往別墅或生壙飲酒踏青。世人看這樣一位疏放傲嘯的狂人，但張麗俊卻爲其開脫，如〈重九後二日飲於謝頌臣先生生壙〉（三首選一）〔註19〕：

> 風雅如公素罕聞，頻邀士女造生墳，
>
> 尋常未解高人意，漫把清狂笑謝君。

末兩句即謂一般世俗眼光對於造生墳，甚至每每挾妓宴飲於墳上之行爲不能苟同，張麗俊則認爲這是境界超脫凡俗之人的作爲，是尋常人等難以理解的，因此直說世人不要笑謝頌臣乃清狂之人，爲老師辯護的意味濃厚。言必稱「高人」，對其景仰表露無遺，如〈贈謝頌臣先生自營生壙〉：「崧嶽鍾靈太異常，蜿蜓〔蜒〕盤鬱聳金岡，高人早達浮生夢，睦篤科山卜壽藏。」〔註20〕

時至明治四十五年（1912）九月底，謝頌臣欲六十大壽暨五男春源完婚大典，張麗俊負責籌備儀式，幫忙撰寫禮帖，並作七律一首：

> 何須良相振家聲，已博儒醫活世名，
>
> 泮水芹香遊早歲，春風帳暖列諸生。
>
> 他年韻事王官谷，當日雄心細柳營，
>
> 我是門前舊桃李，畫堂簫鼓喜稱觥。〔註21〕

身爲謝頌臣之門生，且與之往來密切，此詩開頭兩句就爲謝頌臣的一生作了極佳的定位。對於父親早逝的升三來說，謝頌臣儼然成爲父親的象徵，並投射心中對父親的情感，他甚至說：「蓋先生與我分雖師生情同父子也」〔註22〕兩人情誼之深，由此可知。

二、傅錫祺

傅錫祺，字復澄，一字薰南，號鶴亭，晚號澹廬老人，臺中潭子人，生於同治十一年（1872），卒於民國三十五年（1946）。鶴亭出身底層家庭，父

〔註19〕謝頌臣《小東山詩存・科山生壙詩集》，謝文昌自刊，1974 年。

〔註20〕同註4。見明治四十年（1907）五月四日，頁 216～217。

〔註21〕張麗俊《水竹居主人日記》（三），許雪姬、洪秋芬、李毓嵐編纂、解說，中研院近史所，2001 年 8 月初版。見明治四十五年（1912）九月二十五日，頁 266～269。

〔註22〕張麗俊《水竹居主人日記》（四），許雪姬、洪秋芬、李毓嵐編纂、解說，中研院近史所，2001 年 8 月初版。見大正四年（1915）五月三十一日，頁 190～191。

親爲銀匠，家境並不寬裕，惟寄望科舉得名能改變家庭環境，無奈臺灣割日，青雲之路自此中斷，只好在家設帳授徒，藉以營生。明治三十四年（1901）應聘爲《臺中每日新聞》（後改名爲《臺灣新聞》）漢文欄主筆，任職前後凡十八年。明治三十九年（1906）加入櫟社，於大正六年（1917）社長賴紹堯病故後，被推選爲繼任社長，擔任是職至去世爲止，長達二十九年，是櫟社任期最長的社長，對保存櫟社史料居功厥偉。另外，傅錫祺在大正九年（1920）六月銜官方之命，出任潭仔墘區區長，至大正十四年（1925）十月去職。

　　張麗俊與傅錫祺相識甚早，早年同拜謝頌臣門下，可謂同門。兩人平時往來十分熱絡，不論是之偕同赴約〔註23〕，或是邀鶴亭之家中吃飯〔註24〕，乃至於到臺中遊玩而借住鶴亭在臺中的宿舍〔註25〕，在在都顯示他們的交情匪淺。除了日常的宴遊之外，在文學的交流方面，升三則會拿自己的作品請鶴亭品鑑，如〈苦雨〉、〈喜晴〉兩首七律，傅氏看完後讚曰：「善能寫景！」〔註26〕，更幫忙升三修訂咏謝頌臣生壙七絕詩〔註27〕。升三對鶴亭的漢學素養頗爲倚重，而鶴亭則引薦升三加入櫟社，引領升三了解社團運作情形，拓展其人際網絡，如四十三年（1910）的櫟社春會，由於此次來賓眾多，不僅是升三入社後第一次參加詩會，且是全島性的詩人大會，鶴亭遂引領升三與南北諸文友一一通名道姓，使其熟稔文壇著名人士。〔註28〕嗣後，歷次春秋

〔註23〕明治三十九年（1906）一月二十九日：「陰疎雨天，近十一時餘全錫祺、炳修、錫茲、瑜璧及劉來、盛祥等七人，俱乘人力車往社口雲衡家付〔赴〕春宴，並觀他新建日体大廈告竣。其間池亭花木幽雅宜人，椅棹珍奇鮮妍奪目，洵非尋常之可比者也，及三時乃安步回墩。」張麗俊《水竹居主人日記》（一），頁7。

〔註24〕明治三十九年（1906）六月十日：「晴天，往墩買什物，令清漣先持回家。至十時餘，邀謝先生、炳修、錫祺、盛祥、登球等五人來家饗午。」張麗俊《水竹居主人日記》（一），頁73。

〔註25〕明治三十九年（1906）六月六日：「晴天，隨母、大嫂率清波、清漣乘頭幫〔班〕滊車往彰南瑤宮天上聖母並城隍廟、觀音亭三處燒金賽願，……遂來滊車場候乘十一時二十二分間滊車回臺中。……至臺中下滊車，又雇人力車與母親、大母〔嫂〕、清漣及自己乘，欲往後　仔賴以庚家爲賓，……母親三人全林金姑方往賴以庚家，予自往錫祺宿舍住宿。」張麗俊《水竹居主人日記》（一），頁71～72。

〔註26〕同註4。見明治四十年（1907）七月四日，頁238。

〔註27〕同註4。見明治四十年（1907）十月二十四日，頁277。

〔註28〕張麗俊《水竹居主人日記》（二），許雪姬、洪秋芬編纂、解說，中研院近史所，2000年11月初版。見明治四十三年（1910）四月二十四日，頁345～349。

雅集，升三每每會先至臺中與鶴亭會合，然後一同赴集會地，這樣的行為模式，顯見兩人深厚的交誼，同時也可瞭解到傅錫祺在張麗俊的詩社人際網絡上所扮演的角色。

傅鶴亭生性淡薄，在日本殖民統治下頗能自得其樂，廖振富謂其生命情調與人生抉擇：以悠然自適為樂，不介入世俗，遠離紛爭。〔註29〕正如昭和二年（1927），鶴亭〈閒居〉〔註30〕詩，流露與世無爭、含飴弄孫的閒適自得，這樣的人格讓張麗俊相當欣賞，即步其韻腳寫作兩首七律贈之〔註31〕：

步鶴亭閒居元韻

雲山歷鑛性情疏，好把廉泉讓水居，
北苑來遊隨杖履，南窗寄傲理琴書。
同群儻可斯人與，入世尤能遂我初，
更有一村堪羨處，堦前蘭桂定相如。

五柳垂簷影不疏，就荒三徑比陶居，
靜觀身世懷泉石，高臥羲皇畏簡書。
去免潭莊長夏裡，歸從遼海暮春初，
於今恰好安吾素，詩賦清流性淡如。

前首詩用典故讚揚鶴亭人格「廉潔」，而「入世尤能遂我初」一句則應該是認為其人格能夠砥礪自己，在異族統治下尚能保全其身，且行誼更可光大家鄉。次首詩則將其比為東晉名士陶潛，平生懷抱著山水自然的生命情調，為文賦詩如清流一般，個性恬淡高雅，給予鶴亭相當好的評價。

同年九月，時值升三耳順之年，鶴亭作祝詩一首〔註32〕：

〔註29〕 廖振富《櫟社研究新論》，第十章〈傅錫祺《鶴亭詩集》所反映的人生抉擇〉，
　　　　國立編譯館，2006 年 3 月初版，頁 490。

〔註30〕 傅錫祺《鶴亭詩集》（上），臺灣先賢詩文集彙刊第二輯，龍文出版社，1992
　　　　年 6 月，頁 125。

〔註31〕 張麗俊《水竹居主人日記》（七），許雪姬、洪秋芬、李毓嵐編纂、解說，中
　　　　研院近史所，2004 年 1 月初版。見昭和二年（1927）六月二十七日，頁 220
　　　　～221。

〔註32〕 此詩見於張麗俊《水竹居主人日記》（七），許雪姬、洪秋芬、李毓嵐編纂、
　　　　解說，中研院近史所，2004 年 1 月初版。見昭和二年（1927）九月二十八日，
　　　　頁 260～261。又見於傅錫祺《鶴亭詩集》（上），詩題為〈櫟社第二回壽椿會
　　　　賦呈四壽星〉其一，臺灣先賢詩文集彙刊第二輯，龍文出版社，1992 年 6 月，
　　　　頁 128。

壽升三社兄六十

蒼蒼連理老增榮，繞膝兒孫引笑聲，

愛菊夙成陶令癖，得墩應署謝公名。

詩承宗派傳三影，福享清閒羨一生，

同學少年餘幾箇，魯靈光殿屹崢嶸。

升三兒孫滿堂，家庭和樂，詩中直言平生愛菊一如彭澤令，乃一介品格高潔之士。這首詩與前文之升三作品，二人不約而同的都以東晉陶淵明為比，吾人除可看作兩人性格上相似，皆是櫟社當中屬於不極端抗日的一群，平時即雅好山水，作詩以自遣，更可理解成在異族統治的緊張時局，唯有山水才是這群文人心靈寄託的對象，因此以陶淵明為精神象徵，藉以安置無所皈依的紛亂心靈。

三、袁炳修

袁炳修，字槐蔭，葫蘆墩人，約生於清同治十一年（1872），漢學出身，但有無功名則未詳。明治三十三年（1900）一月至四月間，曾任教葫蘆墩公學校，七年後（1907）與張麗俊一同加入櫟社。兩人為同鄉且舊學出身，交情有如管仲與鮑叔牙，升三更將長女彩鸞許配槐陰之長子袁錦昌，從此親上加親，平時往來更加密切。

明治四十三年（1910）五月下旬，袁炳修身體不適，幾日間病情急轉直下，突於三十日上午辭世，年僅三十八歲。升三日記記有當日探訪經過：

> ……盛祥言昨夜九點鐘臺北葉鍊金醫生來炳修家診察病狀，囑予往彼坐談以敘契闊之情。遂全盛祥到彼，並詢炳修病狀，言十分危篤。至八時半予告別，往車站候坐九時南下列車往臺中，入廳民事調停室，……午后仍回車站，聞林瑞仲言，炳修於午前十時餘仙逝，予問何由知，仲云：電話來中央醫院，載昭述言焉，今錫祺既回去。予聞罷爽然若失，心胆俱裂，恨列車不能即上也。至二時四十分上北上列車，適春池乘南下列車到，再詢炳修凶信，此事果然，更覺兩淚欲流。至三時餘抵墩，下車入炳修家，舉室哀聲達諸戶外，嗟彼蒼天！何薄待善人也，今年三十八，而更與諸友永訣也。〔註33〕

〔註33〕同註28。見明治四十三年（1910）五月三十日，頁364～365。

生命的長短真的難以預料，張麗俊上午才去看過袁炳修，孰料兩小時之後竟撒手人寰，這衝擊帶給張氏無限的錯愕，身在臺中卻恨不得飛身回墩，失去摯友的哀傷不言可喻。袁氏四月底才和張氏一同參加櫟社春會，怎知月後即駕鶴西歸，每當夜裡夢迴，猶記得彼時的身影，讓張麗俊不禁悲痛萬分，這樣的心情化成詩作，〈哭炳修姻兄〉七絕八首堪稱抒情佳作，思念友人之情寫來毫不造作，試引數首以觀：

其一

藥石無靈老少憂，誰知一病不能瘳，

心傷白骨埋黃土，赴召修文在爹秋。

其二

情同鮑管結朱陳，形影相隨屢寫真，

一別千秋成永訣，空留面目伴吾人。

其六

使我題碑愴我情，傷心最是寫君名，

何天不與斯人壽，卅八年華了一生。

其八

手種名花尚有香，小園猶記對飛觴，

如今再到培蘭室，物在人亡更斷腸。〔註34〕

為好朋友親手題寫墓碑，這是多麼令人心碎的事情，詩句飽沾血淚，真情感人，除顯示張麗俊與袁炳修的情誼深切外，這幾首質樸但情感濃烈的詩作，更展現傳統漢詩的抒情功能。

四、施梅樵

施梅樵，字天鶴，早年自號雪哥，晚年更號可白，彰化鹿港人。生於清同治九年（1870），卒於民國三十八年（1949）。秀才出身的他，由於日本領臺之後科舉路絕，為聯絡聲氣且延續漢文之生命，遂與洪月樵、許夢青、蔡啟運共組「鹿苑吟社」。但迫於生計，只得遷徙流轉於三臺，設帳授徒以維持生計，大正五年（1916）至豐原教授夜學，因而種下了與張麗俊結識的緣分。

是年三月間，施梅樵至富春鄉設帳，日記中有關施梅樵的紀錄約至次年

〔註34〕同註28。見明治四十三年（1910）六月六日，頁370～371。

的四月底，其後又在大正十五年來墩一遊，不過此次僅停留一日，此後日記則無施梅樵活動的紀錄，可見施氏在葫蘆墩區的活動期間約有一年的時間，為豐原文壇投注不少的心力。張麗俊得知施梅樵來墩之消息，隨即前往探訪，二人一見如故，互有贈詩：

喜晤梅樵先生奉呈（升三）

斗山才學早高華，東箭南金兩足誇，

鹿島群英推巨擘，鯤洋庶士仰方家。

人爭採玉師崧切，我愛拋磚望嘏奢，

長冀蘆墩施夜雨，春風桃李盡開花。

敬和升三先生瑤韻奉呈（梅樵）

中年漸悔負春華，書劍無成莫漫誇，

久困蛟龍雲失路，貪閒鷗鷺水為家。

欣逢舊雨身逾健，得近名山願轉奢，

知否蓬萊仙露潤，肯分餘澤到凡花。〔註35〕

從詩中可以很明顯的看出，張麗俊對於名揚三臺的鹿津名士施梅樵相當崇敬。考諸日記，施氏待在豐原的期間，兩人往來頻繁且密切，推就其因，除了可能文士間的惺惺相惜之外，還有就是同為夜學導師，兩人的學生群或有重疊，如黃茂盛、袁錦昌（亦是升三女婿）二人，本為升三的夜學學生〔註36〕，在施梅樵駐墩教學期間，亦從其教誨。因此在日記中可以發現，施梅樵與張麗俊常常設宴互相邀約，或是接受夜學學生的款待。如大正五年（1916）三月十一日，升三邀請梅樵偕同其學生楊漢欽、黃茂盛等人前來享晚，席間氣氛和樂，作詩相互贈和。〔註37〕

　　施梅樵在墩之生活（或教學）模式，依照張麗俊日記之記載，可能以出課題詩吟詠為主，如大正五年（1916）三月十五日記載：「……又到錦昌藥局，適他咏梅樵課題，代為點綴亦並咏一絕，因住午飯，飯畢歸。」〔註38〕。又

〔註35〕同註22。見大正五年（1916）三月十日，頁305～306。

〔註36〕關於張麗俊的夜學學生名單，可參看本論文第三章第一節。

〔註37〕升三作〈春日梅先生偕諸賢過訪奉呈〉，梅樵回贈〈春日過訪升三先生即次瑤韻〉；梅樵作〈春日偕諸賢過訪升三先生席上賦呈〉，升三和〈敬和梅樵先生春日偕諸賢過訪瑤韻〉。見張麗俊《水竹居主人日記》（四），大正五年（1916）三月十一日，頁307～308。

〔註38〕當日所詠詩題為〈賣花〉限佳韻。見張麗俊《水竹居主人日記》（四），大正

如二十五日傍晚，楊漢欽、黃茂盛、袁錦昌等從施梅樵夜學者設宴，席上梅樵以「席上即事」命題，不拘體韻，張麗俊則作〈春夜伴施先生赴楊黃英袁諸賢晚宴席上即事〉詠之。〔註39〕

　　施梅樵出詩題吟詠，而評選作品優劣則落到張麗俊與傅錫祺身上，如同年的十一月二十六日，梅樵、子敏、春魁、瑞仲、錦昌等五人詠〈客中夜雨〉詩，左右詞宗即請張麗俊、傅錫祺擔任評選。〔註40〕又如大正六年（1917）元月一日，梅樵、蕭潛、日祥、茂盛、錦昌、永昌、戀獅、秋泰、江貫、春草、朝君等人開設春宴，席間出題〈客至詩〉，升三爲右詞宗，鶴亭則擔任左詞宗。〔註41〕

　　從上文的說明吾人可以猜想，施梅樵在葫蘆墩的人際網絡，概是以張麗俊爲中心，並以張氏的文友圈向外擴張，而且施梅樵夜學的部分學生，早年也是張氏的學生，因此張麗俊可以說是施梅樵在豐原活動的交際核心。

　　除了扮演人際關係樞紐之外，施梅樵也頗爲看重張麗俊的漢詩造詣，不僅向升三索取詩稿〔註42〕，更多次詠詩之後即令升三步韻和之，如大正六年（1917）四月二十七日載：「……午后，往墩並到組合，又到施梅樵方，他將〈暮春夜雨〉感懷七律詩示我，並令我和韻。」〔註43〕又如大正十五年（1926）十月十七日，施梅樵來墩遊玩，王叔潛、蔡梓舟等四十餘人在蓬萊閣旗亭開宴，入席陪賓有廖鏡堂、陳建置、陳蔡喜、周定山、張疇五及張麗俊。歸時惠贈升三律詩〈重陽後二日豐原諸友留飲〉，並令其步韻還他。試看二人作品：

> **重陽後二日豐原諸友留飲**
>
> 秋風重覓舊巢痕，菊正黃時氣尚溫，
> 爲我吟筵遲兩日，讓君豪興倒千樽。
> 騷壇喜見新旗鼓，驛路休辭闊夕昏，
> 防卻參軍全落帽，皤皤髮鬢那堪論。

五年（1916）三月十五日，頁310。

〔註39〕同註22。見大正五年（1916）三月二十五日，頁313～314。

〔註40〕同註22。見大正五年（1916）十一月二十六日，頁406～407。

〔註41〕同註22。見大正六年（1917）一月一日、二日，頁418。

〔註42〕日記載：「……梅樵索我詩稿，遂將感懷並北遊所詠呈覽。」見張麗俊《水竹居主人日記》（四），大正五年（1916）五月十二日，頁334～338。筆者案：上引所謂之「北遊所詠」，指張麗俊於該年的四月十五日至二十一日，北上臺北、基隆參加始政二十年臺灣勸業共進會所作之詩作。

〔註43〕同註10。見大正六年（1917）四月二十七日，頁36。

次梅樵先生重陽後二日留飲豐原諸友原韻

　　秋水長天一色痕，君來恰好敘寒溫，

　　當年慕折東山屐，今夕欣傾北海樽。

　　預約登高臨白晝，延期話舊隔黃昏，

　　匆匆未遂終宵願，那得開懷與細論。〔註44〕

升三的詩作，周定山認爲：「次韻更佳於原韻也。」〔註45〕可知升三詩作確有相當的水準，梅樵才會對張氏的漢詩寫作有所肯定，因而頻頻囑升三作詩步韻和之。

　　藉由分析兩人互動的過程，讓我們了解到全島知名型文人與地方型文人在文學上往來的軌跡，廓清日治時期漢文學活動的模式。

五、吳子瑜

　　吳子瑜，字少侯，號小魯，生於清光緒十一年（1885），卒於民國四十年（1951）。其父爲光緒年間監生吳鸞旂，又是東大墩首富，故少侯家境優渥，爲人豪爽闊綽，大正初年於上海、北京一帶經商，常往來於臺灣、中國之間，大正十一年（1921）回臺處理父喪，遵照父親遺願於臺中太平庄內建造花園及祖墳，園內庭臺樓閣、小橋流水，遍植五百餘株荔枝樹，佔地凡十餘甲，規模不下霧峰林家，此吳家花園又稱「東山別墅」。

　　吳子瑜於大正十五年（1926）六月十五日加入櫟社，此後櫟社春秋雅集、或全島聯吟大會，因社長傅錫祺、重要成員林獻堂等人旅遊海外，從而吳子瑜遂以其雄厚財力爲中心，屢屢在其東山別墅，或怡園召開，根據許俊雅的統計：「吳子瑜是主辦櫟社活動次數之多僅次於林獻堂的社員，前後在東山別墅或怡園集會數十次，約佔百分之二十。」〔註46〕吳氏可謂櫟社在日治晚期的重要資助者。

　　不同於林獻堂給人一種高高在上的感覺，對於張麗俊而言，吳子瑜生性豪爽、但卻平易近人多了，不論是主辦櫟社春秋例會，或是私下舉行踏青會、登高會，吳子瑜對張麗俊是相當熱忱。事實上，每當例行春秋集會於東山別墅、怡園召開，或是吳氏出力襄助之全島聯吟大會，張麗俊總會

〔註44〕同註31。見大正十五年（1926）十月十七日、十八日，頁101～103。

〔註45〕同註31。見大正十五年（1926）十月十九日，頁104。

〔註46〕許俊雅〈櫟社詩人吳子瑜及其詩初探〉，收錄於東海大學中文系編《日治時期臺灣傳統文學論文集》，2003年2月初版，頁202。

先至吳子瑜臺中的宅邸，稍事休息並用中膳之後，再會合櫟社諸友一同前往之。〔註47〕

張麗俊對於吳子瑜的熱情，日記中則讚曰：「性豪爽，人慷慨，好吟咏，廣交遊。」〔註48〕具體例子如：昭和九年（1934）九月一日，為吳子瑜五十壽辰暨怡社十週年慶祝大會，三日會議結束，張麗俊本欲隨友人同歸，但吳子瑜強留晚宴，並再宿一宿，第二天早膳用畢後，吳子瑜不僅親送至園門，更派人隨張氏到車站買票，這樣貼心的舉動，讓張氏由衷的感動，不僅說「可謂待吟友之厚矣！」，更說：「二十年前亦翩翩一富豪公子也，數年前入我櫟社為社友，遂將營其先父吳鸞旂之坟地，元名多瓜山，乃無價值之墓地，而他開數十萬金營邱坆，築別墅，植芰圃成花園，而且三三作踏青之遊、九九邀登高之會，遂成年例，以視乎全島中富豪子弟，視財如命揮金如土者，不啻霄壤之別也。」〔註49〕認為吳子瑜是全臺富豪子弟的典範，並肯定他為詩社所作的努力。

張麗俊對吳子瑜的敬佩，亦可由〈和小魯踏青會元韻〉中看出，其詩云：

> 叨陪末席喜垂青，頻上東山四望亭，
>
> 儘日流連春景秀，奇花異果氣鍾靈。
>
> 瀟灑襟懷出性眞，芳園到處欲身親，
>
> 春秋佳節邀吟侶，自是騷壇大雅人。〔註50〕

說自己是櫟社當中「叨陪末席」者，幸蒙子瑜「垂青」，才得以參加東山高會，盡賞美景、大啖美食。子瑜為眞性情之輩，其瀟灑的襟懷，每逢春秋例會則力邀諸友前來齊聚，眞是「騷壇大雅人」也，對其人格推崇備至。而其主辦之櫟社詩會，兼辦踏青、登高活動，使得詩會氣氛不同於往常，變得更加輕鬆、愉快，從張麗俊另一首和詩，可以知悉當日詩會情景，著實與以前大不相同，了解所讚不假。〈和小魯秋日東山遣興元韻〉：

〔註47〕 如張麗俊《水竹居主人日記》（七），昭和三年（1928）九月二十八日怡園觀月會，頁426～427；十月二十日林仲衡母壽並東山登高會，頁436～437。張麗俊《水竹居主人日記》（八），昭和四年（1929）七月二十一日至臺中遊玩，次日參加中部聯吟大會，頁74～75；十月十日例行秋會並東山登高會，頁105～106。昭和五年（1930）二月八日全島聯吟大會，頁163～165。

〔註48〕 張麗俊《水竹居主人日記》（八），許雪姬、洪淑芬、李毓嵐編纂、解說，中研院近史所，2004年1月初版。見昭和四年（1929）十月十二日，頁107。

〔註49〕 張麗俊《水竹居主人日記》（九），許雪姬、洪秋芬、李毓嵐編纂、解說，中研院近史所，2004年11月初版。見昭和九年（1934）九月四日，頁472。

〔註50〕 同註48。見昭和五年（1930）四月十一日，頁201～202。

窗前爽氣透輕紗，好比南村處士家，

菊徑霜新開破萼，蘭階日麗看抽芽。

陶公舒嘯聲瀏喨，謝傅登臨影照斜，

最愛山林多樂趣，憑高遠眺海天涯。〔註51〕

林間花草的野趣，伴隨著自然山水的氛圍，詩中流洩著輕鬆閒適的感覺，讀來尤覺清麗。

　　上文呈現升三的文學交遊情形，從文內敘述可知，前開五人不僅在文學上與升三有所互動外，亦是張氏人生旅途中相當重要的朋友，絕非泛泛之交。當然除了他們之外，櫟社的蔡啓運、林癡仙、賴紹堯、以及豐原吟社的王淑潛等人，也是升三的文學交遊，但相對在詩歌相互唱和的比例上則少於上述諸位，爲精要陳述篇幅，故予以割愛。

　　本章說明張麗俊的家世情形，以及生平大要，並呈現其重要的文學交遊，爲本論文的研究對象建構了基本的輪廓，下面第三章將繼續探討張麗俊的社會地位，進一步瞭解他的角色扮演。

〔註51〕同註31。見昭和三年（1928）十月十九日，頁435～436。

第三章　張麗俊的社會角色與地方參與

　　張麗俊雖非是全臺知名型的人物，但在豐原地方上實有舉足輕重的影響力，他既是漢學出身的傳統文人，又是官方統治機器的一員，更是領導地方大小事務的處理核心。其身份多重，根據《水竹居主人日記》記載，他兼有下南坑第一保保正、慈濟宮修繕會總理與管理人、櫟社社員、豐原吟社成員、豐原街協議員、葫蘆墩興產信用組合理事、葫蘆墩區十九保聯合會議長、富春信託株式會社常務理事、財團法人豐原水利組合之組合員兼評議員等諸多職務。對於張麗俊而言，多樣化的角色扮演，他的社會地位究竟為何？而其社會地位在日治時期有什麼樣的影響？這些都是本章所欲瞭解的問題。關於張麗俊的社會地位，依照其職務種類概可分為三大層面，分別是：傳統漢學的維繫與傳遞；官方保正、商務團體理監事的擔任；以及民間廟宇的執掌與管理。以下分節說明。

第一節　傳統漢學的維繫與傳遞

　　張麗俊自十三歲起受業於前清文士的門下，至二十八歲日本領臺為止，共歷十五年之久，不僅打下了相當深厚的漢學基礎，更多次於科考中名列前矛。從其求學經歷來看，若非臺灣淪落日帝之手，以致阻斷了青雲之夢，否則張氏亦如同傳統文人一般，循著儒家出仕的步伐，經由科舉制度，來遂行讀書人經世濟民的終極目標。然而日人據臺以後，清代的一切制度瞬間崩盤，飽讀詩書的知識份子霎時失去了寄託，如林癡仙、王松、丘逢甲、洪棄生、許南英等，面臨殖民體制時，無不以「遺民」、「棄民」、「逐臣」為號或

自喻〔註1〕，或內渡中國、遠走他鄉，或自此心志頹喪、消極避世，不再過問國家大事。這或許是改朝換代時絕大部分傳統文人的心態，但對於張麗俊而言，他並不以遺民自居，也不獨善其身的封閉自己，反而以自己的力量來維繫漢學的延續，使得漢學傳統在的日治期間不致斷根，廖振富表示：「張麗俊對推動漢文的努力，表現在以下兩個層面：其一是數度擔任民間的漢學教育工作，其二是在現實生活中創作大量的漢文作品。」〔註2〕這兩項推動漢學存續的努力，皆可在《水竹居主人日記》找到例證，在這裡我們先就前者來討論。

相較於當時文人多以籌組漢詩吟社來延續舊學，張麗俊則是更著重於第一線的漢學教授，多次擔任地方的漢學老師，利用夜間、或週六日等閑暇時間，來傳授當地有志學習漢學傳統的青年學子。根據日記，張氏教授夜學約有數次。首次教授夜學始於大正三年（1914）六月八日：

> 雨天，往墩，在回春坐談，及午歸。午后大雨淋漓，四時冒雨往墩，因夜學諸同人潘日祥、黃茂盛、林松江、林汝壽、鄭松筠、劉茂雲、陳振德、陳秋陽、廖進殿、袁錦昌等十人在聖王廟開晚宴，全清連臨席，言欲聘我夜間講習漢文，八時餘散席。出到戊申醫院坐談，十時餘散歸。〔註3〕

張麗俊接受了潘日祥等十人的邀請，利用晚間閑暇時間，於次日（六月九日）展開每週三到五天的漢學講授，講學的地點先是在聖王廟，但上過一次課之後，覺得聖王廟設備不夠齊全，而改至葫蘆墩役場。半個月之後，又因役場屬於室外空間，每夜時有飛蛾撲面，上課品質不佳，六月廿八日遂移至潘日祥開設之戊申醫院講課。〔註4〕此次的講學期間自該年的六月九日至十二月廿八日，共持續了半年之久。

〔註1〕余美玲〈日治時期臺灣古典詩歌中的放逐主題：以海東三家詩為探析對象〉，「第四屆先秦兩漢學術國際研討會：上下求索——楚辭的文學藝術與文化觀照」，輔仁大學中文系主辦，2005年11月26、27日，頁2。

〔註2〕廖振富〈日治時期臺灣傳統文人日常生活中的漢文書寫——以張麗俊《水竹居主人日記》為考察對象〉，《《水竹居主人日記》學術研討論文集》，臺中縣文化局，2005年9月出版，頁252～253。

〔註3〕張麗俊《水竹居主人日記》（四），許雪姬、洪秋芬、李毓嵐編纂、解說，中研院近史所出版，2001年8月初版。見大正三年（1914）六月八日，頁56～57。

〔註4〕同註3。參見大正三年（1914）六月九日至六月二十八日，頁57～64。

在學生的組成方面，接受西方新式教育的不在少數，如潘日祥、黃茂盛、袁錦昌有醫學相關背景；鄭松筠、林汝壽則是臺中廳葫蘆墩公學校的訓導，而劉茂雲則在不久後負笈東京商科大學〔註5〕。顯示新式教育出身者，對於傳統漢學的接受程度不低。但即便願意接受舊學，仍然有人對於上課的方式表示不同意見，例如上述公學校訓導的鄭松筠、林汝壽二人，在領略過張麗俊的教學之後，即對於張氏教法感到太過瑣碎，因而與同學們產生爭執，之後便不再出席夜學。〔註6〕透露出同為教育者對於傳統漢學的教學方式之認同歧異。

上課的內容則講授《幼學瓊林》、《春秋》古文篇章、解說唐詩，並曾指導學生漢詩寫作。試看其概：

　　陰七月廿二日　　陽九月十一日　　　金曜日

　　……飯畢仍往授夜學，而《幼學瓊林》全部既解說完矣。

　　陰七月廿三日　　陽九月十二日　　　土曜日

　　……晚飯畢往授夜學，《幼學》既說完，《古文》未購，便因解說唐詩焉。

　　陰八月初二日　　陽九月廿一日　　　月曜日

　　……晚飯後，授夜學，說《春秋》古文也。

　　陰八月二十日　　陽十月九日　　　　金曜日

　　……入夜授學詠「菊花」，因諸生徒試習也。

　　菊花〔缺〕

　　陰十月十六日　　陽十二月三日　　　木曜日

　　……晚飯後，往授夜學，說〈司馬遷報任少卿書〉。

　　陰十月十八日　　陽十二月五日　　　土曜日

　　……晚飯後，仝上，講〈李陵答蘇武〉篇。〔註7〕

課程內容雖然基本但算是多元，除了課堂上古典漢學的傳授之外，張麗俊與學生之間的感情十分融洽，有時在夜學講授完畢後，張氏會與同學們一同觀戲，如十月十九日：「出仝夜學生徒日祥、錦昌、振德、松江並清漣，往慈濟宮內玩白字戲，近十二時歸。」〔註8〕，次日亦然。考白字戲為傳統梨園戲的

〔註5〕同註3。參見張麗俊《水竹居主人日記》（四），頁56之附註。
〔註6〕同註3。參見大正三年（1914）六月十日，頁57。
〔註7〕同註3。參見大正三年（1914）九月十一日、十二日、二十一日，十月九日，十二月三日，十二月五日，頁92～93，96，105～106，124～125。
〔註8〕同註3。參見大正三年（1914）十月十九日，頁111。

一種，是因使用方言，有別於使用正音、官音、正字的戲曲，演員多出自梨園戲班，戲碼則與梨園戲相近。〔註9〕因此這不僅僅是有形的漢學維繫，更是無形的將漢學傳統往心靈紮根。

　　第一次的夜學在十二月二十八日上完課之後，就結束課程，其因爲何，日記當中並未詳述，很可能因爲大正四年（1915）年初，張麗俊就接連忙著葫蘆墩婦女解纏足會的事宜〔註10〕，以及籌備母親暨三男世藩的壽婚典禮〔註11〕，因而結束此次的夜學課程。

　　在地方漢學傳播悄然進行的同時，官方自然不可能將這股力量視而不見，就在該年的六月十四日，由葫蘆墩支廳長召集葫蘆墩區長、公學校長，以及各保正、殷紳，共同參議在公學校開設「夜學國語研究會」，與會者皆表贊成，並由區長廖乾三出任會長。〔註12〕張麗俊雖未涉足其中，但他因保正身分的關係，皆有參與此會的始業式和卒業式。從日記中的記載亦可知悉，學生人數多達二百餘人，多來自葫蘆墩、烏牛欄、翁仔、大杜等四處。試看十二月二十日之日記片段：「……午后，再往公學校赴國語研究會晚宴，係葫蘆墩、烏牛欄、翁仔、大杜四處夜學生徒二百餘人，今日乃第一期修業証書授與式，延至五時餘式畢方享晚宴，七時出。」〔註13〕對比前述張氏之夜學，雖未知官方授課內容，但從規模上來看，足見官方相當重視漢學教育的區塊，並想要以學校的系統力量來掌握，試圖從中分化臺灣傳統文化的維繫。另外，根據《臺灣教育沿革誌》〔註14〕，官方公學校的漢文課程教授時數，起自治臺初期至大正十二年（1932）爲止，每週約有四至五小時的授課時間，到了大正十年（1921）則降至每週一

〔註9〕 邱坤良《舊劇與新劇：日治時期臺灣戲劇之研究（1895～1945）》，詳第四章第二節（1）「梨園戲、九甲戲與白字戲」，自立晚報社文化出版部，1992年6月出版，頁140～151。另可參考林茂賢《福爾摩沙之美：臺灣傳統戲劇風華》，行政院文建會，2000年3月出版，頁55～60。

〔註10〕 大正四年（1915）一月十六日，葫蘆墩支廳轄下五區舉辦「婦女解纏足會」，張麗俊負責宣讀答詞。參見張麗俊《水竹居主人日記》（四），頁136～139。本論文於第七章第二節中有詳細說明。

〔註11〕 大正四年（1915）一月二十六日至二十七日，張母八十一大壽，暨三男世藩婚禮。參見張麗俊《水竹居主人日記》（四），頁142～145。

〔註12〕 同註3。參見大正四年（1915）六月十四日，頁197。

〔註13〕 同註3。參見大正四年（1915）十二月二十日，頁272～273。

〔註14〕 參見臺灣教育會編著《臺灣教育沿革誌》，南天書局有限公司，1995年10月，頁271、282、284、285、315、316、317、346、347、379、380、381、382、384、385。

至二小時，隔年更改為每週兩小時的選修課，對照同時期每週平均有十小時以上的國語教育，可見日人對於漢文教育，採取日漸緊縮的箝制政策。

　　一九二○年代，日本對臺統治基礎已然穩固，臺人已從武裝抗日轉向自體制內尋求平等的社會運動。自一九二一年起，臺灣文化協會成立，議會請願運動也相繼展開，經過一連串的政治社會運動，終於爆發「治警事件」，爾後文協內部也產生了路線之爭，因此官方對於集會、結社、宣講、演說等活動亦多所關注。就在昭和三年（1928）的七月，原本教授豐原店員會、工友會二會會員漢學的林載釗，不幸身故過世。近兩個月後，該二會會員於是決議聘請張麗俊繼續為他們上課。日記九月二日、七日的紀錄：

> **元七月十九日　　今九月二日**
>
> 晴天，往豐原富春園，主人江文照言店員會、工友會二會之會員欲聘我於土曜之夕出教他等漢文學也，午歸。

> **元七月廿四日　　今九月七日**
>
> 陰晴天，在家理文具。午后，豐原街店員會之會員選代表者八名，具禮帖，陳木火、何傳興、管富、劉禾、林文再、林金水、林東、劉佩蘭等，來請我於每星期土曜之夕出教漢文，明晚欲開始云。坐有頃，方別去。〔註15〕

豐原店員會、工友會皆為臺灣民眾黨旗下之外圍組織，隸屬於臺灣工友總聯盟的團體，創立於昭和二年（1927），兩者的主要人物均為廖進平。〔註16〕因此具有文協與櫟社雙重色彩的林載釗，才會出任該二會的漢學導師。而當張麗俊接下了豐原店員會、工友會夜學教授的棒子之後，立刻有流言傳出，質疑他的政治立場，說他早就在等著林載釗的位子，但張氏並不以為忤，強調「均是講漢文，載釗有文協思想，我絕無文協色彩也」〔註17〕，畫清自己與林載釗的界線。友人也規勸他大可不必去有政治運動色彩的革新社教授漢學，以免被官方誤解，〔註18〕但他仍然不畏流讒，在革新社執教了長達兩年

〔註15〕張麗俊《水竹居主人日記》（七），許雪姬、洪秋芬、李毓嵐編纂、解說，中研院近史所，2004年1月初版。參見昭和三年（1928）九月二日、七日，頁414，416～417。

〔註16〕根據昭和三年（1928）七月十四日之附註。張麗俊《水竹居主人日記》（七），頁391。

〔註17〕同註15。參見昭和三年（1928）九月十一日，頁418。

〔註18〕昭和五年（1930）四月十五日：「……席散，到春草方坐談，言我可不必往革

多的時間。此次授課期間自昭和三年（1928）九月八日起，至昭和四年（1929）的一月五日，因其妻病重而停課了兩個月後，自三月九日復課，至十二月二十八日又因店員過於忙碌而停課；昭和五年（1930）三月九日再度上課，最後迄於昭和六年（1931）的一月十一日，終止課程的原因爲：「……因年末店員多忙，兼之景況不佳，帳項難收，故學者出席寥寥無幾，店員因就回停學，候明年春再開始，遂全世垣歸。」〔註 19〕不同於第一次夜學成員爲多接受新式教育者，此次雖然學生爲工友、店員等庶民階層，但課程安排亦不馬虎，範圍涵蓋《孟子》、《幼學瓊林》、《史記》、《戰國策》等，更包括講解〈忍耐〉、〈獨立自尊〉，以及修正夜學生徒所練習的〈尊重民權文〉。可見張麗俊對於此次課程的重視，且會因著受業者的身份，而有所調整。

　　張麗俊對於夜學相當重視，不僅課前會有準備課程的動作〔註 20〕，課後也有如前述之批改學生作業，以及帶領學生觀賞戲曲等等，與學生建立了良好的互動，因此頗受好評，在革新社講學期間，欲另敦請他上課的邀約不斷，團體或個人皆有。前者如林阿羅〔註 21〕等八人〔註 22〕就聯名邀請張氏開設夜學，除出具請束外，更延請人力車接送張氏，對於張麗俊的尊重更勝以往，可推想張氏教授漢學的聲望及風評不錯。此次上課期間乃自昭和五年（1930）十月十四日起，至次年（1931）的八月十三日，每周二至三天在協榮樓上課（十月二十三日後改至保安醫院）。課程內容除《春秋》、《戰國策》、《楚辭》、

新社授夜學，以取當局之誤解，十時餘歸寢。」，張麗俊《水竹居主人日記》（八），頁 203～204。

〔註19〕 張麗俊《水竹居主人日記》（八），許雪姬、洪秋芬、李毓嵐編纂、解說，中研院近史所，2004 年 1 月初版。參見昭和六年（1931）一月十一日，頁 314。

〔註20〕 例如《水竹居主人日記》（四）大正三年（1914）六月十二日：「……午后在家點書，晚飯畢，仍全清漣往全上之所講習漢文，十時餘歸寢。」，頁 58；又《水竹居主人日記》（七）昭和三年（1928）九月七日：「……午后，在家書陶淵明〈歸去來辭〉作今晚教科書也。」，頁 417；十一月三日：「……午后，在家集作文虛字句，爲今夜教授。」，頁 444。

〔註21〕 案林阿爐又作林阿羅。張氏日記昭和五年（1930）十月十四日記作「林阿爐」；而十月十八日、二十三日又作「林阿羅」。《水竹居主人日記》（八），頁 282、283、285。而在同書之頁 79，註釋 2：「林阿爐：林阿羅，大正十三年（一九二四）畢業於臺灣總督府醫學校第二十三屆。」另據《臺中縣文學發展史田野調查報告書》訪問張麗俊裔孫張德懋先生之記錄，表示林阿羅曾受業於張麗俊。參見該書，臺中縣立文化中心出版，1993 年 6 月初版，頁 40。

〔註22〕 另七人爲：林朝啓、張銀旺、張振生、劉福堂、劉東壬、林烈、楊寬。參見張麗俊《水竹居主人日記》（八），昭和五年（1930）十月十四日，頁 282。

韓柳散文等傳統古典文學外，更多次講授〈寫信必讀〉，顯見張氏亦重視應用文學，對於傳統漢文的不同層面皆能加以推廣。而以個人名義者邀請張氏者，如昭和五年（1930）八月十六日，大南農林學校教師劉福才，在旅行途中向張麗俊請學漢文，共上四天課，教學內容爲《四書》。〔註23〕亦有漢文同好持《燕山外史》與張麗俊同讀〔註24〕。至此，張麗俊的教學之事業已然到達高峰，平均每週要花去四至五日的時間分別到革新社、保安醫院，或他人處所等講學，可以想見日治下漢學傳播實仍活耀、頻繁，但好景不常，隨著新式教育挾官方政策的強勢作爲，以及時代改變的必然趨勢，舊學已慢慢面臨到無人爲繼的窘境。

　　一如前述，革新社夜學是因爲出席人數過少，且幾無學習意願而宣告停課。此次保安醫院的夜學教授也是因爲「近來見諸生殊多缺席故也」〔註25〕而暫告一段落，無怪乎當有人要求張氏再度出馬教授夜學時，他卻回應：「少年果有寔心，何嘗不可，若虎頭鼠尾者，我不欲也」〔註26〕。而早在昭和三年（1928）年九月八日革新社夜學開始的當天下午，北港青年張長川慕名來訪，除表明傾慕張氏飽學外，更希望升三「應出身獎勵地方之青年，庶漢文學有續也。」〔註27〕，對其寄予維繫漢學傳統的厚望，但張氏則回應：

> 君青年對漢學有此關心，我深感佩，論漢文學眞非容易，本地方中
> 流以上者愈謀利，中流以下者謀生計，所以漢文學之衰頹亦時勢使
> 然也。〔註28〕

種種跡象顯示，漢學在人們的心中已經漸漸失去了地位，其衰頹的困境乃時代更替下的必然趨向，張麗俊身爲漢學傳播的第一線工作者，對此也有相當的體認與心理準備，從這裡可以知道張氏並非墨守成規的固執文人，然而，在其他傳統禮教的層面上，其思維還是難脫舊有束縛，稱不上完全的開化，充滿過渡時代的思想矛盾，有關這部分的討論，本論文將在第七章作出說明。

〔註23〕同註19。參見昭和五年（1930）八月十六日、十八日、二十一日、二十二日、
　　　　二十三日，頁253～257。
〔註24〕同註19。參見昭和五年（1930）十月十九日、二十一日、二十八日，頁283
　　　　～284、286。
〔註25〕同註19。參見昭和六年（1931）八月十五日，頁415。
〔註26〕張麗俊《水竹居主人日記》（九），許雪姬、洪秋芬、李毓嵐編纂、解說，中
　　　　研院近史所，2004年11月初版。參見昭和七年（193）七月一日，頁98～99。
〔註27〕同註15。參見昭和三年（1928）九月七日，頁417。
〔註28〕同註15。參見昭和三年（1928）九月七日，頁417。

第二節　官方保正、商務團體理監事的擔任

　　張麗俊爲何對於漢文衰退已經有相當的體認與心理準備呢？即因爲他在傳統文人的身份之外，尚且還是地方的公職人員，對於官方政策的推行、或大環境的變遷，定當有較一般人更爲敏銳的感知，因此對於漢學傳播難以爲繼，自然心中也較爲釋懷。職是之故，本節將針對張麗俊公、商職務上的身分來說明其社會地位，理解他在這些身分背後的侷限與努力。

　　日本爲求統治臺灣，將當時屬於領導階層者的鄉紳文人，納入其基層的管理體系內，用半強迫的方式授予他們公職，如傅錫祺、林獻堂、陳懷澄、賴紹堯等文人，均擔任了區長、街長等官方的工作，張麗俊也不例外。在日本領臺後的第四年（明治三十二年七月二日），出任他生平第一份公職——下南坑第一保保正，管轄範圍包括上、下南坑、烏牛欄、鎌仔坑口等地。表面上雖接受這份職務，但私底下升三曾有如下的感嘆：

> 舊元月廿一日　　新二月十四日　　水曜日
>
> 雨天，在家錄書類存照簿。是舉也，因自明治三十二年任本庄第一保正之責以來，迄今歷七星霜，三年前雖有保正之名，尚少保正之事；三年後法網愈密，規約愈加，事無大小，屬保正之責者，難以枚舉，予也何能，而堪當此。每誦萇楚之詩，自嘆人不如彼也。〔註29〕

字裡行間透露著近幾年來保正事務多如牛毛，甚至「每誦萇楚之詩，自嘆人不如彼也！」，但抱怨歸抱怨，相對於內心的無奈與感嘆，實際上他的任事態度還是負責、認眞的，是一個稱職的基層管理者。但這並不代表他就此失去了個人的評判能力，換言之，官方保正的角色與他眼見許多不合理之情事而勇於提出反應，這兩者之間並不相違背的。

　　例如大正三年（1914），第五任總督佐久間左馬太欲討伐太魯閣生蕃，需要龐大的經費及人員，因此官方要求各保派出人夫一名，以及開徵臨時保甲費，與人夫的補助費用。然而此項費用的徵收，並不甚公平，對於一般的民眾來說，是個相當大的負擔，因此在臨時保正會議上，張麗俊與警部補、支廳長就費用徵收的問題展開論辯：

〔註29〕張麗俊《水竹居主人日記》（一），許雪姬、洪秋芬編纂、解說，中研院近史所，2000年11月初版。參見明治三十九年（1906）二月十四日，頁14。

陰又五月初六日　　陽六月廿八日　　日曜日

……午后二時，區內十九保保正俱集，因此際總督府討伐太魯國〔閣〕生蕃，全島派募人夫，各保甲俱派出補助人夫金甚然巨疑〔款〕，故各廳議設後援會，定每一名人夫一個月工金，保甲補助二十円五並官餉十五円，欲將各般戶家稅完參円以上者負擔此補助金額。各般戶受多大之虧，我因出爲阻議，故今午再開保正臨時會議以定此疑〔款〕之徵收金也。支廳長村田豐次郎氏委垻雅警部補弓〔宮〕島氏並飯島氏臨場決議此事，弓島執己見，言奉支廳長命，決欲將戶口稅參円以上者負擔，未滿者免徵。予候他說完，因慰勞幾句後，半褒半誚，延近五時，不敢將己見決定，仍諉還支廳長主意。少頃，支廳長又臨場開會，言此番臨時保甲費徵收，務要公平，不可使人民有異議，君等言欲將照保甲費分十等攤收能得公平否？予答以，若就一區而論，貧富大小保難盡公平，若就各保內貧富攤收，則無甚差異也。支廳長命區長將前日警部補分配各保之金額，再將家稅、地租攤算，再定配各保負擔多少，任各保正分十等攤收，但最貧困者要扣除，十五保徵收金額交保甲聯合會議長總收支云云。……各區保正多來旁聽，俱要照我葫蘆墩區之樣。前日執己見所調定之報告書作爲廢紙，可謂汗顏無地矣。〔註30〕

警部補所議定的徵收費用，根本未能考慮民眾的實際利益，若照此實施，恐造成貧富負擔不公，張麗俊聽聞後即表達反對意見，要求重新開會決議此事。並在臨時會議上挺身而出，與支廳長當面討論費率細則，從照顧民眾公平的角度提出攤算費用的徵收方式。張麗俊據理力爭，所提意見俱爲有理，且絲毫不畏懼殖民者的權力，論述己見不疾不徐，最終博得支廳長的同意，實施了張氏所提的版本。此事件即可看出張麗俊身爲保正的行事態度，並且能夠善用其公職的身分，來爲民眾發聲，謀求更大的福利。再者，此次太魯閣戰役日方死傷相當慘重，而從鄉里兼徵調來的人夫，必定也是凶多吉少，有去無回。同年的九月十五日〔註31〕，人夫林呆因臨陣脫逃而遭官府罰款二十円，按規定官府需要張麗俊簽署決議書才能開處罰鍰，但張氏聽聞此事後，考量林呆因身體不豫，且家境貧苦，才會自軍隊中逃脫。基於人道遂向警部補飯

〔註30〕同註3。參見大正三年（1914）六月二十八日，頁63～64。
〔註31〕同註3。參見大正三年（1914）九月十五日，頁94。

島氏求情，希望此事能夠從輕發落，而日人飯島氏也賣給張麗俊這個面子，同意此事改日再行商議。

上述二例呈現張麗俊擔任保正的正直與勇氣，敢在制度範圍內向官方傳達民眾的立場，也勇於在身份、權限的許可範圍內做出有利於百姓福利的決定，這樣的張麗俊，是官方與庶民大眾之間的最佳仲介者。不僅於此，張氏對於保正工作的認眞，尚且表現在明治四十二年（1909）十月底新廢官廳時，當時爲臺灣總督府第五次改正各廳管理區域，將全臺原本的二十個廳，裁撤合併爲十二個廳。身爲保正，張麗俊除知悉此一訊息外，不僅從十月二十五日的《臺灣新聞》記下新設、廢止之廳名，以及新設廳之管轄區域〔註32〕，更不厭其煩的一筆筆的抄錄府令第七十五號，張氏稱抄錄是爲「凡臺灣十二廳管轄堡里街庄鄉社等俱載明，以供後日備覽」〔註33〕之用，只此簡單的理由，張氏就在日記上花費了五十一頁的篇幅，記下了全臺新設官廳的管轄範圍，前後共耗費了十二天〔註34〕的時間，這樣的精力與恆心，著實展現了張氏無與倫比的認眞，同時也因爲他的紀錄，讓我們在史籍資料以外，得以瞭解當時的行政管轄區域。

張麗俊除身爲保正外，更在明治四十一年（1908）七月被「葫蘆墩區十九保保甲聯合會」推選爲議長，該職可以說是地方基層保正們的龍頭，代表基層民間的力量不可說是不大，當時雖說是殖民者單方統治，但亦不會小覰張氏的角色，是故張氏可以憑藉保正與保甲議長的雙重身分與執政者進行磋商、談判。這樣的任事態度以及跟官方良好之互動、溝通，讓他連續獲選十餘年的公職，足見地方人士對於張麗俊的好評。不僅於此，總督安東貞美在領臺二十週年的始政慶祝大會上，頒發紀念木杯於各地任滿十五年的保正、甲長，對此殊榮，張麗俊沒有特別的高興，他說：「……吁！十五週年可謂久矣，但葫蘆墩十九保，保滿十五週年者，只我與大湳保正廖清珠二人而已，蓋我二人自明治三十二年七月二日縣知事木下周一初設保甲任命至今，經□

〔註32〕 張麗俊《水竹居主人日記》（二），許雪姬、洪秋芬編纂、解說，中研院近史所，2000 年 11 月初版。參見明治四十二年（1909）十月二十五日，頁 233～234。
〔註33〕 同註32。參見明治四十二年（1909）十月二十五日，頁 235～286。
〔註34〕 參見明治四十二年（1909）十月二十六日、二十七日、三十日，十一月四日、五日、七日、八日、九日、十日、十一日、十二日、十三日。張麗俊《水竹居主人日記》（二），頁 286～292。

回選舉，不但滿十五週年，首尾已十七年矣。」〔註35〕言談中反倒有淡淡的辛酸，葫蘆墩地區一共有十九保，卻僅張麗俊與大湳保保正廖清珠夠資格受獎，除可猜想保正公職的流動率頗高外，更可從張氏的感嘆中了解，當一名讓地方父老都滿意的保正著實不易，而自己在這個職務也即將邁入第十七年，其中甘苦惟有自知。

　　另一方面，擔任地方公職有聲有色的張麗俊，亦是豐原地區商務團體的重要成員，諸如葫蘆墩興產信用組合理事、富春信託株式會社常務理事、財團法人豐原水利組合之組合員兼評議員等，甚至自己也與人合夥投資南昌製糖廠，人際網絡與事業版圖可謂不小。而這些商務團體，其中以葫蘆墩興產信用組合對張麗俊來說最為重要，除了該信用組合是地方重要的經濟組織外，同時亦是親身參與該組織的運作，其成長、茁壯的經過張氏乃出力頗深。葫蘆墩興產信用組合乃大正三年（1914）六月底，由葫蘆墩支廳內的葫蘆墩、埧雅、神崗、社口、潭仔墘等區區長倡議籌設，籌備期間張麗俊應葫蘆墩區長廖乾三的請託，不僅為信用組合作敘〔註36〕，更勤走鄉里募集儲戶，日記中記有張氏向親族招募的過程：

　　陰六月十九日　　　陽八月十日　　　月曜日

　　晴天，往墩，由鉄道直上往朴仔口家春喜厝，欲向他取回前年錄我仁
　　在祖派下子孫住在石崗區內者也，並招募葫蘆墩創設貯金信用組合口
　　數，喜只承諾一口，被他留住享午。午后到家全興厝，他亦承諾一口，
　　家德木亦承諾一口，至於家高房、家廷墩、家廷成、家廷筆、家天德、
　　家靖臣、家天應、家有樹等俱在墩街募集者。〔註37〕

招募存戶本就是一項艱鉅的任務，張氏一天之內就募集到數人，自然高興萬分，回程遂由「大板橋回玩大湳仔之發電所」〔註38〕，輕鬆的神情溢於言表。

〔註35〕同註3。參見大正四年（1915）九月十五日，頁175。
〔註36〕大正三年（1914）七月三日：「晴天，在家，因葫蘆墩欲創設貯金信用組合，
　　　　區長乾三叔言募集口數令作簿序：嘗思財源湧而家國興，利藪開而人民慶，
　　　　知民殷國富亦賴為政者有擘畫之周也，我葫蘆墩支廳長村田豐次郎君深明此
　　　　旨，欲為地方謀生活之計，爰邀葫、潭、社、埧、神崗五區區長參議，創設
　　　　貯金信用組合，各區長亦熱心承命喜出為發起人，仰該保正勸誘招募口數，
　　　　所冀街莊紳商協力贊成，以成此便利之舉，謹將應募者續陸〔錄〕於後。」
　　　　張麗俊《水竹居主人日記》（四），頁66。
〔註37〕同註3。參見大正三年（1914）八月十日，頁80。
〔註38〕同註3。參見大正三年（1914）八月十日，頁80。

葫蘆墩興產信用組合經張麗俊等地方鄉紳兩個多月來的開會磋商與努力招募，終於是年九月十三日正式成立：

> ……往墩，到聖王付〔赴〕葫蘆墩貯金信用組合會員總會。臺中廳長枝德二訓詞一番回去，支廳長村田豐次郎繼述創設此組合之利用，後區長廖乾三爲發起人總代，申明組合之規約，終則選舉組合理事、監事、評定員，諸會員五百□□人俱推支廳長指定，因斟酌標出，令眾組合員參觀。理事五人林佐璿、林萬選、陳振通、張麗俊、廖鏡堂；監事三人林栢〔柏〕璿、廖乾三、林瓊彰；評定員五人張斐然、張玉昭、林金福、林標桂、廖盛祥。標定後，眾人咸承諾得人，然後散會。〔註39〕

葫蘆墩信用組合成立大會的開會情形大抵如上，值得注意的是，幹部的選舉方式本應由全體會員選出，但全體會員則希望由支廳長指定人選，姑且不論是否真是出於全體意願，總之此次選舉是爲半官方、半公開的方式，張麗俊在廳長的推舉下獲選爲信用組合的理事，也算是眾望所歸。

信用組合理事一職乃張氏生命中相當重要的工作〔註40〕，信用組合代表著基層的經濟力量，張氏的任期不但長，而且該職讓他獲得不同於一般人的生活體驗，對他來說這是開啓視野的一扇大門。原因無他，張氏是個喜好旅遊的人，爲因應理事職務，他需要每年參加「全島產業組合大會」，檢視《水竹居主人日記》，前後共有七次即參加該項會議，分別是大正十五年（1926）十二月七日至十二日；昭和三年（1928）年十二月五日至九日；昭和四年（1929）年十二月六日至九日；昭和五年（1930）年十一月二十三日至二十六日；昭和六年（1931）年十二月七日至八日；昭和八年（1933）年九月二十二日至二十四日；昭和九年（1934）年十一月十二日至十四日。茲舉日記中首見參與該會議的記事，以明其動機：

> **大正十五年　　十二月七日**
>
> 晴天，早飯畢，往豐原信用組合，全監事鄭添喜、方玉榮，職員林祚煥、劉禾、林纘元坐六時半北上列車往新竹州赴全島產業組合大

〔註39〕同註3。參見大正三年（1914）九月十三日，頁93。

〔註40〕張麗俊僅在大正八年六月間受人誣陷被判刑後而遭到撤換，但經上訴二審判定無罪後，於大正十四年三月再度被選爲理事。參見《水竹居主人日記》（五），大正八年（1919）六月十三日，頁248。《水竹居主人日記》（六），大正十四年（1925）六月十三日，頁325～326。

會也。……我等六人遂到小學校入大會場，近十時告開會，此是第
二日也。後藤會頭嚴重說明產業組合方法並表彰式，次來賓數人上
祝辭後，中屋講師演說「資本主義之經濟於我國農業經濟之發展」，
諄諄說明，自十一時講演至十二時方告閉會，分便東抵午餐。〔註41〕

從這段引文我們可以了解，張氏因豐原信用組合理事的身分，需率團參加「全
島產業組合大會」，會中後藤新平親蒞場上發表演說，隨後更有專業的講師就
經濟議題向各會員體發表演說，除富有教育宣導之目的，另可想見殖民者管
控民間經濟力量的強大。在昭和三年（1928）之後，張麗俊幾乎每年都會前
往參與大會，而昭和七年（1932）未見張氏參加的紀錄，應是當年該會於花
蓮舉辦，因花蓮旅館不多，故聯合會籌備單位限制參加人數，張氏遂不前往，
故未參加。從上可知參與該會已經成為張氏每年的定期行事，而張麗俊也每
每藉著開會之便，前往各地進行旅遊。身為信用組合理事，他並不在意會議
的內容與結果，反而較關心每次開會能到哪裡旅行，以增廣見聞，因此對於
張氏來說，該身份有助於開展個人的旅行視野。

第三節　民間廟宇的執掌與管理

上節說明張麗俊在公、商務團體方面所擔負的職務，簡要指出張氏在其
職位上所做的努力與任職的心情轉折。此外，在這些諸多職務上，對於張氏
個人生命來講，乃構成其探索臺灣各地風景名勝的重要旅遊契機，藉著到各
地洽公、開會、觀摩的機會，讓他有別於他人可領略本島各處人文景致，關
於這個部分，本論文將另闢章節進行討論。〔註42〕

另一方面，張氏除了漢學老師、保正、商務團體理事等身份之外，尚且
是地方民間信仰的重要領導人物。他積極參與豐原地區各項的祭典盛會，更
致力於地方信仰處所的建設、修繕，對於殖民時期地方民間信仰與習俗的延
續，卓有貢獻。張氏最大的功績當推慈濟宮的修繕，考該宮為豐原地區的信
仰中心，位於今豐原區中正路 179 號，主祀天上聖母，肇建於清嘉慶十一年
（1806），歷經同治三年（1864）、光緒五年（1879）、大正元年（1911）等三
次增築整修。大正五年（1916）十一月底，當地仕紳提議再次修繕慈濟宮，

〔註41〕 同註15。見大正十五年（1926）十二月七日，頁126。
〔註42〕 關於張麗俊的旅行活動，請參見本論文第七章第二節。

並推舉張麗俊爲修繕委員會總理，爲籌措營建資金，張氏特作〈葫蘆墩慈濟宮修繕會敘〉，向鄉里民眾說明慈濟宮重啓修繕之因及其必要性，原文如下：

> 嘗謂聖德參天，母儀護國，聖母之有功於世者，吾人應尊而崇之者也。何以尊而崇之，建廟貌之巍峨，供神靈於勿替，觀於朝奉南瑤諸宮，其廟貌神靈曠全島，而首屈一指，我葫蘆墩慈濟宮，雖未敢與之爭光媲美，而煙火萬家，馨香百世，亦爲揀東之尊崇矣。然創造之初，年湮代遠，更新以後，物換星移，雖峻宇雕墻，難免土崩瓦解，爰是地方人士，目擊神傷，連署申請　督憲許可修繕，幸蒙恩准，定鳩金四千有奇，奈日往月來，於今三年，工事尚未興矣。茲苟不念神恩，空勞　憲意，時機一失，再請千難，所願地方善信諸君，喜捐樂助，無分多寡，集腋可致千金，漫說虛空，舉頭分明三尺，誠心雖在眼前，獲福豈然身後，俾神靈得磐石之安，則地方壯觀瞻之色，非求媚也，聊效微勞焉耳，是爲敘。〔註43〕

在行文脈絡上，張氏先以天上聖母爲普世尊崇的神祇，建廟供奉則是人們表示尊崇的最好方法破題，勾勒本文的輪廓。接著陳述慈濟宮歷史久遠，乃本地信眾的中心寄託，並舉彰化南瑤宮廟貌雄偉、南瑤媽聲名遠播爲例，藉以說明修繕乃順應廟體本身的需求，一來可爲神靈安身外，並可替地方增色。繼而說明向官方申請修建許可已屬不易，然至今三年仍未見興工，希望鄉里民眾能夠勇於捐輸，把握營建許可的時機。此文以理出發，以情爲骨肉，井然有條，有極高的說服力，是故，鄉里民眾多加支持，各項修繕事宜因而順利展開。

　　張麗俊對於修繕一事相當看重，從基本的土水、木工、石匠等技師之延請〔註44〕，到中港、南北港的媽祖廟建築參觀考察，與南港奉天宮主事者商討土木工事的狀況〔註45〕，凡事皆親力親爲。在日本殖民臺灣後，慈濟宮的

〔註43〕張麗俊《水竹居主人日記》（五），許雪姬、洪秋芬、李毓嵐編纂、解說，中研院近史所，2002 年 11 月初版。見大正六年（1917）二月五日，頁 9～10。

〔註44〕大正六年（1917）七月二十六日：「陰天，往墩，在慈濟【宮】全副總理廖乾三並諸役員相議修繕工事，石匠則蔣梢定製造龍柱　對價金六百六拾円、石獅壹對價金式百四拾円；木匠則陳應彬，土水則廖伍，俱定做工，每工工金八拾錢，包伙食在內，議定。……午后，又並到林榮炎家與石匠立契約書並土木等領收定金証」張麗俊《水竹居主人日記》（五），頁 66。

〔註45〕大正六年（1917）六月二十四日：「晴天，往墩，入慈濟宮進香，因欲送南港奉天宮聖母回鑾，視察南北港二宮廟貌，爲後日修繕慈濟宮參考也。九時餘，……接坐五分車至南港，途中細雨霏霏，及入廟大雨傾盆。晚飯畢，圍

後殿與東廊先後淪為憲兵營舍，與公學校女子教室和先生宿舍〔註46〕，而當建築工程開始之時，為求工事順利，以及保留慈濟宮的完整，張氏遂出面與公學校長奧清次洽談，希望可以歸還原有之地，經協商後，公學校願意搬離現址，修繕工程於大正六年（1917）的九月二十四日正式興工破土。

張氏不僅將遭佔用的處所爭回，另外對於當權者霸道的行為，亦衛理力爭，諸如大正二十三年，慈濟宮大致整修完畢之時，街長卻擅自廟地充作幼稚園，張氏獲知此事後，隨即與街長進行溝通協商，日記完整記下始末，引出為據：

> 舊十一月十一日　　　新十二月七日
>
> 晴天，往慈濟宮，見役場令工人打掃觀音殿東護厝三間，充作幼稚園教室，遂往詢街長奧清次，言此廟乃街庄共同公所修繕種種困難，況工事尚未告竣，亦無通過役員會議承諾，眾人將議我自主。街長被我搶白一番，乃曰此事我亦知廟未得濫用，因臺中州此十日欲開幼稚圓〔園〕協議會，我豐原欲請此條補助金，須寔施幼稚園方得通過，若候會議承諾已付〔赴〕不及，又無別處可代，故臨時暫借此廟以完此事，君請勿疑永久借用有阻礙修繕工事也，午歸。〔註47〕

街長擅自將廟地充作幼稚園的動作，面對張麗俊理字當頭的捍衛主權，顯然是站不住腳的，因此街長面見張氏之後，即坦白說此舉乃因應行政程序而不得不為的下策，馬上就做出不會永久佔用的承諾，事實上，根據《豐原鄉土誌》，豐原幼稚園成立後是設在豐原女子公學校內〔註48〕，並未佔用慈濟宮，事件得以圓滿落幕，全拜張麗俊勇於與當權者溝通，以及護衛漢人宗教信仰空間的努力。

就任慈濟宮修繕總理後，張氏不僅在硬體設施上強力保衛，在軟體的心

體進香者百八十餘人俱冒雨再往北港朝天宮進香，予等六人係欲視察廟貌，故候明日方往，因與奉天宮主事人林溪河坐談建築此二宮之土木、大工狀況，至十二時方就寢。」張麗俊《水竹居主人日記》（五），頁56～57。

〔註46〕大正六年（1917）九月二十二日：「此廟自明治二十八年日本領臺，後殿與東廊，前被憲兵居住，後為公學校教室並教員宿舍，於今二十三年矣，茲定於舊曆八月初九日寅時興工折〔拆〕卸，故學校移開以便修繕也」張麗俊《水竹居主人日記》（五），頁90。

〔註47〕張麗俊《水竹居主人日記》（六），許雪姬、洪秋芬、李毓嵐編纂、解說，中研院近史所，2002年11月初版。見大正十三年（1924）十二月七日，頁289。

〔註48〕豐原公學校編《豐原鄉土誌》，昭和六年（1931），頁272。

靈信仰上，他也以慈濟宮大家長的身份戮力以赴。如大正九年年初，豐原一地流行感冒肆虐，半數人口皆患病，甚有七人死亡，各地街庄無不人心惶惶。張麗俊有感於疾病猖獗，造成百姓身心不安，遂募集款項，延請北港朝天宮、南港奉天宮、彰化南瑤宮、鹿港天后宮、梧棲朝元宮等五位天上聖母，以及陳平庄紫微亭三官大帝、水裡港福順宮三府王爺、牛罵頭紫雲岩觀音佛祖等諸位神尊，除舉行遶境儀式保佑人民平安外，更促成諸神明駐守慈濟宮長達半年餘。〔註49〕

再者，慈濟宮十餘年的修繕工程，在昭和四年終告一段落，爲了慶成儀式，地方人士分成「三献禮」、「三朝禮」兩派，爭執焦點則在於儀式時程的長短與否，以及慶祝經費的負擔多寡。張麗俊身爲修繕會總理，只得出面召開信眾會議協商，會議上張氏是這麼說的：「贊成三献者，因社會文明，民智發達，又有時機關係、經濟問題，是對光一邊看去從省儉贊成，今日協議是豐原有志者翻案，大都主旨三朝，乃原來舊慣老成信仰，是對暗一看去從名譽提議，今鄙人指出光、暗二點說明，望諸君深深考慮取決。」〔註50〕對爭端並不袒護任何一方，僅分析其中不同之處，奈何認同者無多，對其不滿者則加劇。張氏自知處於兩方勢力的夾縫，只能就〈慈濟宮修繕落成陳情宣傳書〉抒發難爲之嘆，四百七十餘字的篇幅，苦惱之情，溢於言表：

> 人生不可絕無神聖，亦不可盡仰神聖，絕無神聖，世界失昇平之象，盡仰神聖，吾儕入迷信之途，故迎神賽會不可泯焉斯滅，亦不可競豪鬥麗也。夫世態文明，歐風亞雨，洒偏塵寰，人心覺悟，智葉慧花叢生腦海。茲我豐原慈濟宮修繕，非爭社會之光，特記吾儕之念，人烟稠密，香火何只三千，工事遷延，星霜曾經十二，小生忝任其責，故前以三献議決落成者，亦因時制宜，耳後有志諸君異議，贊成少數，再開協議會，強予爲議長。小生前爲議長宜也，後爲議長謬也。因思地方事當以和爲貴，若執議決於前，受一般有志刺擊，權從協議於後，被一部贊成譏評，是二者豈小生之好事，寔出於不得已也。今謹告諸君，同是爲公，不可以前後分派，同斯在住，亦不可以有無相欺，但當時機不美，生計維艱，正我同人惕勵之秋、

〔註49〕參見大正九年（1920）一月二十一日、二十六日、二十九日、九月二十六日。張麗俊《水竹居主人日記》（五），頁270、271、272、309。
〔註50〕同註19。見昭和四年（1929）四月十日，頁30。

經營之日也，小生日夜憂思，不出首，將議我有始而無終，欲獻身，又被人攻前而擊後，敢問高明智識之士，何以圓滿双方也。小生雖不才，幸圭稜磨滅，旋轉由人，傀儡裝成，牽纏任子，爰照前定舊曆四月十六日午后二時，仍在本廟登場開演，諸君不嫌瑣屑，撥冗參觀，若笑牢騷，毋勞大駕。謹此陳情，以代宣傳，倘蒙鑒諒，小生幸甚。〔註51〕

文中娓娓道來修繕工事歷時十二星霜，落成之際卻因慶成大典而致地方嫌隙，協調爭端本就是件吃力不討好的事，怎麼作都難盡如人意，陷入了進退維谷的窘境，讓個性溫和的張氏也不禁動了肝火，一句「敢問高明智識之士，何以圓滿双方也」將情緒拉至最高，而文末自抑之詞，看起來則是格外諷刺。

張麗俊在民間信仰方面的角色扮演，從其平時即積極參與各項祭典活動，到實際領導慈濟宮的修繕，進而掌管慈濟宮的維護與營運，在此期間或許有未能滿足大眾的情事發生，但張氏仍然秉持著一貫的原則，並不左右立場，雖然某種程度來講，他可能顯得不夠機巧，但這也是他能夠得到民眾信任的優勢。

綜合三節所述，張麗俊的角色多重，身負十餘種頭銜，在殖民統治時代可以魚肉鄉民，也可以趨炎附勢，但張麗俊都沒有這樣做，相反的，在他能力所及，做好份內之事，作為漢學老師，努力教授漢學，維繫斯文於一線，中介菁英文化與庶民文化；身為保正，對於殖民者不平的待遇，更運用人脈與職權，傾力爭取民眾的福祉。誠如洪秋芬所言：「雖然有時候張氏利用他在地方上的聲望、人脈關係協助殖民當局執行一些殖民政策，但有時候為了地方權益的考量、民眾的生存問題，也會利用其在各個組織團體的頭銜，集結地方社會人士對抗殖民當局不合理政策或要求。」〔註52〕這樣的評價，對張氏來說恰如其分。面對異族統治的時代，張麗俊運用他本身的社會地位，將個人的價值與影響力十足且充分的展現出來。

〔註51〕同註19。見昭和四年（1929）五月十一日，頁44～45。
〔註52〕洪秋芬〈日治時期殖民政權與地方民間組織之關係探討──葫蘆墩興產信用組合的個案研究〉，《《水竹居主人日記》學術研討會論文集》，臺中縣文化局出版，2005年9月，頁147。

第四章　張麗俊的時局觀

　　張麗俊青壯之年遭逢政權轉移的重大變革，從清末的王朝子民，一變爲日本統治的殖民地國民，臺灣也從清朝眼中的化外之地，躍身成爲日本殖民地中最閃亮的一顆明星，在這短短的數十年之間，不管是島內的政治變遷、生活環境、硬體建設，以及文化思潮，乃至於臺灣與外在世界的關係，可以說是變動相當快速，在這樣新舊交會的時代裡，身份多重且跨越傳統與現代的張麗俊，不僅見證的這些變化，更有其獨特的態度與觀感，歸納日記，發現張麗俊對於殖民者、文化反抗者的態度，乃至於對中國政經局勢之變化，皆有不同層次的觀察，以下本章就這三種面向，剖析張氏的時局觀。

第一節　對於殖民者的態度

　　張麗俊身爲統治機器下的一份子，不僅擔任保正、保正議長，更是地方多項事務的領袖，表面上看似妥協於政權的更替，順從殖民者的統治，但若細細觀察他的心態，仍可發現面對日本統治，仍有相當多的不滿與批判。

　　就前者來說，張氏身爲官方與民間的中介者，亦是深受漢學文化影響的傳統文人，爲因應職務或往來應對之所需，日記中有不少詩句文章是屬於應和日人的，如大正二年（1913）二月二日，因葫蘆墩支廳長城與熊氏轉任大甲支廳，墩區諸區長、保正、殷紳俱在聖王廟開宴餞別，張麗俊不僅出席參加，同時代書兩封請帖敘文。〔註1〕次日於車站恭送長城赴任，贈詩〈贈蘆墩

〔註1〕　張麗俊《水竹居主人日記》（三），許雪姬、洪秋芬、李毓嵐編纂、解說，中
　　　　　研院近史所，2001 年 8 月初版。見大正二年（1913）二月二日，頁 319～320。

元支廳長城與熊氏轉任大甲支廳長〉〔註2〕七絕四首，表達自己的心意：

保障於斯著政聲，星霜五閱月三明，

應同司馬稱生佛，載道兒童竹馬迎。

葫蘆墩接甲城通，異地同官雪爪鴻，

此日梁山決踰去，消魂應在灞橋東。

陽關一派柳絲新，只拂銅章未縮人，

惆悵行旌馳驛路，驪歌唱罷倍傷神。

天緣易滿劇堪悲，龜鶴重來未可期，

寄語東風吹返斾，免教淇水繫相思。

詩中盡是對長城氏的推崇，不僅說他政績卓著、官聲顯赫，更有如凡間的佛陀，照顧著葫蘆墩的子民。紙短情長，離情依依，詩中流洩出的情感，彷彿讓人覺得受、贈兩人是情如手足的多年知交。

　　昭和六年（1931）十二月七日、八日，張氏藉參加全島產業組合大會之便，旅遊名列八景十二勝之一的角板山〔註3〕。下榻角板山貴賓館，玩賞的是「臺灣總督佐久間左馬太追懷紀念碑」，除將碑後記佐久間治臺之事蹟錄進日記外，更對於當地先生教授蕃童算術的上課情形印象深刻。作成了〈遊角板山即景〉二首〔註4〕，試看其中幾句：「本是林深箐密裡，宜編八景造皇儲」、「回想荒烟蔓草地，也教兒女學琴書」可以察知張氏對日本統治者的態度。而進一步回頭查看日記，發現對於佐久間總督討伐太魯閣生蕃一事，張氏表現出對統治者的歌頌，轉載大正三年（1914）八月十九日之日記：

近十時全區長、保正並內地人三、四十人在車站迎送總督佐久間左馬太閣下並隨行官員，因自新曆四月終，親統軍隊人夫入埔裡社之深山討伐太魯閣之生蕃，於今近滿四個月，總督可謂勤勞辛苦備嘗矣，幸生蕃無敢抗拒，大軍數月之間，則將高山深塹開鑿野徑，東通花蓮北透宜蘭，蓋總督之主旨，直欲使全島之生蕃盡貼耳服也而後已。〔註5〕

〔註2〕同註1。見大正二年（1913 日，頁 320～321。

〔註3〕張麗俊《水竹居主人日記》（八），許雪姬、洪淑芬、李毓嵐編纂、解說，中研院近史所，2004 年 1 月初版。見昭和六年（1931）十二月七日、八日，頁465～468。

〔註4〕同註3。見昭和六年（1931）十二月八日，頁 467～468。

〔註5〕張麗俊《水竹居主人日記》（四），許雪姬、洪淑芬、李毓嵐編纂、解說，中研院近史所，2001 年 8 初版。見大正三年（1914）八月十九日，頁 83。

語氣表現出對官方剿番行動的讚揚，遭到日軍殲滅的原住民彷彿是另一個國度的人。同樣的，不久後的噍吧哖事件，官方為逮捕余清芳等人，特召開臨時保甲聯合會，除傳達事件始末外，並要求各保派人協助搜尋工作。值得注意的是，張麗俊稱余清芳等人為「陰謀匪徒」〔註6〕，並非視為積極抗日的漢族英雄，顯然與官方立場一致。

再者，大正四年（1915）十一月十日大正天皇即位，官方特意辦理「饗老典」儀式，凡八十歲以上之臺灣老人皆是受獎的對象，根據紀錄，全臺受獎者約有六千餘位，張氏母親林盡當時正好年滿八十一歲，也應邀參加盛會。會後為應葫蘆墩區長之請，張麗俊撰有〈慶饗老典〉文一篇、七律詩兩首，以祝賀此次盛事。試舉〈慶饗老典〉文片段，來了解張氏的觀感為何：

> ……麗俊家慈林氏盡行年八十有一，姓氏榮書泥金帖，即蒙天皇恩賜木杯、銀鈦，又蒙督憲惠賞彩扇、珍糕，何等光榮！……古帝王之養老，實與尊賢並重，……此饗老之典，是以後世無聞焉。我國家列聖，則古稱先，不讓斯典獨誇於三代，實行斯典濟美於一朝，故元明、醍醐兩天皇行於前，明治、大正二天皇繼於後，又不獨本國已也，雖我臺灣亦有榮施焉。在昔兒玉爵帥，行於全島修文偃武之秋，而今安東督憲，行於天皇大寶旋廑之際，覺是日天朗氣清，惠風和暢，鄉村老媼，杖扶桂子而來，田舍丈人，手握蘭孫而至，則見天懸錦、地鋪氈，並赴西池之宴，宜稱觴，庶進饌，咸傾北海之樽，既而杯盤狼藉，醉態蹣跚，男則紅潮上煩，女則暈氣盈腮，少焉，鳩形杖錫，登壽域於神州，雉尾扇頒，揚仁風於海甸，狷歟休哉，何典之盛也！直與五帝三王，後先媲美也。〔註7〕

除對自己母親能夠接受表揚，感到「何等光榮」外，並認為尊重老者的舉措，可上溯為（日本）歷代皇朝的優良傳統，且日皇不棄臺島為殖民地，人民才有幸沾染這樣優良的風氣。對於這場表彰耄耋的盛會，不僅天清風暢，男女老少相繼赴會，場內情形更是熱鬧非凡，文末「狷歟休哉，何典之盛也」兩句，更是推崇到了最高點，宛若一幅日臺官民間和樂美好的圖像。文中看不到張氏一絲批評，文字充滿著溢美之詞，然追索此文寫作之原由，乃因臺中廳長發出公文要求轄內各區，希望區內「有高人韻士詠詩詞曲，慶祝今回天

〔註6〕同註5。見大正四年（1915）六月二十四日、二十六日，頁201。
〔註7〕同註5。見大正四年（1915）十二月十二日，頁268～270。

皇即位御大典、總督饗老典之盛事」〔註8〕，葫蘆墩區長則指派張氏爲之，難怪寫出來的文章詩句全是歌功頌德的阿諛奉承。

　　順此理路，前述贈支廳長之詩作，內容雖寫得情感滿溢，但衡諸事實，張麗俊與長城氏僅止於公事往來而已，顯見這樣的情感應不是出於眞心，純然是應付的場面話。而面對佐久間總督理蕃政策，張氏雖大肆歌頌，吾人絕不能因此肯定這就是他內心眞實的態度，身爲統治機器的尾端，張氏認同殖民體制，在看待理蕃政策的立足點上，也許是囿於身分，也或許是站在社會穩定的角度，以致思考與官方立場趨於一致。進一步對照張麗俊的行事作風，在爲人處事上以圓融和善爲要，少有剛直暴虐之行，誠如上一章對於張氏社會地位的討論，我們可以瞭解身爲地方領導人的張麗俊，如地方人民之權益與統治者產生衝突、或受到不平等的壓迫時，則會不顧一切地挺身而出，運用自己的影響力來與當局周旋，在體制內尋求改善的可能，因此在考量其對殖民政權的態度時，應多方觀察，才能拼湊出張氏內心的意向。

　　前章提及，張麗俊曾經擔任保正、保正聯合會議長，分別達十九年與九年之久，任職期間即便有若干協助殖民政策的情事，但更多的是，張氏會爲了保障地方人民的權益，運用個人的社會地位，與官方展開周旋，在體制內進行合理的抗爭，足見張氏對於殖民者，心中仍有一把衡量的尺。大正九年（1920）地方制度變革，全臺重劃爲五州二廳，並將各行政層級（州、郡、市、街庄）定位爲「公共團體」，並設置諮詢機關──「協議會」，表面雖走向地方自治，但實際上協議會幹部，仍被官方緊緊掌握，根據田健治郎發表的〈總督諭告〉，州、市、街庄協議會之議長，是由該行政單位的主管兼任，並由「各該州、市、街庄有住所而有學望學識者中」〔註9〕任命其所屬之協議員。是故，協議會從議長到議員，任用權皆在官方的期望與控制之中，雖名爲諮詢機關，但無議決事務的實權。張麗俊在大正十五年（1926）被豐原街長任命爲協議員，非但他是閱報後才得知自己獲選〔註10〕，且對其他選出之協議員感到相當不屑，他說：「閱新聞《民報》（筆者案：《臺灣民報》），見記載街庄役場所選協議員，俱是無學問、無知識之流，間有一、二有學問、有知識者，當會議時敢將議案出首

〔註8〕 同註5。見大正四年（1915）十二月一日，頁262～263。
〔註9〕 井出季和太，郭輝編譯《日據下之臺政・卷二》，海峽學術出版社，2003 年 11 月，頁631。
〔註10〕 大正十五年（1926）十月四日：「閱州報，見我之名被選爲豐原街協議員。」見張麗俊《水竹居主人日記》（七），頁94。

資問數件者，經二年任滿則更迭，而能繼續者非御用的即去勢的。」〔註11〕儘管張氏自認無知識、無學問，拒絕出席豐原街協議員任命授予式，但終究無法推辭，還是接受了這個職位。次年（1927）的元月二十九日，協議會討論昭和年度預算，日記裡有此次會議的紀錄，移刊於下：

> ……往役場赴協議員會也。內地協議員西尾外□人，本島協議員廖
> 鏡堂、林祚溪、潘日祥、方玉榮、張文浚、張祖蔭、王興及我八人，……
> 參與員多人係學校先生、監視官、郡守並州屬。大澤街長就議長席，
> 十時餘開會，對議案順序參議，雖是諮問亦是行色〔式〕，案既內定，
> 只說與議員通知而已，間有不合者，任議員攻擊只挨三托四亦不肯
> 修正，況議員中幾人能悉其內容，幾人敢發言，本島議員審定無智
> 識、無團體，對議案都是起立贊成通過。〔註12〕

張氏的記載可以很清楚地看到，豐原街協議會除了張氏等八人為臺籍之外，其餘多為內地人、或是學校教諭、或是監視官、郡守等泛官方代表。且議案內容早就安排好了，開會僅是「樣板」而已，難怪一向溫和的張麗俊會發出「本島議員審定無智識、無團體」之感嘆，甚至說出「去勢者」的字眼，可見得身處於專制年代，有識之士心中是多麼無奈，在殖民者鞏固權力的操作下，協議員或有認真視事者，但多半還是畏於權勢，且人單勢薄，充其量只是御用的橡皮圖章。

臺灣社會運動先驅蔡培火，則有更嚴厲的批判，他在《與日本本國民書》中說：「……這二十二名御用的民間代表，試查其出處身份則除若干人是退職高官以外，多數是某某會社的高級人員。因此，有好事者對此評議會諷以別號，稱為會社的高級人員聯合會。諸位！這樣的評議會，縱有千百，有何用之？不，也許有不如無，……」〔註13〕，這樣的協議會，比起張氏所參與者，其成員比例更是不均，甚至淪為「會社的高級人員聯合會」之譏，當日殖民地之社會氣氛，雖表面上呈現民主法治，但內部仍如牢籠般囚禁著臺灣人民。

傳統文人出身的仕紳們，面臨江山易幟、異族統治的時代轉折，對於新政權的意向，個人心中自然有一把尺。張麗俊對於日本政權，其態度大抵如上文所述，間或有歌頌日人的文字，但亦對若干政策，頗有批評。而這樣的立場，足以反映當時具有相同背景之仕紳文人的共同趨向，即來回擺盪「抗拒」和「認

〔註11〕同註10。見大正十五年（1926）十月四日，頁94～95。
〔註12〕同註10。見昭和二年（1927）元月二十九日，頁148～149。
〔註13〕蔡培火《與日本本國民書》（中譯者不詳），學術出版社，1974年5月，頁84～85。

同」之間，是「抵抗殖民」與「傾斜依附」兩極之外，更爲廣大的中間族群，諸如櫟社成員陳瑚、前後兩任社長賴紹堯、傅錫祺等人。然而與他們採取明哲保身、消極妥協態度略有不同的是，張麗俊的對日觀感，除了形諸文字留下記錄外，對自己所擔當的職責更是積極參與，並視情況或提出異議，或挺身而出。就積極性而言，在務實的中間份子裡面，當屬較特殊的一位。

第二節　對於文化反抗者的態度

縱使張麗俊嚴詞批評執政者，總括來說，他對殖民者的態度，並沒有像蔡培火走向文化啓蒙運動的路，而是採取委婉保守的立場，無奈接受異族統治的事實，在殖民政權下擔任職務。詩文中儘管有若干篇什對日歌功頌德，但深究其因，有因應官方壓力的表態，也有張氏個人的觀感（如對官方新八景之觀感，詳第七章第二節另述），更有對殖民者不公不義作爲的強烈控訴，具有相當的獨特性。張氏對統治者的觀感如此，那他又是如何看待風起雲湧的政治社會運動呢？本節將繼續探討。

大正三年（1914）二月，日人坂垣退助伯爵應林獻堂之邀，於臺灣各地進行演說，偕同策劃臺灣人同化會，十一月發表〈就首倡臺灣同化會而言〉文，十二月起則於臺灣各地展開成立大會。臺中同化會成立於該月十一日，張麗俊不僅親身參與，日記裡也留有當日的情景：

> 晴天，往墩，到保甲聯合會議所，……區長傳往臺中赴同化會，遂回易服。往車站坐十二時一分列車往臺中，者番欲往者多人，我等十一人坐二等車，係廖鏡堂、林慶生、謝春池、楊漢欽、林松江、魏慶榮、廖進根、廖進殿、廖進棣等。到臺中，入臺中座，殷紳、區長、保正約數百人，二時餘板垣伯爵臨場，林獻堂氏登場演說，今日板垣伯爵欲設此同化會情由。次板桓伯爵亦起演說此同化會狀況。近五時散出，仝春池、慶榮、錦昌到振國居便東，六時餘坐列車回墩。〔註14〕

從該則日記看來，張氏似乎沒有任何的好惡，令人懷疑他是否瞭解同化會的意義。然衡盱實情，參與同化會的會員，大部分爲區長、保正、殷紳等地方領導人物，儼然像是一場上層階級的大型集會，且張氏乃因「區長傳往」才至臺中赴會，可見並不純然出於主動，或許因此在張氏的心中，認定這一場會議是官方排定的行程，而忽略了其背後的意義。

〔註14〕同註5。見大正三年（1913）十二月十一日，頁127～128。

　　我們可以看到此次的同化會，張氏並無涉入個人觀感，但隨著時間的推移，與社會氣氛的成熟，張麗俊對於社會文化運動，有了不一樣的態度。大正八年（1919）櫟社成員蔡惠如倡組臺灣文社，該社並發行《臺灣文藝叢誌》，內容包括傳統漢詩文，以及引介世界各國歷史、新思潮的文章，負有一定程度的文化革新之責，身為櫟社一份子的張氏，雖未直接參與運作，但他對文社乃至其附屬刊物，則有相關言論，頗值得注意。如在其日記中就有兩首關於《臺灣文藝叢誌》的詩作，移刊如下：

喜臺灣文藝叢誌書成

珍重書成佐漢文，杏壇木鐸振諸君，

山川秀麗鍾人物，日月光華照典墳。

鹿島鯤洋旂鼓整，潘江陸海玉珠聞，

茫茫墜緒今思續，莫學當年起義軍。

愧臺灣文藝叢誌埋名

名原櫟榜一孫山，叢誌書成底就刪，

職務員羞埋姓氏，篇章集敢露容顏。

才同襪線文場擯，品玷圭璋社會刊，

別抱今生無限恨，難隨老子出函關。〔註15〕

此二詩，分別是一喜一愧，喜的是這份刊物總算是集眾人之力而完成了，可以擔下漢文之中流砥柱的重責大任。呈現的一股漢文得以延續的喜悅之情，字裡行間流露出對此刊物的深切期盼，末聯「茫茫墜緒今思續，莫學當年起義軍」，由語意推敲之，猜測張麗俊可能希望這份刊物扮演的角色是一個中道的力量，並不是要與當局相對抗的衝突批判色彩，這點可從日記的大正九年（1920）九月二十六日找到例證：

　　……又坐十一時餘列車往臺中州林子瑾家赴臺灣文社集會。是午，

　　會員出席者三十餘人，文社支部長林仲衡出告開會並演說社則，雜

　　誌不得言及時事並政治。……繼陳滄玉、陳聯玉、林幼春、林獻堂

　　出辨剝〔辯駁〕雜誌不得毀謗時事，政治非不得言及，方今漢學就

　　衰，正要文人討論云云。……。〔註16〕

〔註15〕張麗俊《水竹居主人日記》（五），許雪姬、洪淑芬、李毓嵐編纂、解說，中研院近史所，2002 年 11 月初版。見大正八年（1919）二月十九日，頁 233。

〔註16〕同註15。見大正九年（1920）九月二十六日，頁 309。

此段記事是在大正九年九月二十六日，於張麗俊冤獄平反之後，對照《臺灣文藝叢誌》的初次發刊，恰好是剛好張氏入獄時期，故可作為林獻堂、林幼春等人對此刊物走向的期望，在這條記事之外，張麗俊的詩作亦展現了這樣的期待。倡議籌社的蔡惠如，其行事風格較為趨向現實批判的社會運動路線，廖振富曾為蔡惠如作出定位，認為：「他的社會身分並未以『詩人』角色著稱，從他的性格與社會參與來看，毋寧說他是一位行動力極強的社會運動家」〔註 17〕因此，主導者的個性如此，推測其刊物的風格應當傾向於批判色彩，但從《臺灣文藝叢誌》的內容觀之，這部份顯然沒有佔據相當的版面，是不是在實際的運作層面上有了保守與革新的相互折衝，對此，施懿琳認為：「由此可見可能有兩股勢力在文社內部拉鋸，從文社出版的刊物內容來看，恐怕社內的保守勢力要遠超過比較具批判精神者。」〔註 18〕從而我們可以推想，臺灣文社的創設，蔡惠如的提倡居功厥偉，但可能在實際的刊物運作上，倡議文學就該歸於文學的保守性格者則為多數，張麗俊亦是其中之一。

其次，〈愧臺灣文藝叢誌埋名〉一詩，從語句的涵義推測，張麗俊可能原本有詩文刊於《臺灣文藝叢誌》，但由於出刊時期，張麗俊遭人構陷而身繫縲絏，且當時審理尚在進行中，無法判定張麗俊是否清白，遂因考量到刊物是要作為社會的中流砥柱，而詩中「品玷圭璋社會刊」一句，即張麗俊明白此點的說明。在文藝叢誌書成之後，刪去了升三的名字。此詩道出了張麗俊的心聲，即自己在櫟社中乃屬於名氣較不響亮的一員，但卻因受人誣陷而無法在新創刊物上見諸作品，故嘆言「別抱今生無限恨」，作品只得藏諸名山，難以問世，同時也喟嘆自己的入獄事件使得櫟社同仁蒙羞。

從上文的說明，可以瞭解到張麗俊的傾向大致是溫和保守，即便他身為殖民者的基層管理者，對於臺人發起的政治啟蒙運動仍有一定程度的關心與理解，歸納日記內容，張氏的作為約可分成兩方面：一為襄贊場地、親聞演說；二則是記錄議會請願運動、治警事件等相關記載。

〔註17〕 廖振富〈日治時期臺灣「監獄文學」探析：以林幼春、蔡惠如、蔣渭水「治警事件」相關作品為例〉，收錄於許俊雅編《講座 FORMOSA：臺灣古典文學評論合集》，萬卷樓圖書股份有限公司出版，2004 年 11 月初版，頁 491。

〔註18〕 施懿琳〈從張麗俊日記看日治時期中部傳統文人的文學活動與角色扮演〉，收錄於許俊雅編《講座 FORMOSA：臺灣古典文學評論合集》，萬卷樓圖書股份有限公司出版，2004 年 11 月初版，頁 468。

　　大正十二年（1923）六月二十四日，蔡培火、蔣渭水、蔡惠如等人第三次赴日請願設置臺灣議會，文協成員為歡迎他們返臺舉行洗塵會，席散，相干人士又至臺中公會堂講演。張麗俊雖未出席參加，但對於文協，則留下了這樣的印象：「文化協會都率意直陳，不畏嫌疑，昨夜以國語演說，今夜以臺語演說，島人咸搏掌喝彩，不特島人喝彩，即日人亦稱善云。」〔註19〕對文協人士的欽佩有加。同年的七月二十九日，文協青年團蔡培火等九人，前往豐原聖王廟宣講文化，張氏率領地方仕紳作東，在醉樂天〔註20〕開設歡迎餐會，會後蔡培火等人於聖王廟展開文化宣講，雖然當晚聽講者相當踴躍，但官廳派出警官、巡察多人到場，張氏認為此舉「以致誠寔者多不敢聽」〔註21〕，遂不敢貿然進場，帶著遺憾返家。當時臺灣文化協會雖是體制內抗爭的組織，但日人仍嚴加控管，每每在演講場合派有警察監視言論，這樣多少會造成聽講民眾心理負擔，張麗俊即感受到這樣的壓力，而不敢入內聽講。

　　次年夏天，為反制辜顯榮等人組成之「有力者大會」，林獻堂、林幼春等人發起「無力者大會」，七月三日於北、中、南三地同時舉行成立大會。張氏親赴臺中參與此次大會，透過他的記錄，重現了會場上眾家辯士滔滔雄辯的盛況，也完整保留當日的傳單，更可從中看出張氏對傾斜者如辜某等人的態度，節錄該則日記片段以覘之：

> 近三時入林剛敏〔愍〕公之專祠，參全島無力者之大會。……葉榮
> 鐘君出告開會云：今日無力者之大會分中、南、北三大州一齊舉行，
> 係對於去廿七日辜顯榮氏在臺北東薈芳酒肆開全島有力者大會起
> 見，……獻堂君出首演說，誾誾而語，侃侃而言，到隱微要點處，
> 會員擊掌之聲如放連炮一般，後言作事須要仔細，如前夜蔡惠如君
> 為此事在大正館坐人力車到電光微暗處，不防被一犬沖〔衝〕撞，
> 致車覆人傷，現尚入院治療蓋犬者即暗指辜氏也，隱他請議會被辜氏阻礙故
> 也，終言無力者之大多數如春笋，經雨輩出，叢生不窮云云。獻堂
> 君可謂善於說辭者，繼林幼春君出席言無力者之自白，將有力無力

〔註19〕張麗俊《水竹居主人日記》（六），許雪姬、洪淑芬、李毓嵐編纂、解說，中研院
　　　　近史所，2002年11月初版。見大正十二年（1923）六月二十四日，頁59～60。
〔註20〕醉樂天：臺灣料理店，位於豐原街一五八號，營業主為趙依宏，稅額三七.
　　　　四四圓。栗田政治編輯《臺灣商工名錄》，臺灣物產協會，昭和二年，頁1079。
〔註21〕同註19。見大正十二年（1923）七月二十九日，頁73～74。

双提並論，旁敲側擊，財勢者有力也，但恃財勢夜行後門，攢得官營事業，聚利肥家，無力者有勢不敢凌人，有財不敢自重，以此比較，何異冠履倒置。說到痛切處，會員拍掌如裂帛。……繼黃周君出席演說放大眼光，引古証今，時勢潮流，眼光者須遠觀非近視也，若以近言，彼貓目上金黑夜亦能捕鼠，然至十二點鐘則微細如絲蓋貓暗指辜氏面有大點貓也。似此非放大眼光也，不觀天地之大時勢之變，只可比井底之蛙自鳴咯咯，若今日無力者之會，擊掌之聲如同雷鳴，彼小所見者何敢上陸聽雷鳴也，只依然在井底咯咯可耳。眾會員俱拍手如破竹，……葉榮鐘再出席告閉會，並指定林獻堂君爲全島無力者大會會長，眾會員擊掌承諾。〔註22〕

張氏如「現場轉播」般的記載，彷彿讓人身歷其境。隨著講者輪番上臺，會場氣氛愈加熱烈，從中不難察之，張氏已不同於當年參加「同化會」的無動於衷，此次他不僅理解無力者大會成立的宗旨，內文的兩行小字注解，等於接受林獻堂等人批判辜某的言論，顯示張氏不僅認同爭取臺灣人民權益的文化抗爭運動，對於親日份子的態度，也有較明確的表達。此後，張麗俊陸續聽取東京臺灣青年團〔註23〕、蔣渭水〔註24〕、簡吉〔註25〕、溫連卿、王敏川〔註26〕等，以及對臺友善之日人〔註27〕的文化講演，日記中也記錄了相當多

〔註22〕同註19。見大正十三年（1924）七月三日，頁220～224。

〔註23〕大正十三年（1924）七月二十四日：「晚飯畢，林永順來招，欲往豐源〔原〕聖王廟聽東京臺灣青年團來文化講演會，因並世藩、世垣同往……。」張麗俊《水竹居主人日記》（六），頁232～233。

〔註24〕大正十五年（1926）元月二日：「……遂入聖王廟聽臺北州蔣渭水先生來此講演文化題目，係『政治理想與其實現方法』，……。蔣先生在臺上侃侃高談，津津樂道，旁徵曲遠証近稽，說到到中頃處，撲掌之聲如連響爆竹，旁若無人，雖古川刑事警部在此旁聽，彼絕無介意，後致與古川數言沖突，彼依然大言不慚。來聽者千餘人，庭除爲之滿，亦安坐靜聽絕無騷動，直講至十一時方告閉會而散。吁！戰國時有蘇秦、張儀俱稱説士，今觀蔣先生之胆智，單獨來此講演，與秦、儀亦不多讓矣。」張麗俊《水竹居主人日記》（六），頁437。

〔註25〕昭和二年（1927）四月十七日：「……午后，入慈濟宮，因廖西東歡迎臺灣農民組合長簡吉氏、大肚支部長趙港氏及猴〔侯〕朝宗氏三人來開農事講演會也。三人講演甚中時弊，而且傍〔旁〕敲側擊，令人心領，洵辯士也。」張麗俊《水竹居主人日記》（七），頁185～186。

〔註26〕昭和二年（1927）九月二日：「……入夜，往同上聽文化講演，辨〔辯〕士連溫卿講『教育界之形式』，繼王敏川講『時勢之潮流』，舉英、美、中華來比例臺灣，暗中傍敲側擊，悉中時弊，眞令人傾耳。」張麗俊《水竹居主人日記》（七），頁247～248。

關於「治警事件」的報導〔註 28〕，並不時參加蔡培火、林獻堂、蔣渭水的洗塵會（或赴日餞別會）〔註 29〕，與社會運動先進的接觸，可說相當頻繁。

〔註27〕 大正十三年（1924）八月八日：「……又到存安堂，慶雲、振通、水木、石鍊等欲往臺中赴歡迎宴，因東京貴族院議員渡邊氏於去廿五日渡臺爲前期成同盟會多人被公判，他欲爲多人伸冤，今日來中，故地方殷紳大開歡迎會云。」張麗俊《水竹居主人日記》（六），頁 239～240。昭和二年（1927）三月二十二日：「晴天，往豐原，因東京辯護士布施辰治氏爲二林事件渡臺欲辯論此条案，今午欲來慈濟宮講演，……男女來聽布施先生講演者約以千計，宮中不能容受。近四時先生由大肚坐自動車到，升座開講，語中臺灣時弊，聞者頻拍掌稱善，五時餘閉會……」張麗俊《水竹居主人日記》（七），頁 175～176。

〔註28〕 大正十三年（1924）七月十九日：「……在家閱《臺灣新聞》報，蔡培火等往東京請臺灣議會延期之件，並將眾議員主意錄後。……」（筆者案：該則報導文長不錄）張麗俊《水竹居主人日記》（六），頁 229～230。大正十三年（1924）九月二十一日：「……見《臺灣民報》錄去新曆八月一日臺灣議會期成同盟會治安警察法違反嫌疑公判，……禁錮六個月蔣渭水、仝蔡培火，仝四個月林呈祿、仝石煥長、仝陳逢源、仝林幼春；仝三個月王敏川；仝罰金百円吳清波、……仝蔡先於等。辯護士渡邊暢氏對本案分四段辯論：一事實論、二法律論、三情狀論、四對檢察官論，……三好檢察官又起立言：我的論告被渡邊、長尾兩辯護大加攻擊，寔是遺憾，我說同化主義是將日本人精神要注入臺灣人這話，我是揮淚而言，此點要想。……畢，蔡培火對裁判長言：既許檢察官論政治，怎樣不許我們論政治呢？我們相量尊裁判長意見，並尊前日永山氏傳達裁判長意見，要我們選代表，簡單陳述，我們相量選林幼春、林呈祿、陳逢源、蔣渭水、蔡培火等。裁判長言本件事我已明白，又且各辯護人也已論盡，希望最簡單就好。各被告皆承諾由林幼春氏述起，次則林呈祿，次則陳逢源，次則蔣渭水，終則蔡培火。各人胸懷豁達、口舌鋒利，不但當時言之者作勢，於今觀其言者尚欲擊案。後又再公判，蔡惠如因他彼時足疾，故不能與十七人同日裁判，而欲知此案之詳細，並各人之供述言語，閱《臺灣民報》第十六號。厥後堀田裁判長俱言渡無罪，三好檢察官不服，又對第二審翻抗云云。午后在家。」張麗俊《水竹居主人日記》（六），頁 255～257。

〔註29〕 大正十四年（1925）四月十一日：「是日，林獻堂君外數名於元月十一日一行啓程往東京臺灣議會請願，前日回臺，今日社會諸友在臺中醉月樓開洗塵宴。」張麗俊《水竹居主人日記》（六），頁 337。大正十四年（1925）六月六日：「……及午，欲告別付〔赴〕十二時五十四分列車往臺中，……會合櫟社友傅錫祺、蔡惠如、陳槐庭、鄭汝南、張棟樑、張玉書、蔡子昭、林耀【亭】、莊伊若共十人，轉坐二時四十分五分車往霧峰。獻堂君來車站候迎到其家，茶點罷方並幼春家坐談。丁式周、林仲衡、林竹山三人亦來，傍晚仍回獻堂方赴慰安會。六時餘入席，社長傅錫祺氏離坐到席前陳述幼春、惠如二君爲我臺人三百餘萬同胞與十八人組織期成同盟會，致受當道檢舉下獄，故今晚爲開慰安會也。」張麗俊《水竹居主人日記》（六），頁 360。大正十五年（1926）一月十六日：「……又因林獻堂、蔡培火、蔣渭水三君明日欲再往東京請臺灣議會，諸友二百餘人在永樂樓辦〔辦〕宴祖餞，因住旅館宿。」張麗俊《水竹居主人日記》（六），頁 444。

　　文化抗爭者挾著先進思維，前仆後繼不畏當權勢力，巡迴全臺弘揚他們的理想，不僅有啓迪民智的作用，也萌發了臺灣人意識的根芽，對於張麗俊來說，當他們到達豐原講演的時候，自然是請益如何維護地方民眾權益的最佳對象，譬如昭和二年（1927）四月間，豐原公學校畢業生二百餘人，以及高等科補習生三十七人，參加升學考試，竟無人見榜臺中試驗中學，地方父老甚感羞愧，詢問公學校長，卻得到背謬乖異之辭，引發眾人不滿，於是張麗俊等六人〔註30〕決議發起「兒童保護者會」來監督學校，迫使學校重視臺人的教育問題。恰巧「臺灣農民組合」簡吉等人蒞慈濟宮演說，張氏等人遂告知欲創設保護者會，簡吉等人聽聞後表示：

> 學界之腐敗，不獨豐原，全島皆然，正本國治臺植民地總督之峰〔方〕針也，斷不教臺灣年少智識向上，只欲教其諳國語供使令可也，縱設此會亦無甚見效，萬一要設，基礎須立堅固，後日有監督學校之權方爲有益。〔註31〕

一語道破殖民統治下，臺人子弟教育的不平等待遇。其談話雖認爲此會設立的作用不大，但同爲臺人，簡吉也希望該會設立後能對學校盡一份監督之責。儘管簡吉率領的農民運動，與張氏領導的兒童保護者會性質上不甚相同，但基本上皆是以本土意識爲出發，可見身陷殖民牢籠的臺灣，不管是上層的文化抗日者，或是民間基層的抗爭活動，端賴兩者不斷的交流與配合，才有臺人自主的空間。

　　事實上，除了臺中之外，其他地區也是同樣的狀態，如《臺灣民報》第83 號，一篇名爲〈教育界的一大問題〉的文章，指出高雄中學內臺人入學錄取分佈概況：「昨年度入學的生徒內地人 75 名、臺灣人 35 名。……今年度內地人 93 名、本島人 33 名。……某教師的話：『我們要執行同化臺灣人的教育方針，該照這比例是頂理想的，所以我們不是照入學試驗的成績而撰取的。』」〔註32〕另外，兒玉總督給地方官的訓示，即闡明政府的主張，他說：「教育雖是一日不可付之等閑，然而尤不可徒注入文明之風，養成趨於權利義務之思

〔註30〕此六人爲：陳清泉、陳振德、廖西東、廖進平、張邱玉章、張麗俊。見張麗俊《水竹居主人日記》（七），昭和二年（1927）四月十一日，頁 183。

〔註31〕同註 10。見昭和二年（1927）四月十七日，頁 185～187。

〔註32〕〈教育界的一大問題〉，《臺灣民報》第 83 號，大正十四年（1925）十二月十三日。轉引自翁聖峯《日據時期臺灣新舊文學論爭新探》第三章第一節註 6，五南圖書出版有限公司，2007 年 1 月初版，頁 49。

想，當使新附民不可陷落此種之弊害。」〔註33〕可見日本對臺教育政策的不公，更充斥著企圖利用教育，加強對臺灣的控制的殖民野心。

　　總述此節，張麗俊秉持著溫和中道的保守性格，沒有直接參與文化抗爭運動，但對於此類活動保持相當程度的關心與支持，我們可以看到日記中對臺灣文社及其附屬刊物有相關詩作與若干言論；代表地方迎接文協成員，或其他類似人士、團體，並實地到場聽其演說、觀其活動；以及在日記中完整紀錄下當時「治警事件」的相關報導，無一不是展現張氏對於文化運動的理解與接納。在體制內尋求改革的風氣愈加成熟，張氏為地方子弟教育問題，發起「兒童保護者會」監督公學校，在此一事件上，我們也看到了向文化抗日者請益的過程，進而加深了捍衛地方子弟教育權的想法。從本節的討論，不啻顯現張麗俊對於文化運動的意向，同時也可了解傳統文人在整個文化運動事業所扮演的角色與關注的視角。

第三節　對於中國的觀感

　　張麗俊歷經清朝割臺，對於這個捨棄自己的神州大陸，是否如同其他同時代文人有著難以割捨的祖國情懷？而當清朝覆亡，新政府代之而起之後，又有著什麼樣的觀察？本節透過釐清上述問題，進一步來剖析張麗俊的中國觀感。

　　張升三生當晚清同治年間，其養成教育、師承，乃至於國族文化觀，率以漢族立場為主，但臺灣易手日帝，面臨現實環境的嚴峻考驗，只好無奈接受日本領臺事實，臣服於日本國之下，對於張氏而言，「中國」，雖在血緣情感上難以切割，但實際上已是另一個國度，因此在改易之時，他不曾動過內渡的念頭（也無力內渡），面對乙未之際業師謝頌臣避亂中國，一年後去書希望業師返臺，信中「無如山川易主，嘆世事之滄桑，骨肉離居，嗟人情之邱葛，此天寔為之，而無可如何者也。」〔註34〕幾句，無疑接受了日本統治，也間接證明，在張麗俊務實的腦袋裡，對於中國，所存著僅為同是漢族的關切，以及對舊有故國好奇的想像。

〔註33〕〈殖民地開奉與教育方針〉，《臺灣民報》第 89 號 2 版，大正十五年（1926）一月二十四日。轉引自前揭書，第三章第一節註 6，頁 49。

〔註34〕張麗俊《水竹居主人日記》（一），許雪姬、洪淑芬編纂、解說，中研院近史所，2000 年 11 月初版。見明治三十九年（1906）四月三日，頁 40～41。

　　例如，明治四十四年（1911）三月下旬，林獻堂邀請晚清要臣梁啓超等人來臺訪問，引起三臺文化界騷動。四月三日晚櫟社召開春會暨梁啓超歡迎會，張麗俊與社友並中部文人三十餘人，齊聚臺中瑞軒。宴飲之餘，梁氏因應席上俱文雅之士，遂出詩題〈追懷劉壯肅公〉〔註35〕，由眾人共同賦詩，升三有七律一首：

> 低徊爵帥建豐功，政治宏開遍海東，
> 故國旌旃寒霧黑，大墩城郭夕陽紅。
> 逢逢鼉鼓聲悲壯，漠漠鯤洋感異全，
> 二十年前名勝地，撫今追昔感何窮。

作者以懷想劉銘傳建設臺灣的豐功偉業，讚揚其擘劃新局的成就起筆。頸聯則說明舊時劉氏將首府設於臺中，並于大墩建設城牆，然隨著體制改變，這些故國景致就如同寒霧、夕陽般，令人無限欷噓。頷聯以「逢逢」、「漠漠」兩組詞彙，呈現忽而戰鼓震天嘎響，忽而寂靜無聲，成功地營造出迷離、恍然的情調，頗有時空錯置的美感，進而勾連出此詩的重心——追懷，點出緬懷劉銘傳的在臺功勳，撫今追昔著實令人感慨叢生。全詩扣緊主題，且句式整齊，相較於櫟社次年的全島徵詩作品〔註36〕，就作品的藝術層面來說，該詩應絲毫不遜色，末句的「感何窮」，將詩義推至更廣闊的面向，對晚清政局的頹危，或對殖民統治的無奈，都含涉其中，可見詩境的悠遠；但另一方面，就因全詩完全扣緊主題，並未如徵詩作品開出對清、日批判、反省等新意，張麗俊態度之保守、務實亦由此可窺知。

　　梁氏訪臺開啓有識之士對於文化抗日的思維，也引起時人對海峽對岸的注意，清廷棄臺十餘年後，清朝重要文人再臨臺灣，其言論、作為，在在讓臺人對晚清中國感到好奇。張麗俊在櫟社歡迎會之後，遂生往清國一遊的心

〔註35〕 同註1。見明治四十四年（1911）四月二日，頁37。

〔註36〕 明治四十四年（1912）六月，櫟社為慶祝成立十週年，擬邀全臺詩人參加紀念大會，該會於年六月十五日至十八日舉行。會前以〈笨港進香詞〉和〈追懷劉壯肅〉兩個詩題向全臺各界公開徵詩，徵詩所得〈笨港進香詞〉七絕共一二八首，〈追懷劉壯肅〉則有五古、七古、五律、七律、七絕各體，凡九十首。這些作品的原稿被蒐集裝訂成冊，即是《櫟社十週年大會詩稿》。詳參閱廖振富《櫟社研究新論》，第二章「臺大圖書館藏櫟社詩稿初探——外緣問題的考察」，第三節「從臺大圖書館藏櫟社詩稿探討櫟社早期活動及其與全臺詩人之往來」；以及第四章「日治時期臺灣古典詩中的劉銘傳——以櫟社徵詩（1912）作品為主的討論」，國立編譯館，2006年3月初版。

願，然而接連兩次提出申請，官方皆打了回票，且對張氏等人多所刁難，又加上張麗俊在媽祖廟擲筊、求籤皆不得允許，因此才打消了往遊清國的念頭。其脈絡如下：

四月四日

遇盛祥言，欲邀仝諸友往清國廈門、廣東、香港各處名區勝地領略一番，予素有此願，陰欲許之，遂回家復命於母親焉。

四月五日

晴天，又乘九時列車往臺中，到林寫真館寫真，回欲清國遊歷，向官給路票用也。

四月八日

晴天，往墩，入支廳，與廳長城與熊氏先言，欲往清國給路稟之事，他委〔諉〕正廳恐不肯許可，姑稟焉，遂出做稟，並寫真持入，乃回午飯。

四月十三日

陰天，往墩無事，雨下如絲，仍住振通　店午飯。午后，仝盛祥、少超到德【仝】水碓述予今朝在南北港聖母案前行香，並拈一籤，欲仝諸君往清國廈門、廣東、香港等處遊玩各區勝地，聖母出一戊午籤，書甚不合於出行，及撒筊，亦以為不可，吾意決不欲往云云。

四月十四日

陰晴天，往墩，九時餘仝德全、盛祥、源水、少超、懋球、阿堂、阿興、文榮、阿郎、紀雲等十一人入支廳，因皆入稟請旅行券故也。支廳長城與熊氏傳云：汝等多人欲請旅行券，我知汝等多係名譽之人，斷無妄為，但人有言，汝等多非商人，欲往清國，殊多未便，我不報告，恐臺中廳查知，欲據人言報告，旅行券斷不肯下付，自吾思之，汝等之稟各持回莫請，候他日有確實理由再請可也。〔註37〕

根據明治四十年（1907）新修訂之「外國旅券規則」，規定欲往清國或其他國家旅遊者，除填寫申請表外，並須附上近照兩張以及戶口調查簿之抄本〔註38〕。

〔註37〕同註1。見明治四十四年（1911）四月四日、五日、八日、十三日、十四日，頁39～41，43～44。

〔註38〕詳參梁華璜〈日據時代臺民赴華之旅券制度〉，《臺灣風物》第39卷第3期，

梁華璜的研究指出，「當時旅卷之核發十天即可辦好，但是有時候『郡』的『巡查』『積壓數月』，不向『州』的警務部呈報」〔註39〕對照張氏第一次申請，也如同是說，葫蘆墩支廳長虛委與委蛇，推說正廳不肯許可，進而壓下張氏人等的申請案。到最後此案遭否定，則應是張麗俊一為保正，二又是當地的領導人物，這樣「具有學識、名望或資產，且在社會上有相當地位」的「有力人士」〔註40〕，自然會受到官方相當程度的注意，因此在審查上也趨於嚴謹，無怪乎張氏旅行清國之願，難以成行。官方刻意為難的態度，駁回了旅券的申請，又加上神明賜籤不吉，瞬間澆熄了升三的熱情，讓他自此打消了遊歷中國的念頭，甚至在十餘年後，傅錫祺欲遊中國之際，詢問張麗俊是否與之同行，張氏意興闌珊，表明：「久有此心，但恐未得如願耳。」〔註41〕對於張麗俊而言，終其一生未能至「中國」遊賞，可是人生當中的一大遺憾。

儘管雙眼不曾親見中國的景物，然透過報端消息的傳遞，張麗俊對於中國仍然不改關心的態度。明治四十四年（1911）十一月，《臺灣日日新報》傳來北京遭革命軍攻陷，宣統皇帝及攝政王敗走他處，各省城亦多遭佔領的消息，張氏認為「番者〔者番〕清國寔難再振矣！」〔註42〕看到清朝幾被革命黨人推翻，更說清國遭逢大變，「幾不可救藥矣！」〔註43〕可看出對於晚清局勢的衰頹，頗有無奈絕望之情。而當清廷覆亡，新政府代之而起後，大陸上仍然內戰不斷，軍閥割據各立山頭，亂局更勝晚清，內憂外患接踵而來，對外關係亦有條約陸續締結，如日本與中國協議廿一條要求，升三日記有兩則觀察，分別是大正四年（1915）五月十三日；大正十三年（1924）九月廿三日：

> ……見新聞屢報日支交涉，日本要求支那二十〔二十一〕條，俱係重要之件，支那政府總統袁世凱並各大臣不肯承諾，以致交涉累月，勢將用武，今數日來所報互相讓步，本國亦減要求，故既解決云云，但未知後日還有變卦與否，後再錄詳。〔註44〕

晴天，往慈濟宮巡視，並到陳贈方坐談，他提出中華民國四年與日

1989 年 9 月，頁 6。

〔註39〕 同註38，頁 20。

〔註40〕 同註38，頁 21。

〔註41〕 同註19。見大正十四年（1925）三月十一日，頁 324。

〔註42〕 同註1。見明治四十四年（1911）十一月八日，頁 135。

〔註43〕 同註1。見明治四十四年（1911）十一月十一日，頁 136。

〔註44〕 同註5。見大正四年（1914）五月十三日，頁 185。

本締約，舉國否認之二十一條條文。此條件果有此事，眞是國恥，

則中國權利全無亦不成爲中國矣。〔註45〕

這兩則觀察，張氏的態度略有相異，前者對中國政府稱爲「支那政府」，對日本則稱「本國」，明顯是站在日本國民的立場來看待中日兩國。後者則認爲中華民國若接受了二十一條條約，則無疑喪權辱國。並不相信中方會簽署如此權利盡失的條約，假若此事屬實，則中國無可自立也。這裡的態度則較爲中性，他以「中華民國」與「日本」對舉，看待中日雙方猶如置身事外的第三者般，對於中國與日本之間的戰端恩怨，彷彿閱讀一部正在刊行的章回小說，昭和六年的「日華滿州事件」即是最好的例子。

昭和六年（1931）九月十八日，日本大舉出兵中國東北，爆發史上所謂的「九一八事變」，次日消息傳至臺灣，張麗俊透過報端得知此事，隨即將報導轉載於日記：

今日夕刊號外新聞刊，昨夜日本私自出兵□萬人，暗襲中華東三省滿州長春一帶地方，中華要人抱無抵抗主義任其侵佔，副司令張學良自入醫院，只令人通報各國公使知情而已。此舉在中華外交總長決欲對日回收滿鐵利權，在日本決欲保留滿洲鐵路並其僑民之權利，數年來經屢次交涉不得解決，故此番出此強梗手段，但後日事情如何，結局未之知也。〔註46〕

此則日記有兩點可以注意：其一，關於立場部分，日軍無預警的進佔中國東北，張氏個人情緒沒有太大起伏，反而如實轉引傳媒的消息，客觀的交代事件起因。其二，末兩句「但後日事情如何，結局未之知也。」，則凸顯張氏看待中日兩國紛爭的心態，即上文所謂以閱讀章回小說的心情，持續注意該事件的後續發展。檢閱日記，九月十九日之後皆有相關記載，時間長達一年多〔註47〕，直至昭和七年（1932）十一月二十一日，當時張氏身體不豫，且妻子何燕於次月病逝，推測應爲處理後事，故無空閒時間給予

〔註45〕同註19。見大正十三年（1924）九月二十三日，頁257～259。

〔註46〕同註3。見昭和六年（1931）九月十九日，頁428。

〔註47〕筆者目前所找到《水竹居主人日記》對「日華滿州事件」的記載，依照日期排列，有如下之日期：昭和六年（1931）九月十九日、二十一日、二十六日、十月八日、十二日、十四日、十五日，十一月一日、十六日、十七日、二十日、二十一日，十二月四日。昭和七年（1932）元月七日、三十一日，二月一日、二日、四日、五日、七日、八日、十一日、十六日、十八日、十九日、二十五日，三月四日、十九日，四月十日，七月五日，十一月二十一日。

關注，遂停止記錄〔註 48〕。除了轉載報端消息之外，張氏閱報之餘，偶爾亦會將感想列於後，如報載中國方面總司令蔣介石被廣東政府陳友仁攻擊下野，外交總長王正廷被國民宣傳爲賣國奴，張氏認爲「新聞所報未知虛實」〔註 49〕對消息的眞實度有所保留。又，新聞傳前清國末帝宣統欲再即位於奉天，張氏亦未知寔焉與否，並推想「宣統今年二十六歲之青年，諒不敢如此妄想也」〔註 50〕。張氏的紀錄大致上對等呈現日中兩國的情勢，但字裡行間對於中華政府之積弱、主政者言行不一的情形，頗有恨鐵不成鋼之意，如九一八事變後，中國不僅面臨日本蠶食，國內舊軍閥勢力亦死灰復燃，內憂外患不斷，張氏不禁感嘆：「吁！外侮未平內亂又作，等何時中華有平和之日也？」〔註 51〕此外，新聞據傳蔣介石將有所作爲，事實上並不然，張麗俊則認爲：「前日蔣介石再下山欲救國難，上下中外咸欲觀其韜略，今既數日矣，上海仍被日蹂躪至此，豈其未握大權耶，抑別有妙策耶，殊令人廢〔費〕解？」〔註 52〕；又說：「蔣言爲公義私交而盡力贊助政府共紓國難，此乃一月廿二日事。蔣言欲紓國難，數日來上海何以患難至此也，蔣先生豈亦以言語欺人矣？」〔註 53〕同文同種的張麗俊，對中華局勢的關心，至此可見一斑，而對「日華滿州事件」長達年餘的追蹤記錄，在公平客觀的陳述中，表現了張氏相當清楚的自我政治定位，即立足臺灣，冷眼看待日本與中國。

以上呈現了張麗俊的時局觀，從對殖民者、文化反抗者的態度，以及對於中國的觀感等三種不同層面的探討，勾勒跨越清末到日治之臺灣傳統文人，肆應複雜變動時代的多重面貌。經由本章的分析，展現不同於傳統仕紳鎮日飲酒作詩的侷限視野，發現張麗俊雖然認同殖民體制，有若干歌頌當局、或殖民政策的文字，但我們也找到更多張麗俊批判日本統治的紀錄，同時也接受了臺灣文化菁英所提倡的社會運動，不僅多次聽其演說，更襄助場地，

〔註 48〕 昭和八年（1933）二月四日尚有一則記載，唯此則距離日記裡多數且密集的記錄較久，故大體上可以說張麗俊對此事的關切，在昭和七年十一月二十一日後，即暫告一段落。

〔註 49〕 同註 3。見昭和六年（1931）十月十二日，頁 437～438。

〔註 50〕 同註 3。見昭和六年（1931）十一月十六日，頁 455。

〔註 51〕 同註 3。見昭和六年（1931）十二月四日，頁 463～464。

〔註 52〕 同註 3。見昭和七年（1932）二月五日，頁 493～494。

〔註 53〕 張麗俊《水竹居主人日記》（九），許雪姬、洪淑芬、李毓嵐編纂、解說，中研院近史所，2004 年 11 月初版。見昭和七年（1932）二月七日，頁 4～8。

也在日記上抄錄有關治警事件的相關報導，可說是以實際行動來支持文化改革運動。另一方面，在關注臺灣島內要求自治權利的抗爭之餘，張麗俊也持續注意中國局勢的變化，大清王朝被革命軍推翻之際，其失望、無奈之情溢於言表，當新政府成立後，南北內戰與日本侵略東北接踵而至，動亂猶勝晚清，張氏透過閱報，其視角不僅留意到這些變化，更在日記上詳細追蹤戰事的發展，甚者，會對報載之事發表自己的感想，顯示張氏不單單片面的接收訊息，仍保有自己的批判能力。總的來說，張麗俊對時局的獨特觀察，透過本章的討論，除了顯現外在時勢與傳統文人之間的互動外，也使得日本殖民時代，臺灣傳統仕紳應對變動時代的處世態度，有了較爲清晰的輪廓。

第五章 《水竹居主人日記》之文學作品寫作動機與類型

　　經由前面二章的討論，對於張麗俊的角色定位有更為深刻的瞭解，不管是身處複雜詭譎的殖民統治，或是面對外在世界的紛亂時局，張麗俊或運用其社會角色及地位參與，在專制的帝國牢籠中，為人民爭取權益、為文化保留一線生機；或對於當時中、日、臺三方局勢的觀察，有其獨特之處。這樣角色多元且特殊的傳統文人，反映在他的文學作品上，文類不僅豐富，且數量眾多，其寫作主題更具有探討的價值，因此本章將先釐清張麗俊大量文學作品之創作動機，並說明其作品類別，以期掌握張麗俊文學作品的全貌。關於其作品主題的探討，則於下兩章進行討論。

第一節 《水竹居主人日記》之文學作品寫作動機

　　張麗俊出生於清同治年間，受過正統漢文教育，擁有深厚的漢學基礎，日常生活以漢詩文為主要表達工具，且作為交誼結社的溝通管道，即所謂的「一世文人」〔註1〕。日本統治的五十年間，古典詩文佔有重要的地位，除傳統文人藉以維繫斯文為一線外，日人更以此來籠絡臺地菁英，造就了傳統漢詩文發展的利基，這樣的社會風氣，使得舊文人面對異族統治之時，也不需改變以往熟悉的表達模式。是故，《水竹居主人日記》中之詩文作品不單是張氏的個人創作，更能反映出日治時期傳統文人與當日社會互動的樣貌，印證漢文學多元化的價值。

〔註 1〕 依照林莊生《懷樹又懷人》中之說法，自立晚報出版，1992 年，238 頁。

　　早在《水竹居主人日記》發現之前，張麗俊僅有五首漢詩作品刊載於《櫟社第一集》﹝註2﹞，事實上，張氏的作品不止這寥寥五首，隨著《水竹居主人日記》出土，為數眾多的文學作品在日記裡獲得了完整的保留，這些涵蓋詩、對聯、文章，以及書信等不同文類的書寫，歸納其創作動機，不外乎是因張氏的身份多重，使得他在詩人的角色之外，尚有很多機會可以使用漢文寫作，本論文第三章「張麗俊的社會地位」已將其多重的角色扮演，作出了詳細的考察。我們發現，不論是在教授漢學，或是擔任保正、地方商務團體理事，乃至於膺任慈濟宮管理人，張氏皆寫作了大量的文學作品，而參加詩會聯吟，或是抒發個人內心世界的詩文作品更是數量龐大，本節依循著第三章的論述基礎，將張麗俊的文學作品之寫作動機，化約為參與詩會及相關文學活動；因應社會地位的交際酬酢；抒發自我情性等三大類，以下分論之。

一、參與詩會及相關文學活動

　　張麗俊在明治四十年（1907）七月八日加入櫟社﹝註3﹞，平時參加活動相當積極，絕少缺席。日記中除將各次例會的活動情形、與會者的姓名，以及詩會所出之詩鐘、擊缽吟詩、課題詩等細節完整記載外，更重要的是將自己的詩作與他人作品也一併抄入日記，遠較傅錫祺《櫟社沿革志略》更臻詳盡。此外，櫟社的外圍組織——金曜會，以及豐原當地的詩社——豐原吟社，乃至於北中南各地詩社的聯吟活動，張麗俊皆有參與，並在日記裡留下了作品。這也是許雪姬所標舉《水竹居主人日記》三大史料價值之一的「文學史價值」。在張麗俊這麼鉅細靡遺的紀錄詩會活動的資料背後，留下的不僅是文學史料的集結，更是他個人作品的豐富成果。

　　參加詩社活動而創作詩文，是升三文學作品的創作動因，依照張麗俊日記的記載，蔚為大宗者，概屬櫟社歷年來的集會活動，其次則是參豐原當地

﹝註 2﹞ 其五首詩分別是：〈崁嶺朝霞〉、〈雜詠十首（錄一）〉、〈落梅〉、〈重遊稻江〉、〈落花〉等五首。傅錫祺《櫟社第一集》，合刊於《櫟社沿革志略》，臺灣文獻叢刊第 170 種，臺北：臺灣銀行經濟研究室出版，1963 年 2 月，頁 129～130。

﹝註 3﹞ 傅錫祺《櫟社沿革志略》，臺灣文獻叢刊第 170 種，臺北：臺灣銀行經濟研究室出版，1963 年 2 月，頁 3～4。筆者按：《櫟社沿革志略》所載之日期「七月八日」為農曆，陽曆則為八月十六日。另《水竹居主人日記》（一）的八月二十日則記有：「又仝謝先生到役場閒坐，錫祺邀捺入櫟社志願書，向晚乃歸。」頁 254。

詩會。前者可分爲對外大型詩會、櫟社外圍組織、櫟社社內部例行集會等不同類別。後者則當指張氏加盟豐原吟社，並參與沙鷗吟社聚會。升三參與詩會的文學活動，其寫作類別以課題詩、擊缽吟詩爲主，間或有詩鐘競吟。

課題詩方面，如明治四十三年（1910）四月二十四日，櫟社廣邀北中南詩壇人士，暨臺北瀛社、臺南南社兩社之代表，議決每年舉辦全島性的聯吟活動，出宿題〈過林剛愍公祠〉、〈臺中竹枝詞〉，又出課題詩〈庚戌櫟社春季大會〉給來賓回家寫作。又如櫟社外圍組織金曜會，張麗俊是在明治四十四年（1911）六月七日加入，綜觀張麗俊參與金曜會而寫的詩作，清一色均爲詠史的課題詩，如〈詠范蠡〉、〈信陵君〉、〈東方朔〉、〈馬融〉、〈西施〉、〈漢光武帝〉、〈周公瑾〉……等，總計約有二十餘題，約四十五首律絕。

至於擊缽吟詩，則多出現在豐原吟社、或櫟社的例行集會，大正十二年（1923）七月十九日，豐原吟社開擊缽吟會，出〈晚夏〉限歌韻。〔註4〕同年的十月十八日，出〈秋痕〉限尤韻。〔註5〕又，次年三月二十二日的櫟社春會，出二題〈瓶花〉限先韻、〈聽蛙〉現支韻。〔註6〕大正十四年（1925）四月二十五、二十六日，櫟社春會適逢社友林幼春、蔡惠如爲治警事件入獄，出「詩人」、「獄」之籠紗格，以及〈迅雷〉限文韻七絕。〔註7〕

縱覽張麗俊參與詩社活動的記事，雖然每次詩會的作品數量不多，但其參與的年資甚長，如參與櫟社有近三十年的時間〔註8〕，而參加豐原吟社亦有五年之多〔註9〕，上文所舉僅相關作品的一小部分，其作品積累的數量尤爲可觀。

二、因應社會地位的交際酬酢

張麗俊在詩人之外的社會地位，其角色扮演相當多元，包括保正、保甲

〔註4〕 張麗俊《水竹居主人日記》（六），許雪姬、洪秋芬、李毓嵐編纂、解說，中研院近史所，2002 年 11 月初版。見大正十二年（1923）七月十九日，頁 67～68。

〔註5〕 同註4。見大正十二年（1923）十月十八日，頁 103～104。

〔註6〕 同註4。見大正十三年（1924）三月二十二日至二十三日，頁 174～175。

〔註7〕 同註4。見大正十四年（1925）四月二十五日至二十六日，頁 343～345。

〔註8〕 筆者案：自明治四十年（1907）七月八日加入櫟社，至昭和十二年（1937）四月十八日參與吳子瑜餞別會，此後張氏中風臥病，不能出席相關活動。

〔註9〕 筆者案：張麗俊參加的年度，有大正十二年（1923）、昭和八年（1933）、九年（1934）、十年（1935）、十一年（1936）。

聯合會議長，慈濟宮修繕會正總理、管理人，乃至於地方商業團體的理、監事等不同職務，因應這些身份的需要，以及職務位階所衍生的人際往來，升三必須寫作大量的詩文作品，作爲地方民眾與官方溝通的橋樑，換言之，張氏扮演菁英文化與庶民文化的中介，其文學作品彰顯了傳統漢文學的實用面向。促成這類文學創作的動機，依照性質的差異，本小節擬區分爲職務需要、生活及社交應用文書方面來作介紹。

（一）職務需要方面

升三是地方民眾的領導者，也是統治機器的末稍神經，身處於兩者之間，張氏以豐厚的漢學根基，寫作詩文爲溝通，據職務類別之差異，又可別爲公、私領域。在官方領域的職務上，諸如明治末年葫蘆墩地區鼠疫肆虐，區長欲延請大稻埕名醫黃玉階、葉鍊金前來治療，地方諸紳商樂觀其成，並代爲募集出診費用，委請張麗俊於募款簿上作敘。〔註10〕其次，爲地方民婦蔡氏省撰寫節孝事蹟〔註11〕，爲保內民眾代撰陳情書〔註12〕，以供官方或表揚、或知悉。撰寫〈重親族權以防子弟〉、〈定用埤夥以保水利〉、〈廢共同秧籍以便農民〉等文向當局提出建議。〔註13〕另外，全臺鐵道貫通之時，張麗俊作有〈歡迎宮殿下〉（筆者按：指閑院宮戴仁親王殿下）、〈祝鐵道開通式〉〔缺〕等詩。〔註14〕豐原電燈開通，張氏亦有祝詩〈祝葫蘆墩街電火開通〉。〔註15〕又，大正三年（1914）十月，張麗俊擔任「討伐太魯閣生蕃人夫慰勞會」會長，依區廖乾三之託作有會場實錄一篇。〔註16〕次年年初的「解纏足會」，張麗俊以保甲聯合會議長的身份，宣讀〈解纏足會祝辭〉一篇〔註17〕。大正六

〔註10〕張麗俊《水竹居主人日記》（二），許雪姬、洪秋芬編纂、解說，中研院近史所，2000 年 11 月初版。見明治四十一年（1908）三月二十九日、四月三十日，頁 26～27，40。

〔註11〕張麗俊《水竹居主人日記》（三），許雪姬、洪秋芬、李毓嵐編纂、解說，中研院近史所，2001 年 8 月初版。見明治四十四年（1911）二月九日，頁 7～9。

〔註12〕張麗俊《水竹居主人日記》（五），許雪姬、洪秋芬、李毓嵐編纂、解說，中研院近史所，2001 年 8 月初版。見大正六年（1917）二月一日，頁 7～8。

〔註13〕同註 11。見明治四十四年（1911）二月九日，頁 9～11。

〔註14〕同註 10。見明治四十一年（1908）十月二十四日，頁 106～107。

〔註15〕張麗俊《水竹居主人日記》（四），許雪姬、洪秋芬、李毓嵐編纂、解說，中研院近史所，2001 年 8 月初版。見大正三年（1914）二月二十一日，頁 11～12。

〔註16〕同註 15。見大正三年（1914）十月十日，頁 106～107。

〔註17〕同註 15。見大正四年（1915）一月十六日，十八日，頁 138，139。

年（1917）十月三十一日，天皇誕辰是爲天長節，張麗俊至公學校參與慶典，並有〈祝天長節〉七律一首，以及〈恭祝天長節〉文一篇。〔註18〕凡此種種，即張氏在保正職務上所撰寫之詩文篇章，例證尚多不一一列舉。

在民間領域的職務方面，如一生著力甚深的慈濟宮，升三爲其撰寫募款書信，〈葫蘆墩慈濟宮修繕會敘〉〔註19〕是向一般民眾募款的緣金簿敘文，而〈献堂先生文几〉、〈清雲叔臺尊前〉二文〔註20〕，則是向特定對象募款的信件。在慈濟宮落成之後，地方仕紳爲慶成儀式，而有「三献」、「三朝」兩派之爭，升三爲調和鼎鼐，作有〈慈濟宮修繕落成陳情宣傳書〉一文。另外，尚有爲數不少的祭祀神祇之祭文〔註21〕，以及慈濟宮楹、柱聯、壁面文章〔註22〕等相關文章。其次，豐原信用組合（原名葫蘆墩興產信用組合）成立之時，理事張麗俊銜總代廖乾三之命，爲儲戶募集簿作〈募集貯金信用組合簿敘〉。〔註23〕大正十五年年初，豐原地區的工商團體擬組織「豐原商工協會」，升三則應發起人黃珍的委託，撰寫敘文一篇。〔註24〕其在私領域職務的詩文作品，數量亦相當可觀。

（二）生活及社交應用文書方面

在生活及社交應用文書部分，主要呈顯於升三所撰寫的諸多對聯、詩、書信，以及弔輓文章等實用漢詩文，而書寫的動機，主要是被動的接受請託，以及主動的社交需要等兩層次。就前者來說。傳統社會的讀書人屬於少數階層，像張麗俊這類的舊日儒生，自是民眾請託的對象，爲不諳文學雅馴的仕紳與庶民，提供典麗的文字，服膺傳統禮教的規範，以登大雅之堂。張氏接受請託的類別，則五花八門，舉凡新婚、新居、開業、喪葬等事宜，甚至是

〔註18〕同註12。見大正六年（1917）十月三十一日，頁105，107。
〔註19〕同註12。見大正六年（1917）二月五日，頁9～10。
〔註20〕同註4。見大正十二年（1923）三月三十一日，頁15～16。
〔註21〕如慈濟宮開光大典之〈信徒總代疏文〉，祭天上聖母誕辰之〈恭維〉祭文，《水竹居主人日記》（六），見大正十二年（1923）十月二十四日，頁107～109。大正十三年（1924）四月二十五日，頁190～191。
〔註22〕如〈慈濟宮後殿壁柱聯文〉、〈慈濟宮後殿三川壁十二孝堵柱聯文〉（二聯）：〈十二孝堵石柱對聯〉（二聯），《水竹居主人日記》（五），見大正十年（1921）八月三十一日，十二月二十五日，頁407～408，448。〈豐原慈濟宮十二孝堵碑文〉，見大正十四年（1925）七月三十一日，頁383～384。
〔註23〕同註15。見大正三年（1914）七月三日，頁66。
〔註24〕同註4。見大正十五年（1926）一月十六日，頁442～443。

籌備婚喪喜慶的儀式流程，皆是「服務」的範圍之內，且口碑甚佳，曾有登門求撰誄文者，升三原想推辭，但經再三懇求，並「言鏡堂推薦，惟君能勝此任也。無已，乃諾之。」〔註25〕可見其代撰文書的聲譽，在地方上是遠近馳名。按其代筆撰寫之對象，有以下三類。

應長輩之請而作。如代其師宗叔永發，作信要求乙未後內渡之謝頌臣回臺定居。〔註26〕大正二年十一月間，民政局長內田氏視察臺中，令各區長咏即事詩作爲紀念，墩區區長廖乾三請張氏代作七絕三首。〔註27〕次年三月，葫蘆墩公學校校長三田愛藏任職滿十五週年，當地仕紳舉行祝賀會，謝頌臣爲發起人總代表，〈發起人祝辭〉則委由張麗俊代筆。〔註28〕

爲親友代筆而寫者。如大正六年，臺北醫學校校長高木友枝在職十五週年，女婿袁錦昌乃其受業學生，張麗俊代作〈奉祝高木恩師奉職十五週年〉七律兩首祝賀之〔註29〕。如傅氏母親亡故，升三代友人書輓聯一副，並幫忙傅家處理喪務，擔任祭典禮生。〔註30〕

受大眾之託付者。如大正九年六月傅錫祺接任潭子區長，張麗俊接受該區保甲總代之請，代作〈送迎辭〉兩篇。〔註31〕大正十三年年中，葫蘆墩區長廖乾三過世，地方人士公推張麗俊爲墩區代表，請張氏撰寫誄文。〔註32〕應石匠陳昆元之託，代寫溪湖庄永安宮聖母廟之石柱聯字，前後兩次共五對。〔註33〕

第二，在主動的社交需要方面，傳統仕紳的角色，張麗俊的人際關係是多元開展的網絡，不論是詩友方面的往來，或是親友間的聯絡，皆需要寫作詩文，以維繫情感作爲交流，其文類與代人撰寫者相似，表現在書信、贈詩、和詩、祝賀詩、聯文、弔祭文、輓聯、輓詩等類，這類應酬性質的作品，數

〔註25〕同註15。見大正三年（1914）七月五日，頁67。

〔註26〕張麗俊《水竹居主人日記》（一），許雪姬、洪秋芬編纂、解說，中研院近史所，2000年11月初版。見明治三十九年（1906）四月三日，頁40～41。

〔註27〕同註11。見大正二年（1913）十一月二十五日、二十七日，頁437～438。

〔註28〕同註15。見大正三年（1914）三月二十七日，二十九日，頁25，25～29。

〔註29〕同註12。見大正六年（1917）九月十二日，頁87。

〔註30〕同註12。見大正十年（1921）八月三十一日，九月六日、七日，頁407，410～411。

〔註31〕同註12。見大正九年（1920）六月二十一日，頁292～293。

〔註32〕同註4。見大正十三年（1924）六月八日，頁209～210。

〔註33〕同註4。見大正十四年（1925）九月一日，十一月十七日，頁394，421～422。

量極多，反映出日治時期的臺灣漢人社會，仍然籠罩在漢民族的文化氛圍。

　　茲舉數例以觀其略，明治四十一年（1908）因鼠疫而至豐原的名醫黃玉階、葉錬金二人，治療結束北返之時，張麗俊贈詩七絕四首〔註34〕，多日後更修書一封〔註35〕，聊表感謝之意。同年，升三同友人至鹿港訪陳懷庭，爲感謝兩日的款待，回家後則致書答謝。〔註36〕又，明治四十五年（1912）六月中旬，櫟社十週年大會後因大雨導致交通中斷，升三滯留萊園多日，蒙俊堂、獻堂命人以肩輿運送，故擬〈贈萊園主人書〉表示感佩之意，並作詩七絕四首贈之。〔註37〕

　　舉凡親友生日、新婚、弄璋、弄瓦之喜、喬遷、喪葬等生命禮俗，張麗俊亦必定表示祝賀或慰問之意，並寫作合適的作品以致。如張母八秩晉一壽誕，並其子世藩新婚誌慶，升三不僅張羅儀式，更撰寫了壽壇的聯文數幅。〔註38〕櫟社葉篤軒父親、祖父重慶壽辰，升三作七律裱以金字贈之。〔註39〕陳瑚喜獲麟兒，升三贈詩二絕。〔註40〕親家袁炳修過世，張麗俊甚表哀傷，除作祭文悼念外，更爲其擇地風水，處理後事。〔註41〕相關作品數量繁多，在日記俯拾即是。另外張麗俊的贈詩、和詩，更是不勝枚舉。如贈櫟社林獻堂〈贈林獻堂社兄遊歐洲〉（七律二首）〔註42〕、贈藝妓月嬌〈贈月嬌女士〉（七絕）〔註43〕、和傅錫祺〈步鶴亭閒居〉（七律二首）〔註44〕。凡此數端，不僅凸顯了傳統漢詩文的實用性，同時也可理解，即便殖民統治時期，傳統漢詩文仍是漢人社會互動的重要社交工具。

〔註34〕同註10。見明治四十一年（1908）六月十九日、二十二日，頁59，61。

〔註35〕同註10。見明治四十一年（1908）七月一日，頁65～66。

〔註36〕同註10。見明治四十一年（1908）八月二十二日至二十三日，二十六日，頁82～85。

〔註37〕同註11。見明治四十五年（1912）六月十五日至十九日、二十五日，頁221～229、231～232。

〔註38〕同註15。見大正四年（1915）一月二十六日，頁142～143。

〔註39〕同註10。見明治四十三年（1910）三月五日，頁330。

〔註40〕同註10。見明治四十三年（1910）六月二十四日，頁376～377。

〔註41〕同註10。見明治四十三年（1910）五月三十日至六月一日，頁363～369。

〔註42〕張麗俊《水竹居主人日記》（七），許雪姬、洪秋芬、李毓嵐編纂、解說，中研院近史所，2004年1月初版。見昭和二年（1927）五月十五日，頁201～202。

〔註43〕同註42。見昭和二年（1927）九月七日，頁251。

〔註44〕同註42。見昭和二年（1927）六月二十七日，頁220～221。

三、抒發自我情性

　　有別於前二者有所爲而爲的寫作，此部分的詩歌創作是來自於日常生活的所得，作爲吟咏抒懷的管道，更是內向性抒發私我世界的心靈對話。不論是平生自得的恣意、身陷囹圄的悲憤、痛失親友的哀傷、子嗣分家的無奈、或是旅行紀遊的見聞，都透過詩句一點一點的建構，提供旁人窺視其內心世界的門徑。

　　平生自得的恣意，如〈自敘〉其二：「墩街日覺去歸來，傲得偷閒亦快哉，總把滄桑渾不管，兩三知己語忘回。」〔註45〕〈除夕〉：「詩篇祭罷醉瓊筵，男女歡呼壓歲錢，寶鴨香消除舊歲，金雞唱徹報新年。桃花洞裡神仙府，萱草堂中福壽聯，最是天倫眞樂事，家家此夕慶團圓。」〔註46〕其平時的閒適悠然、家庭生活的美滿和樂，吾人皆可從字裡行間讀出。

　　其自得意滿的理由，不僅止於此，地方上甚有名望的張麗俊，因擔任若干職務，使得他有餘裕可以作旅遊的行爲。縱覽日記，除去來回時間二日之內且距離過近者，張麗俊有二十三次的旅行記載，時間上，以三至五日的短期遊覽居多，但也有長達二十三天的日本之行。這些暢遊島內島外，飽覽各地風景名勝獨特的經驗，化成一首首詩作，或對現代文明的讚嘆、或對各地景觀的描寫、或是見歷史古蹟的懷舊感嘆，內容多元，往往讓張麗俊感慨萬千，其旅行各地所作之懷古詩作，約有七首，如至臺北曾遊劍潭寺，至基隆則遊前清砲臺；又如至臺南則有題五妃廟、開山神社等詩。其數量雖不多，但仍有可觀之處。

　　平時閒暇無事時，張麗俊喜讀傳統演義小說，讀物計有：《岳武穆全傳》〔註47〕、《八美圖》〔註48〕、《東周列國誌》〔註49〕、《石頭記》〔註50〕、《乾隆君私遊江南萬年青小說》〔註51〕、《明崇禎忠義錄》〔註52〕、《燕山外史》〔註53〕、

〔註45〕同註26。見明治三十九年（1906）六月二十日，頁76。
〔註46〕同註10。見明治四十四年（1911）一月二十九日，頁451。
〔註47〕同註10。見明治四十一年（1908）二月二十八日，頁13～15。
〔註48〕同註10。見明治四十一年（1908）四月十四日、十九日，頁33，34。
〔註49〕見明治四十四年（1911）五月十七日至六月六日，張麗俊《水竹居主人日記》（三），頁57～65；以及昭和三年（1928）八月十七日至十九日，二十八日，張麗俊《水竹居主人日記》（七），頁407～408，413。
〔註50〕見明治四十四年（1911）二月二十一，張麗俊《水竹居主人日記》（三），頁17～18；以及大正十三年（1924）六月二十三日、二十九日，張麗俊《水竹居主人日記》（六），頁218～219。
〔註51〕同註4。見大正十四年（1925）五月四日，頁347。
〔註52〕同註42。見昭和三年（1928）二月八日，頁317。
〔註53〕張麗俊《水竹居主人日記》（八），許雪姬、洪秋芬、李毓嵐編纂、解說，中

《中華民國演義》〔註54〕、《明朝忠義傳》〔註55〕等書籍，閱讀時常隨書中人物、劇情波折而有所起伏，如讀《岳武穆全傳》時，見岳飛一班英雄豪傑，被權奸陷害，以及秦檜一夥蠹害陰邪，凌夷忠良。極言：「眞令人怒髮沖冠」〔註56〕並幾度廢書打案。又如明治四十四年（1911）五月二十五日，夜讀《東周列國誌》，見楚平王之無道，被佞臣顛倒亂倫，讒殺忠良伍奢，又欲誘殺其子伍尙、伍員。張麗俊將此段落記入日記，並對相關人物各贈一絕。〔註57〕從此可見在思想觀念上，升三保有濃厚的歷史文化意識。

　　但快樂的時光總是過得特別快，人生難免苦多過樂，一生總是嶔崎磊落的張麗俊，在知天命之年，遭有心人誣陷，面臨人生的低潮，身繫縲紲達五個月之久。這段時間內，不僅失去了保正的職位，連最親愛的母親也因而撒手人寰，其憤懣化成了大量詩作，藉以抒愁解恨，入獄時所作〈自嘆〉、〈感懷〉兩題，其律、絕共有四十七首之多，而其餘寫實、詠物、詠史等詩作，亦有數十首，對升三而言，這一段獄中生活，使其詩歌表現出不同以往的風格，值得關注。〔註58〕

　　另外，所謂「家和萬事興」，張麗俊本想與幾個兒子們安穩度過晚年，但孩子們長大了各有妻室，彼此之間的嫌隙勢如水火，身爲一家之主的升三心頭苦痛在所難免，但實際上又無可奈何，遂以詩歌抒發之，如「憶昔牽裾繞膝歡，双親鞠育恐飢寒，於今長大分財產，須體慈心夢寐安。」〔註59〕父親對子嗣的遺憾、失望，在詩裡全都昭然若揭。

　　劉勰云：「人稟七情，應物斯感，感物吟志，莫非自然。」〔註60〕從上面有關抒情詠懷詩作的豐富內容，可以知道張麗俊在平時理性、客觀的處世態度背後，尚有一顆眞摯情感的心。

　　研院近史所，2004年1月初版。見昭和五年（1930）十月十九日、二十一日、二十八日，頁283～284、286。
〔註54〕同註53。見昭和六年（1931）五月八日，頁369。
〔註55〕同註42。見昭和二年（1927）四月十日，頁183～184。
〔註56〕同註10。見明治四十一年（1908）二月二十八日，頁13。
〔註57〕同註11。見明治四十四年（1911）五月二十五日，頁59～60。
〔註58〕關於張麗俊的獄中詩，可參考拙文〈張麗俊《水竹居主人日記》之獄中詩作試析〉，發表於「國立臺北教育大學臺灣文學研究所第三屆研究生學術研討會」，2006年5月6日。
〔註59〕張麗俊《水竹居主人日記》（九），許雪姬、洪秋芬、李毓嵐編纂、解說，中研院近史所，2004年11月初版。見昭和七年（1932）三月二十八日，頁42。
〔註60〕劉勰《文心雕龍·明詩》，王更生注譯，文史哲出版社，1991年9月，頁83。

第二節 《水竹居主人日記》之文學作品類型

前節略述《水竹居主人日記》中文學作品的寫作動機，包含參與詩會、社交應酬，以及自我詠懷等類，可以說是將傳統漢文緊密的與生活連接在一起。若依照類型區分，其文學作品則可以劃歸爲詩作、文章、書信、對聯等四類，在進行討論之前，需先掌握其作品的確切數量，根據筆者的統計，其日記中之詩作凡八百七十二首，文章有七十五篇，書信則有三十六封，而對聯共得三百三十三對，此統計結果已製成表格二、三、四呈現，附於內文說明。上述可知其作日記中所載之作品數量豐碩，更見升三寫作之殷勤，以下分項探討。

一、詩作

張麗俊的詩作，依照寫作目的，可區分爲內在私我的抒懷吟哦，如詠史、詠物、感懷、紀遊等詩作；以及社交聯絡性質的賀詩、輓詩、唱和、擊缽吟等二大類。此二者的書寫動機大抵如上節所述，至於詩作的表現形式與數量，根據筆者統計，升三以近體之七言律詩、絕句爲主要書寫形式，尤以七絕數量最爲龐大，共有五百三十三首之多；七律達三百餘首，其中約三分之二爲詩會課題；二十二首的五言律詩，以及四十五首的詩鐘，亦爲詩會活動的創作；古體長篇及詞作，分別僅有三首和一首，數量極少，五言絕句則未見。這樣的寫作形式，廖振富指出：「這可能是日治時期臺灣盛行擊缽吟詩會造成的書寫習慣有關，但也反映張麗俊沈穩謙和的個性特質」〔註61〕綜合前二章闡釋張氏的行事作風，的確可以看出其個性相當沈穩，反應至詩作上，應當如是，試舉詩作以覘，如七律〈星彈〉、〈雨絲〉〔註62〕：

〈星彈〉

絃聲隱約斗牛間，莫道雲屏中雀難，

時有連珠非逐突，曾無爲繳竟飛彈。

忽流銀漢蛟龍懼，似脫金弓月影寒，

兩箭偶然相擊射，卻疑天際起爭端。

〔註61〕廖振富〈日治時期臺灣傳統文人日常生活中的漢文書寫——以張麗俊《水竹居主人日記》爲考察對象〉，《《水竹居主人日記》學術研討會論文集》，臺中縣文化局，2005 年 9 月出版，頁 256～257。

〔註62〕同註4。見大正十三年（1924）九月二十四日，頁 260。

〈雨絲〉

萬縷繽紛繞翠微，江湖隨處綴蓑衣，

纏綿尚可牽詩興，散漫何堪繫夕暉。

四野空濛縫霧縠，一天暗淡織雲幃，

倘能籠絡春長在，錦繡乾坤賴化機。

其頷聯、頸聯的對句極為工整，用字也相當精準，將流星、細雨等自然世界彈指虛臾間的情狀，在律詩的體式內勾勒出來，造詞之工尤見一斑。然〈雨絲〉之頸聯「四野空濛縫霧縠，一天暗淡織雲幃」兩句文義相似，有「合掌」之嫌，此為可惜之處。詠物詩需要以較長的篇幅來鋪敘，而書寫自我情志的詠懷詩，則以絕句表現情感的直接，如〈眼疾有感〉（其三）：「刪刪瘦骨已難支，病債纏綿侮少兒，木草無情期有効，藥爐茶鼎未曾離。」〔註63〕，再如於獄中所詠之〈自嘆〉（其四）：「天外飛來事既奇，求疵急欲把毛吹，官威猛處官情薄，不念多年犬馬馳。」〔註64〕這兩首詩作，文句修飾無多，且用詞較平淺口語，用以表達內心情摯的苦痛，堪稱恰如其分。

值得一提的是，參與櫟社活動多年的張麗俊，曾對風靡當代的「擊缽吟」，做出如下之說明：

何謂擊缽吟？出詩題或詠物或詠史事，限鐘點交卷。僉二人為左右宗師，謄錄者將各人詩抄集二本，付宗師選舉元眼花臚四名，次選翰六名，又次選錄十名，各有輕重賞品，餘則不取亦不賞也。
〔註65〕

臺灣擊缽吟之風，日治時期尤盛，此項活動是高度講求才思之文學競賽，在限時限韻的壓力下，展現詩人文學素養。曩時櫟社定期集會的擊缽吟活動，經陳說其流程，更可彌補《櫟社沿革志略》之不足。關於擊缽吟，升三尚有一詩論及，見明治四十三年（1910）四月二十四日櫟社春會之課題詩〈庚戌櫟社大會即事〉：

幽僻池亭綺宴開，春風吹到謫仙才，

花香鳥語供詩料，水色山光入酒杯。

銅缽聲中檀板動，銀篸影下美人來，

〔註63〕同註10。見明治四十二年（1909）五月二十五日，頁175～176。
〔註64〕同註12。見大正七年（1918）十二月十一日之記事，頁220～221。
〔註65〕同註11。見明治四十四年（1911）四月一日，頁34～35。

　　年年勝會成佳例，屈指光陰已六回。〔註66〕
詩中呈現了當天詩會的宴飲之樂，七言律詩的形式，升三用春風、花鳥、
山水等自然景物，帶出了文人們的眼中世界是不同於凡俗，鳥獸蟲魚、天
光雲彩，都是詩人吟咏的來源。第五句之「銅鈸聲」即謂擊鈸吟，雖然本
詩非擊鈸吟詩之命題，但也凸顯了詩鐘為詩會活動的重頭戲，透過限時限
韻的擊鈸競吟，「使這些舊文人重溫舊式科舉揭榜之刺激與榮耀」〔註67〕，
櫟社舉辦詩會雅集，六年來已成為例行盛事，緊張的詩歌競賽，穿插著歌
舞美妓的娛樂調劑，不僅是傳統知識菁英的交誼模式，同時也延續著漢詩
文的命脈。

　　不同於近體詩對格律的嚴格規定，竹枝詞不拘格律，辭藻質樸俚俗，專
詠地方風土為其特色。張麗俊在該會上亦有一首竹枝詞的作品。即〈臺中竹
枝詞〉：「蠣粉墻頭繫玉驄，葫蘆墩賽大墩東，南腔北調酣人耳，眞個銷魂在
此中。」〔註68〕延續著竹枝詞的本色，以俚俗、質樸的口吻，不加修飾的詞
采，表現出臺中地區的風土民情。上面兩首作品因體裁的不同，產生了雅俗
風格上之差異，信手拈來，洋灑成篇，足見張氏的漢文素養甚深，能掌握住
不同體裁的寫作風格。

表二：張麗俊日記中之文學作品數量表：詩作

日記年份	五絕	五律	七絕	七律	古體	詩鐘	詞作
1906（明治 39 年）	0	0	26	0	0	0	0
1907（明治 40 年）	0	0	5	4	0	0	0
1908（明治 41 年）	0	0	32	6	0	0	0
1909（明治 42 年）	0	0	27	12	0	0	0
1910（明治 43 年）	0	0	24	5	0	0	0
1911（明治 44 年）	0	0	86	12	1	0	0
1912（明治 45 年，大正 1 年）	0	0	27	4	0	3	0

〔註66〕同註 10。見明治四十三年（1910）二十四日、二十五日、二十七日之記事，
　　　　頁 345～350。
〔註67〕黃美娥〈日治時代臺灣詩社林立的社會考察〉,《臺灣風物》第 47 卷第 3 期，
　　　　1997 年 9 月，頁 50。
〔註68〕同註 10。見明治四十三年（1910）二十四日、二十五日、二十七日之記事，
　　　　頁 345～350。

日記年份	五絕	五律	七絕	七律	古體	詩鐘	詞作
1913（大正 2 年）	0	2	14	13	1	0	0
1914（大正 3 年）	0	1	14	1	0	0	1
1915（大正 4 年）	0	0	10	4	0	0	0
1916（大正 5 年）	0	0	28	16	0	4	0
1917（大正 6 年）	0	0	0	9	0	0	0
1918（大正 7 年）、1919（大正 8 年）大正 7 年、8 年因張麗俊入獄故合併計算	0	0	46	59	0	0	0
1920（大正 9 年）	0	2	6	5	0	0	0
1921（大正 10 年）	0	0	6	7	0	0	0
1922（大正 11 年）、1923（大正 12 年）大正 11 年因日記僅記 1 月 1 日至 27 日，故與大正 12 年合併計算	0	0	10	3	0	0	0
1924（大正 13 年）	0	0	5	4	0	0	0
1925（大正 14 年）	0	0	8	0	0	1	0
1926（大正 15 年）昭和 1 年	0	1	29	27	0	0	0
1927（昭和 2 年）	0	3	6	15	0	0	0
1928（昭和 3 年）	0	1	24	20	0	0	0
1929（昭和 4 年）	0	1	16	7	0	1	0
1930（昭和 5 年）	0	2	11	13	0	2	0
1931（昭和 6 年）	0	1	14	10	1	0	0
1932（昭和 7 年）	0	2	19	12	0	10	0
1933（昭和 8 年）	0	2	15	9	0	7	0
1934（昭和 9 年）	0	1	7	20	0	13	0
1935（昭和 10 年）	0	1	9	8	0	1	0
1936（昭和 11 年）	0	2	9	9	0	3	0
1937（昭和 12 年）（日記僅至 2 月 4 日。）	0	0	0	0	0	0	0
小　計	0	22	533	314	3	45	1
總　計	869				3	45	1

二、文章

在文章方面，張氏所作之篇什，爲數雖比不上詩作，但仍有可觀之處，其類型可劃分爲：論述、記事、祝賀、弔唁哀祭、祭神之祝文等數類，數量則在十五篇上下，其中以記事文二十三篇爲數最多，祝賀文七篇最少。以下舉例說明。

論述者，如第三章第三節所引出之〈慈濟宮修繕落成陳情宣傳書〉，以及〈重親族權以防子弟〉、〈定用埤圳以保水利〉、〈廢共同秧籍以便農民〉等文，此類文章重在論說道理，闡述一己之見地，說服眾人順從接納。以〈廢共同秧籍以便農民〉爲例，豐原人民以農耕爲主，且漢人自古以來即有一套自己的耕作方式，殖民者不察，制訂「共同秧籍」政策，讓農民甚感不便且困惑，升三作此文以告知上層民間實況，引初以見：

> 秧籍亦農家重要之地，一年兩季攸關，故冬溫夏清，原有定地。今
> 農會拘以共同，不特此疆爾界位置爲難，且秧苗多有遷地弗良之慨，
> 蓋秧籍之共同，亦冀禾稻之豐稔，而禾稻之豐稔，係深耕易耨、灌
> 水施肥之功，非秧籍共同之力也。故共同秧籍一設，各保正每多異
> 議，諸農家亦多饒舌，觀今年早季不共同，人皆甚喜，晚季欲共同，
> 又以爲憂，當道欲便民，廢共同亦便民之一端也。〔註69〕

此文針對政策，指出不合實際農作需要之處，並認爲農作之豐收，並非單單將秧苗同置一地即有成效，而是在於農人勤奮的深耕易耨、灌水施肥，大和民族與我漢族習慣相去甚遠，日人統治不思人地風尙差異，施行不符臺灣農民慣常的措施，必定招致民怨，故言「各保正每多異議，諸農家亦多饒舌」，而且朝令夕改，早季秧籍不共同，晚季復又改易，讓人無所適從，有感於此，遂提出此文，希望將此不甚福國利民的政策一舉廢除。

記事者，如〈小東山別墅落成記〉〔註70〕、〈赴少超君靜功園晚宴序〉〔註71〕、〈葫蘆墩開討伐太魯閣番人夫慰安會〉〔註72〕、〈觀月會短引〉〔註73〕、〈警鐘臺記〉〔註74〕等文。以〈小東山別墅落成記〉來說，此文記述其師謝頌臣「小

〔註69〕同註11。見明治四十四年（1911）二月九日，頁9～11。
〔註70〕同註26。見明治三十九年（1906）四月二十一日，頁50～52。
〔註71〕同註10。見明治四十一年（1910）十一月三日，頁424～425。
〔註72〕同註15。見大正三年（1914）十月十日，頁106～107。
〔註73〕同註12。見大正六年（1917）十月一日，頁94。
〔註74〕同註42。見昭和二年（1927）七月十日，頁224。

東山別墅」竣工,以及為慶落成所舉辦詩文雅會之過程。引出該文以見:

> 揀東中田有廬,謝老先生頌翁者,……性孝友,好山水,……命令
> 震郎春池君,開桑田,築茅屋,為暮年釣遊之所。丙午春三月念八
> 日,茅居落成,邀親朋弟子往慶者十有餘人,半是文章爾雅之士,
> 余忝隨驥尾,以步後塵,則見位置幽敞,景物明媚,似入桃源洞裡
> 焉,……未幾夕陽在山,主賓入席,雛妓侑酒,咸傾北海之樽,騷
> 客敲詩,共剪西窗之燭。少焉絲竹管絃,洋洋盈耳,幾與蘭亭金谷,
> 媲美爭光,今而後亭池既定,園囿將興,……東山亦因之而始彰,
> 百世下雖牧子樵夫,入清濁之谿,登東山之嶺,必指相謂曰,此謝
> 翁小東山別墅也。余不惴固陋,謹撰俚語,不知所謂,特以誌當時
> 之盛況云。

「小東山別墅」為謝頌臣於明治二十九年(1896)回臺定居後,在大坑清濁
水口購地所建之桃花源。根據張麗俊日記,該別墅落成於明治三十九年(1906)
四月二十一日,是日起一連兩天舉辦慶祝會,升三除作該文外,日記裡有各
地詩友共相慶祝的描繪:「……全瑜璧、炳修乘滊車往潭仔墘,會合林癡仙、
傅錫祺、林聘三、林載昭、林開秀、林阿甲等,並妓女阿嬌、玉葉全謝頌臣
先生,往清濁水口,慶小東山別墅落成式也。近四時方到,則見青山綠水,
開人心目,向晚入席,侑酒者則有阿嬌,献酬之間,主賓疑〔款〕洽,洵堪
稱盛會也。未幾席散,或奏管絃,或歌詩章,直鬧到翻轉二時方各就寢。」〔註
75〕宴席間杯觥交錯。騷人墨客的雅興就連凌晨突發的地震也沒能打消,日記:
「午前三時餘地震,謝先生登堂一呼,眾皆在夢中躍起,甚有不及履者。七
時俱到山中遊玩,及午再開筵,午後各歸。」〔註76〕生動地描寫出當時的情
景,這場雅集儼然一幅臺灣傳統文人交誼的生活圖像,張麗俊文中所謂之「幾
與蘭亭金谷,媲美爭光」實在貼切。

　　祝賀文者,其寫作動機多圍於社交應酬,如〈解纏足會祝辭〉〔註77〕、〈慶
饗老典文〉〔註78〕、〈恭祝天長節〉〔註79〕,以及為葫蘆墩公學校長三田愛藏

〔註75〕同註26。見明治三十九年(1906)四月二十一日之記事,頁50。
〔註76〕同註26。見明治三十九年(1906)四月二十二日之記事,頁54。
〔註77〕同註15。見大正四年(1915)一月十六日,十八日,頁138～139。
〔註78〕同註15。見大正四年(1915)十二月十二日之記事,頁268～270。
〔註79〕同註12。見大正六年(1917)十月三十一日,頁105,107。筆者案:引文中
　　　之標點為筆者重新標注。

「續勤十五週年祝賀會」所撰寫之〈發起人祝辭〉、〈生徒父兄祝辭〉〔註 80〕等文。這幾篇文章或讚揚、或擁戴殖民統治者，展現祝賀者對其之歌頌，就寫作目的來說，的確是掌握了祝賀的本質，撇開社交應酬的客套浮誇，專就文學層面來說，辭采實屬斐然，如〈恭祝天長節〉全篇以駢體文寫作，文字功力超脫凡俗，試看其中一段：

> ……恭維　今上陛下，乃聖乃神，允文允武。建斯皇極，承厥天休。繼統伊始，懲暴德克奏膚功；立儲以來，恤災黎屢施善政。由大智以臨民，本至仁以育物。聖恩浩蕩，六合咸養和平；帝德高深，萬民端躋仁壽。効唐虞之治以爲治，秉天地之心以爲心。昭哉皇矣，固宜永保昌期；巍乎煥焉，孰不同欽盛德。當此壽宇宏開，皇風遠布，南面之聲教旣被，北面之瞻仰益多。合萬國而群呼壽考，拜手堯廷；集千官而共慶天潢，傾心舜陛。萬歲之聲震地，三多之祝達天。瑞菊燦御苑之花，千莖競秀；祥雲繞紫宸之殿，五色氤氳。懿歟休哉，蔑以加矣。……。

句式有單句相對者「乃聖乃神，允文允武」、「効唐虞之治以爲治，秉天地之心以爲心」，亦有兩句相對者，「聖恩浩蕩，六合咸養和平；帝德高深，萬民端躋仁壽」、「合萬國而群呼壽考，拜手堯廷；集千官而共慶天潢，傾心舜陛」。在歌功頌德的虛假文字背後，表現出張麗俊精湛華麗的寫作技巧。

　　在弔唁哀祭的文章方面：有悼念親朋好友之誄文、吊詞、祭文，如〈誄張乾三文〉（筆者案：張乾三即廖乾三，民間習俗生廖死張，故廖氏死後改稱之。）〔註81〕、〈吊方玉榮哀詞〉〔註82〕、〈祭母文〉〔註83〕、〈祭徐氏妹文〉〔註84〕等文。以及祭祀神衹的祝文：如〈祭聖母祝文〉〔註85〕、〈祭后土文〉、〈祭龍神文〉、〈祭祖墳文〉〔註86〕等。就前者來說，誄文乃累其德行以表彰也，其寫作要旨，劉勰認爲：「蓋選言錄行，傳體而頌文，榮始而哀終。論其人也，曖乎若可覿，道其哀也，悽焉如可傷。」〔註87〕，試觀〈誄張乾三文〉

〔註80〕 同註15。見大正三年（1914）三月二十七日，二十九日，頁25～28。
〔註81〕 同註4。見大正十三年（1924）六月八日，頁209～210。
〔註82〕 同註59。見昭和七年（1932）六月四日，頁86～87。
〔註83〕 同註12。見大正七年（1918）九月二十九日，頁210～211。
〔註84〕 同註42。見昭和三年（1928）五月二十日，頁364～365。
〔註85〕 同註11。見明治四十五年（1912）五月十一日，頁207～208。
〔註86〕 同註12。見大正六年（1917）七月二十八日，頁67～68。
〔註87〕 同註60。劉勰《文心雕龍・誄碑》，頁206。

內容，細數廖乾三生前的種種嘉行，字裡行間傾注淡淡的思念，雖作此文是
因鄉人推舉，但可謂情感眞摯，試看一二：

> 人之生也如寄，人之死也如歸，生死者人所不免，第生既碌碌無聞，
> 死則汶汶沒世者，君子所深疾也。流芳百世者無論矣，而遺愛一時
> 者能幾人，愚等於 張翁乾三不禁大爲感想焉。 翁品純厚性質樸，
> 元住西大墩，爲族親鄉黨所器重，排難解紛事必與聞，……稱模者
> 廿一年，賜紳章、賞褒狀，大有榮施焉。去年秋古稀進一，豐原人
> 士假慈濟宮開祝賀會，……豈料風雲不測，麥秋生東閣之悲，……
> 爰作俚歌以誄 翁。

至於後者的神祇祭文，用詞則莊重肅穆，表現對受祭祀者的尊重，如重新
修建祖墳一事，升三親自選地、監工，前後忙碌了近半年，在完工之日，
張氏作了〈祭祖坟文〉以告先祖父兄，並依傳統習俗舉行祭禮，另作有〈祭
后土文〉、〈祭龍神文〉稟告山神后土，展現張麗俊民間習俗的虔誠與儀式
的熟稔。

表三：張麗俊日記中之文學作品數量表：文章

日記年份	論述	記事	祝賀	弔唁哀祭	祭神祝文
1906（明治 39 年）	1	1	0	0	0
1907（明治 40 年）	0	0	0	0	0
1908（明治 41 年）	1	1	0	0	0
1909（明治 42 年）	0	0	0	0	0
1910（明治 43 年）	0	1	0	2	0
1911（明治 44 年）	4	1	0	2	1
1912（明治 45 年）（大正 1 年）	0	0	0	0	1
1913（大正 2 年）	0	2	0	0	0
1914（大正 3 年）	0	2	2	1	0
1915（大正 4 年）	0	2	0	0	0
1916（大正 5 年）	0	0	0	2	0
1917（大正 6 年）	2	1	1	0	3
1918（大正 7 年）、1919（大正 8 年）因張麗俊入獄故合併計算	0	0	1	0	1
1920（大正 9 年）	0	0	2	0	0

日記年份	論述	記事	祝賀	弔唁哀祭	祭神祝文
1921（大正 10 年）	0	0	0	1	0
1922（大正 11 年）、1923（大正 12 年）大正 11 年日因記僅記 1 月 1 日至 27 日，故與大正 12 年合併計算	0	0	1	0	1
1924（大正 13 年）	0	0	0	1	3
1925（大正 14 年）	0	1	0	0	2
1926（大正 15 年）昭和 1 年	1	1	0	1	3
1927（昭和 2 年）	0	2	0	0	0
1928（昭和 3 年）	0	4	0	1	0
1929（昭和 4 年）	1	1	0	0	1
1930（昭和 5 年）	0	0	0	0	0
1931（昭和 6 年）	0	0	0	2	0
1932（昭和 7 年）	0	0	0	2	0
1933（昭和 8 年）	1	3	0	0	0
1934（昭和 9 年）	0	0	0	0	0
1935（昭和 10 年）	0	0	0	2	0
1936（昭和 11 年）	0	0	0	1	0
1937（昭和 12 年）日記僅至 2 月 4 日。	0	0	0	0	0
小　　計	11	23	7	18	16
總　　計	75				

三、書信

在書信作品部分，根據前述之書寫動機，有代人撰稿者，亦有主動寫作者，據筆者統計，前者有十篇，後者則有二十六篇，從數量上可以推測，當時傳統文人的溝通媒介，書信仍佔有重要的位階。張麗俊這一類的作品，雖帶有濃厚的實用性，但文學層面的修辭技巧則無庸置疑，即便在表現實用功能的應用文體，升三仍有部分的書信作品真摯動人，試舉二例以見：如年屆二十一的兒子世垣至汕頭簡永樂大和醫院工作，心繫兒子隻身在異地，作為父親只能以書信表示關切。行事周全的張麗俊，除了修書致兒外，也給大和醫院的負責人一封文情並茂的信函，信是這麼說的：

敬啓者：薰風解慍，夏日蒸威，柳陌垂青，足遣高人逸興，蕉窗分
綠，猶開韻士襟懷，故名與時俱進者，業亦因人而成矣。遙想先生，
春風有術，國手堪誇，定卜吉人天相，福祉日增，可欣可賀。茲者
豚兒世垣前渡南支，安居貴院，於今既四匝月矣，蒙先生厚惠，指
不勝屈。愚本早修書奉候，奈因蝟務牽纏，故遷延至今，殊爲失禮。
但先生原亦連鄉之人，諒不爲愚咎也。然先生雖遠客他鄉安居樂業，
此處風土人情事事諳練，世垣初心渡支，覓餬口之計，而徒飄蓬梗
殊屬，祈先生指教羈旅之人，寄法保身爲重，倘事不如意，前無厚
望，所謂臨淵羨魚，不如退而結網，愚直之言先生高見，進退代世
垣決之。言難筆盡，修此奉達，順候金安。〔註88〕

從信中語氣看來，這位簡永樂先生應該也是出身臺中，後至大陸定居。將兒子託付給同鄉之人，相信張麗俊的心中必然安定不少，因此才會在兒子過去汕頭四個月後始修書以達，但從信中汨汨流洩出的父愛，吾人可以想見升三對兒子的關心，在異鄉可以安身立命，進而託付永樂先生能有所照顧，希望「進退代世垣決之」，親情之切以此窺知。

就在世垣到汕頭不久後，女婿袁錦昌亦在是年六月至上海開業行醫。對升三來說，錦昌是早逝的好友袁炳修之子，其情分早已超越了岳婿之間，視錦昌猶如自己的孩子。因此，當錦昌在上海面臨到資金不足的問題，當下只有寫信向岳父求助，無奈張麗俊並非巨賈豪商，對於女婿要求的二千餘元，心有餘而力不足，只得復書告知：

……悲者何，悲愚無力援助也。子之前書如登首山，呼者雖易，應者
寔難，前日懋球、坤瑞二君來敝相商援子之策，愚嘉其志，勸其鼎力
周旋，……倘能有濟，子之幸也，不濟，愚將孤掌難鳴也。愚之家計
子所知也，誠有志而未逮，非錢房之空守，愚故知成大業者必有大才，
獲厚利者端資厚本，天下事豈有以隻手而可撐天者。故前勸子奉職，
不敢贊子開業者，職是故也。……弍千餘金諒能代籌，蓋子之在此急
似燃眉，只候故鄉親友大表同情，恐遷延時日，何異汲西江以救涸鮒。
夫故鄉狀況子所深知，居遊與共者多，休戚相關者少，子試思之，得
援子者能有幾人，況金融困乏，欲其割肉醫瘡尤難焉者。愚故曰：托
〔託〕翁君代籌，然後徐圖奉趙，未審翁君尊意若何？子之計算若何？

愚意以速爲妙也，所冀者子其勉之。遠客他鄉，立志守身爲本，宜思令先君去世星霜十閱鐘鼓，旋非子今能充閭，庶可對彼都人士者，亦可慰梓里親朋也，愚亦有榮施焉，……。〔註89〕

信中層次分明，情理兼顧，女婿開業資金需求孔急，張麗俊雖明白此點，但也只能向友人尋求協助，然能否獲得實質的協助仍在未定之天，從而再次闡述其原本即不贊成女婿自行開業，如今金錢問題讓他的創業之路難以爲繼，著實讓升三苦惱不已。再者，人與人之間最怕談論借錢，即使親兄弟也要明算帳，這二千餘元的資金要如何籌措，難怪升三要發出「居遊與共者多，休戚相關者少」的感嘆，即便如此，張麗俊還是與親友盡力湊齊了八百元給錦昌應急〔註90〕。張氏對女婿的疼愛，並不止於此，更希望他能夠開創自己的一片天，對得起過世已久的父親，以光耀袁家門楣。從上述二例可以瞭解到張麗俊對於家庭成員的看重，不只是流著同樣血脈的兒子，連異姓的女婿，張氏都給予同樣的關懷。

四、對聯

在對聯的部分，依照性質的不同，約有喜聯、輓聯、寺廟楹聯等三大類，數量上以喜聯的寫作爲盛，總計有一百五十六則，其次則是寺廟楹聯，共有九十九對，輓聯則有七十八對，總數凡三百餘則，是僅次於詩作的文類作品。

喜聯有祝賀的功能，新婚、新居、開業、賀壽等喜慶事宜，皆可以聯文恭賀。如「母壽祝稱三，八袤筵開王母壽；男婚完第二，六親賀並坎男婚」、「玉宇風清，堂上萱花呈晚茂；瓊林日暖，堦前桂子發春華」二聯〔註91〕，乃升三爲母親八十一歲壽誕與次子世藩婚禮所寫之庭柱聯與廳門聯，其共同特色爲在一聯之中，將母親生日、兒子完婚二事，鎔鑄成完整的上下聯。

再如「水色山光，遠映荊花滿樹；竹苞松茂，宏開奕業丕基」〔註92〕、「元季聯芳，人傑追踪湖海；山川拱秀，地靈首出溪洲」〔註93〕兩聯，則是張麗俊爲人代撰之新居門聯。前者上下兩聯分別以遠景、近景來表現，外有山水，

〔註89〕同註12。見大正十年（1921）七月三十日，頁393～394。

〔註90〕同註12。見大正十年（1921）九月十日，頁413。

〔註91〕同註15。見大正四年（1915）一月二十六日，頁142～143。

〔註92〕同註15。見大正四年（1915）四月八日，頁172。

〔註93〕同註4。見大正十二年（1923）八月十五日，頁79。

內有松竹，在升三的筆下，這樣生氣盎然之處，乃安身立命之上選。後者則以託付者的特徵入手，上聯用「元季」點出受託者為兄弟，復以「溪洲」入句表明新居地點，兩組特徵一首一尾，因人而異的書寫，將漢詩文之藝術性發揮到極致。

　　第二，在輓聯方面，對於社會地位頗為重要的張麗俊來說，其至親摯友、地方賢達、詩壇交遊，乃至於左右鄰居等人際網絡，無論是本人或其尊長過世，皆有書寫輓聯表示哀悼之意，除切合傳統喪俗之禮外，更能因身份位階的不同，而有不同的書寫。具體例證如「幼學芸窗，憶爾室空言，未解吟詩談古事，歌聞薤里，問誰家密感，曾來拭淚送君歸。」〔註94〕一聯，是為庄人張星輝所撰，因其人平生雖有讀書，然詩文全無，且性好遊花街、談小說，聲名不甚磊落，升三憐其無人聞問，故作此聯輓之。

　　櫟社社友黃旭東，於大正二年（1913）五月間與林獻堂同遊海外時，不幸染病而亡於東京，客死異鄉實屬人間憾事，櫟社同仁林癡仙、傅錫祺皆有輓聯弔唁，升三輓聯則寄予無限感慨：

　　　芝草採雲間，當年詩酒談心，社會方期身健在，

　　　微星沈海表，此日人天撒手，妻兒空悵骨灰歸。〔註95〕

所謂「芝草」、「微星」皆有賢士之意，「採雲間」、「沈海表」指黃旭東驟然消逝，想起當年共同參與詩會，飲酒作詩的快活，對照當下撒手人寰的悲痛，其死帶給妻小多少的不捨，社會多大的震驚。

　　又，張麗俊與林聘三、林載釗叔姪二人皆有接觸，但因應著關係的差異，其輓聯的寫作表現亦有所不同。如張麗俊與林聘三乃昔日同窗，聯文以聞雞起舞、鐵杵磨墨等典故切入，即：「舞著祖生鞭，想當年志勵雞窗，共我磨穿鐵硯；文修顏子筆，痛此日魂登鶴駕，憐君擊破銅琶」〔註96〕而林載釗則是櫟社社員，平時對文化革新事業積極參與，並擔任豐原店員會、工友會的夜學老師。升三則在其死後，接任其夜學的遺缺（詳第三章第一節），載釗的往生，讓升三感嘆：「吁！載釗君數年來熱心文化、鼓舞地方、開啟人智，獻身作社會犧牲，今日之死人都痛惜之。」〔註97〕循著這層脈絡，其輓聯如下：

〔註94〕同註42。見昭和三年（1928）六月二十九日，頁383～384。
〔註95〕同註11。見大正二年（1913）十二月二十九日，頁452～453。
〔註96〕同註11。見明治四十四年（1911）三月二十一日，頁29～30。
〔註97〕同註42。見昭和三年（1928）七月十四日，頁391。

作中流砥柱，作社會犧牲，勇敢如君，豈獨騷壇推健將，

痛壯歲賓天，痛斯文墜地，攸關似子，同來員寶吊靈魂。〔註98〕

此聯為載釗事蹟作了最好的詮釋，也以此送他最後一程。

　　第三，在楹聯方面，書寫於廟宇、墳墓之楹柱對聯。張氏常見的寫作方式，則有將地名、神祇名、廟宇名，或鑲嵌、或冠首、或置句末，亦有其義表示者。鑲嵌者，如幫翁仔社新建福德廟撰柱聯，分別將供奉的神祇（天上聖母、福德正神），以及所在的地點（翁仔社），鑲嵌入聯句中，試舉三聯以見：

福德為鄰，翁想當年，集腋成裘，永享千秋祀典，

聖功並郊，社看此日，同心補袞，宏開萬世規模。

厚德頌翁媼，迴思配地稱神壽，並青山春不老，

豐功施社稷，景仰齊天則聖恩，同碧海日長流。

人既稱翁，崧嶽鍾靈，合子女丁男同登壽域。

莊而立社，山川毓秀，統閩疆粵境共沐恩波。〔註99〕

　　冠首者，如溪湖庄永安宮聖母廟石柱，則是以「溪、湖、永、安」四字為首，冠成聯文二對：

溪水泛慈航，偕斯民並濟，

湖山崇壽域，徯我后同登。

永享馨香，浩蕩神恩流海島，

安居寶座，昭明聖德映湖莊。〔註100〕

　　另外，新高郡聚集街廣盛宮〔註101〕聖母廟之柱聯，乃將「廣盛」、「新高」兩組名號，特別留至聯句的最後，聯首則以「聚、集」二字冠於前，且將當地特殊的自然景致納入句中，可謂匠心獨具。

聚水環山，看日月成潭恰好，宮名廣盛，

集金營殿，溯雲林署縣尤宜，郡號新高。〔註102〕

〔註98〕同註42。見昭和三年（1928）六月二十九日，頁393～394。

〔註99〕同註12。見大正十年（1921）五月二十七日，頁363～364。

〔註100〕同註4。見大正十四年（1925）九月一日，頁394。

〔註101〕按：根據《水竹居主人日記》（九）昭和八年（1933）十二月十八日之附註，廣盛宮位於今南投縣集集鎮。故聚集街應為集集街之誤。頁344。因此內文所引之上聯首字，原文作「聚」，應為「集」才是，但考量原文用字，於此說明之，內文不作修正。

〔註102〕同註59。見昭和八年（1933）十二月十九日，頁345～346。

然而這樣別具用心的聯文，想必張麗俊必定造訪過集集街，但事實不然，文學畢竟是可以透過想像、揣摩的，升三拗不過人情請託，只好花費半天的時間，才寫出這麼一幅自己滿意的作品。〔註103〕

最後一種方式則是以意義表示，沒有在聯句中置入任何相關的名稱，如慈濟宮後殿壁柱的聯文：「我輩司修經年方造觀音殿，君曹寄附暇日來遊媽祖宮。」〔註104〕直接將諸生大德寄附營繕慈濟宮的捐輸，轉化爲他日來遊媽祖宮的動機，相當生動有趣，也讓民眾瞭解自己小小的捐獻，乃成就修繕慈濟宮更爲完備之大業。

表四：張麗俊日記中之文學作品數量表：書信、對聯

日記年份	書　信		對　聯		
	代人撰稿	主動寫作	喜聯	輓聯	寺廟楹聯
1906（明治 39 年）	4	0	1	0	2
1907（明治 40 年）	0	1	0	0	0
1908（明治 41 年）	0	4	0	0	0
1909（明治 42 年）	0	3	0	0	0
1910（明治 43 年）	3	1	1	0	2
1911（明治 44 年）	1	5	0	3	5
1912（明治 45 年，大正元年）	0	1	1	0	1
1913（大正 2 年）	0	0	0	1	7
1914（大正 3 年）	0	0	4	2	8
1915（大正 4 年）	1	0	36	4	5
1916（大正 5 年）	0	0	1	4	4
1917（大正 6 年）	0	0	0	1	0
1918（大正 7 年）、1919（大正 8 年）大正 7 年、8 年因張麗俊入獄故合併計算	0	0	0	5	0

〔註103〕同註59。見昭和八年（1933）十二月十八日、十九日，頁 344～346。
〔註104〕同註12。見大正十年（1921）八月三十一日，頁 407～408。

日記年份	書　信		對　聯		
	代人撰稿	主動寫作	喜聯	輓聯	寺廟楹聯
1920（大正 9 年）	0	0	0	3	1
1921（大正 10 年）	0	3	25	4	16
1922（大正 11 年）、1923（大正 12 年）大正 11 年日因記僅記 1 月 1 日至 27 日，故與大正 12 年合併計算	0	4	16	4	3
1924（大正 13 年）	0	1	16	3	8
1925（大正 14 年）	0	0	25	3	9
1926（大正十五年，昭和元年）	0	0	1	3	4
1927（昭和 2 年）	0	0	1	5	0
1928（昭和 3 年）	0	1	16	3	2
1929（昭和 4 年）	0	0	1	3	0
1930（昭和 5 年）	0	0	1	2	1
1931（昭和 6 年）	0	1	2	6	0
1932（昭和 7 年）	0	0	1	10	8
1933（昭和 8 年）	1	0	1	2	4
1934（昭和 9 年）	0	0	1	2	7
1935（昭和 10 年）	0	1	3	1	0
1936（昭和 11 年）	0	0	1	4	2
1937（昭和 12 年）昭和 12 年，日記僅至 2 月 4 日。	0	0	1	0	0
小　計	10	26	156	78	99
總　計	36		333		

　　本章陳述《水竹居主人日記》中文學作品的寫作動機及其類型，關於動機者，該節標舉出三大類，可知除了詩會與平時吟詠之外，爲因應社交活動，所以寫作文章、書信、對聯等詩作以外的文學作品，進而透過第二節的分析，可以對上述之四種作品類型，以及數量有更爲清楚的瞭解與掌握。從這兩節

的說明始可確信，在漢學傳播與維繫上，張麗俊作出了相當大的貢獻，扮演
「菁英文化與庶民文化之中介者」角色〔註105〕。對於其文學作品背景知識有
了概括的掌握之後，繼而本文將自這些類別相異的作品裡，試圖歸納出張麗
俊文學作品的內在主題，進一步的探究其文學作品反映出何種的價值觀念。

〔註105〕同註61，廖振富〈日治時期臺灣傳統文人日常生活中的漢文書寫——以張麗
俊《水竹居主人日記》為考察對象〉，頁289。

第六章 《水竹居主人日記》之文學 作品主題探析（上）

　　張麗俊日記中之文學作品數量繁多，吾人依據這些作品之主題內涵，嘗試歸納為四大部分，即：內在情感的表現、外在世局的應對、過渡時代的文化思維與行旅視野。前二者著重在表現張麗俊的個人情志，以及身為傳統文人，面對日本統治的權變與想法；後二者則聚焦於在時代演變下，剖析張麗俊夾雜新與舊的文化觀念，以及不同於一般人的旅行視野。希望透過本章與次章不同層面的討論，能夠建構張麗俊文學作品的多元面貌。

第一節　內在情感的表現

　　抒情感懷之作，反應著寫作者的內在情志，在張麗俊平順的生活裡，曾走過生命的幽谷，以及面對失去親人的苦痛，更有對現實生活的自適與感嘆。本節擬從這三個面向，分別說明張麗俊抒情詩作之內涵與特色。

一、身陷囹圄的悲憤

　　大正七年（1918）的夏天，張麗俊被誣指收買官廳，遂遭到羈押而關入黑牢，經過臺中地方法院前後七個多月的審理調查，張氏不服判決，再至臺北提出二審訴訟，九個多月後，終於還張氏一個清白，惟前者羈押於獄中的時日，名譽掃地、母親辭世，無疑是他人生最為低落的時期。此起事件發展冗長，歷時約莫一年半，為避免焦點紛亂，特以表格呈現此事件的時間點，以清眉目。

表五：張麗俊入獄事件大事記

日　期		重要事項
大正七年（1918）	七月二十四日	臺中廳葫蘆墩支廳傳喚張麗俊，訊問後當場羈押。
	八月五日	警部補傳喚升三，查問事情原委。
	八月八日	此案移送臺中檢察局（即臺中地方法院），檢察官偵訊後入監留置。
	八月十日	初審首次開庭。
	八月十八日	檢察官再次傳訊張麗俊、張宏、莊鳳等人，於庭上交相對質。
	九月二日	准以獲釋。
	九月九日	母親已呈現昏迷，延至翌日撒手西歸。
	十二月十一日	張麗俊偕同其子、親戚、徐氏妹等人出庭應訊，當日再度入監。
大正八年（1919）	四月至五月間	張麗俊陸陸續續接受了六次的偵訊
	五月十一日	獲得假釋
	六月五日	宣判審理結果，法官裁定張麗俊有罪，判刑期十個月。當日決議上訴覆審法庭
	十二月十六日	張麗俊與相關人等接受二審法官的訊問
	大正九年（1920）三月十六日	二審法官宣判張麗俊無罪，並將地方法院的判決取消。

　　升三將入獄之憤恨化爲詩作，傾吐心中鬱悶，悽清哀愁的苦痛，一改平時溫和的風格，讀來感受格外深刻。詳查張氏獄中詩創作的時間點，根據日記上的紀錄，有以下四個日期：大正七年（1918）的十二月十一日、大正八年（1919）的二月七日、二月十九日，以及五月十二日。可知其詩作多集中於入獄的初期所創發，書寫主題以發洩心中塊壘爲要，以自嘆與感懷爲題之詩蔚爲大宗，共四十七首，另有寫獄中生活、詠物、詠史等作品，其獄中詩作凡得九十六首，爲檢索方便，另製「張麗俊獄中詩作一覽表」（參見附表六），以供參考。

　　大正七年十二月十一日，案子開庭審理，張麗俊入監候傳，這是他第二次、也是經歷母喪後再度入獄，此次雖心有不甘但卻無從辯駁，發出「慘莫可名狀矣」〔註1〕之悲鳴，在內心憤恨無以宣洩之際，遂「在監自嘆作詩」

〔註1〕張麗俊《水竹居主人日記》（五），許雪姬、洪秋芬、李毓嵐編纂、解說，中研院近史所，2001年8月初版。見大正七年（1918）十二月十一日，頁220。

〔註2〕。其詩題有〈自嘆〉、〈感懷〉。先看〈自嘆〉七絕十首：

自嘆

出入頭顱帶草籠，居然無面見江東，
賢愚到此知誰是，公冶當年縲絏中。

獨坐無聊數點鐘，行天赤日尚瞳瞳，
修書欲達義和御，爲我加鞭過陳蹤。

此事經秋又及冬，操戈入室自相撞，
可憐未解依脣齒，虞虢原來共一宗。

天外飛來事既奇，求疵急欲把毛吹，
官威猛處官情薄，不念多年犬馬馳。

空從十載臥寒窗，白首青雲志已龐，
況是文章憎命達，騷壇有句冷吳江。

人言嘖嘖是耶非，覆雨翻雲壓少微，
市虎何來嗟可信，曾參也累母投機。

一双肉眼嘆無珠，悞認昂藏是丈夫，
害甚曹交長食粟，好將獸類上豬屠。

簞瓢陋巷贊顏淵，我在烏監學大賢，
畢竟身心真踟躕，何時飛躍等魚鳶。

儘日跏趺欲學禪，腥葷未戒禁茶烟，
何時遺蛻空山上，證我身元見大千。

寒蟲寂寂聽無聲，長夜漫漫電火明，
想到長沙曾受屈，愁多似縷夢難成。〔註3〕

第一次被囚禁於監獄內，內心的苦痛藉由上面的詩作，即可窺見一二。這十首
〈自嘆〉的七言絕句，即自言無顏面對江東父老，就算平素爲人處事有一定的
分際，但是在這個事件上，自己的判斷或能稱的上是愚笨了，在此借用公冶長
之典，說明自己乃遭人誣陷，假以時日定能再展鴻圖。而獨坐獄中的百無聊賴，
則想修書給駕車運日的「義和氏」，希望能爲自己加快速度，讓無奈苦悶的獄中

〔註2〕同註1。見大正七年（1918）十二月十一日，頁220。
〔註3〕同註1。見大正七年（1918）十二月十一日，頁220～221。

時間可以過的快一些。再說自己與張宏等人都是在殖民地底下的人民，怎麼不解虞虢是脣齒相依，卻同室操戈起來，哀怨之情油然而生。而且官廳方面亦不念多年自己爲他們效力的犬馬之勞，反倒是抓到把柄般更爲見獵心喜，足見人情之淡薄。又想到自己十載的寒窗苦讀，至此已然成空，不能效法古人讀書以「經世濟民」，當年的青雲高志現卻已白首。而張宏等人反覆的言論就像「市虎」，根本不可信，奈何官廳會信之鑿鑿，眞是百思不得其解。最恨的應該是自己有眼無珠了，誤認張宏是一個有信的大丈夫，才會有今天這等局面。因而，只好自我比況當年的顏子，雖身處陋巷，也能一簞食一瓢飲，但現在暗獄，何時得以鳶飛魚躍。心念一轉，乾脆學習禪宗打坐，逃開獄中的現實生活，期可證成大千佛法，但是獄中的寒夜漫漫，不禁懷想起賈誼貶謫長沙的史事，受屈的經過多如絲縷，可歎心中滿懷應世的美夢終究難成。張麗俊心中之憤忿難消之氣，透過〈自嘆〉十首直抒胸憶的筆法，將之表露無遺。

其次，〈感懷〉七絕的數量則遠比〈自嘆〉要來得多，共有三十一首，其內容與表現風格上則與〈自嘆〉略有差異，〈感懷〉詩的憤恨之感較不濃烈，反以一種委婉含蓄的筆調，來告訴世人其內心的不平之鳴。如〈感懷〉詩第一首〔註4〕：

　　雙雙瓦雀跳梁東，儘日啁啾噪耳聾，

　　幸爾能言遜鸚鵡，免教囚禁在樊籠。

詩人見其窗外日日嘰喳的麻雀，幸好沒有鸚鵡有學人說話的能力，才得以自由自在的在屋外跳梁，而不被人囚禁在樊籠中，藉以說自己就好比是鸚鵡，遭奸人陷害，而被關入監失去自由。再如〈感懷〉之七〔註5〕：

　　一枝玉質與水膚，不受塵埃半點污，

　　豈料妒花風雨惡，催他片片落泥塗。

以一枝不受塵埃污染、玉質水膚的花來暗喻自己，然而奸人卻起了妒心，如風雨妒花美，非要將花朵打落，強將莫須有的罪名安在自己身上，對此，眞是心寒至極。於是乎，文人每當遭逢逆境，總會以「千古英賢受累多」來安慰自己，而且「英雄成敗論難齊」，一時的低潮不代表永遠的失敗。這樣的觀念，在張麗俊的詩中亦復如此，諸如〈感懷〉之八、二十，詩中以句踐、文天祥爲例，傳達出這樣的獄中磨練之後，是可更加茁壯自己，也是成就自我

〔註4〕同註1。見大正七年（1918）十二月十一日，頁221。
〔註5〕同註1。見大正七年（1918）十二月十一日，頁221。

更高理想的必經之路。

〈感懷〉之八

英雄成敗論難齊，句踐當年恥會稽，

一自吳監歸教養，姑蘇臺易越王樓。〔註6〕

〈感懷〉之二十

憤氣難消正氣歌，天祥底事入監牢，

憐卿數實遭陽九，千古英賢受累多。〔註7〕

但是，張麗俊心中雖有這樣的自我比況，歷經了人世的險惡和牢獄的痛苦，心態上還是傾向陶淵明的隱遁山林，例如〈感懷〉第三十一首：「人生成敗只幾稀，遠志何來小草譏，抵為出山隨降格，林泉終老學陶歸。」〔註8〕升三認為人生的成敗不過幾稀，而回歸山林泉水間，學習陶潛的悠然自得，才是身繫囹圄的他最希望達成的，畢竟身心上的自由，比昂然挺立於濁流塵世的士人要實際得多吧！

自張麗俊入獄後，獨自在獄中度過了一個多月，時序來到新舊年交替的時節，大正八年一月三十一日的日記說明他當時的心情：「晴天，自十一月初十被張宏全莊鳳對判官強指誣陷，……在監留置至今既歷七星期矣，……況是日乃舊曆完年，家家戶戶何等熱鬧，我家不知何等傷感，而在監只自嘆感懷詩稍解。」〔註9〕一年到頭，又是團圓的日子，別人是熱鬧的慶祝新年的到來，而自己卻因遭受奸人陷害，連累家人也無法享受年節的歡欣，只得吟詩以寬慰心中鬱悶。與之前以絕句形式呈現的〈感懷〉詩，其〈感懷〉七律，雖說在內容的表現上相去不遠，但就七言律詩的形式來說，字數較多更可將情緒鎔鑄其中，達到悠遠深長的意境。試看〈感懷〉七律其一：

慷慨悲歌下固臺，遭逢偃蹇有誰哀，

鍾儀枉作南冠客，韓愈空高北斗才。

蜀路崎嶇三峽入，秦關險阻二陵來，

中年怪底偏多事，驟雨狂風掃不開。〔註10〕

借用春秋時期楚國的樂官鍾儀遭晉國俘虜，但其琴音仍有故國之情的典故，表

〔註 6〕 同註 1。見大正七年（1918）十二月十一日，頁 221。

〔註 7〕 同註 1。見大正七年（1918）十二月十一日，頁 222。

〔註 8〕 同註 1。見大正七年（1918）十二月十一日，頁 223。

〔註 9〕 同註 1。見大正八年（1919）一月三十一日，頁 224。

〔註 10〕 同註 1。見大正八年（1919）二月七日，頁 226。

明自己即使遭小人誣陷,仍要像鍾儀一般,高風亮節不爲屈辱。又如韓愈空有才氣,雖「文起八代之衰,道濟天下之溺」,亦飛來官場橫禍,幾經死刑的關頭。張麗俊以此二人爲喻,強調自己的清白與氣節,說自己目前的情況有如三峽入蜀,險關紛至,只待通過之後,能一掃狂風驟雨的陰霾。再看第二首:

> 天意衝寒瘦玉峰,登樓對望恨重重,
> 春風獨厚園桃李,冬雪嚴彫嶺柏松。
> 坎壈馮唐時易老,迍邅李廣命難封,
> 彼蒼知否人憔悴,數月沉潛似困龍。〔註11〕

初春的時節萬物欣欣向榮,大地正待春風吹拂而開展新生,然詩人苦悶的心則不以爲然,依舊是寒冰萬寸。登樓遙對遠處的玉山,看著峰頂仍是白雪層層,猶如內心的重重恨意,感慨爲何春風只獨厚園中的桃李,山中的松柏怎還受多雪的凋殘。後以漢朝的李廣將軍爲喻,加深無人知道受人誣陷而內心苦楚的悲涼,運用設問的修辭,說「彼蒼知否人憔悴」,雙重表達自己與李廣的命運,巧妙而又貼切,詩人之文思於此可見。

　　張麗俊的獄中悲憤詩,〈自嘆〉情感奔放強烈,詩句以作者爲主體,句句投訴遭誣陷的悲憤;而〈感懷〉七絕則呈現委婉含蓄的情調,作者隱身於詩意背後,藉由眼前事物、或舉歷史上受難之人物典型,寄託己身的感慨和無奈;〈感懷〉七律相較於絕句,雖同樣是藉古人之例聊以寬慰,但律詩的體式容納更多的情緒轉折,進而表現出深沉的悲愴哀音。凡此數端,凸顯了升三因應文體不同而差異的寫作技巧,也展現了詩人不俗的漢詩創作能力,同時彰顯了其詩作風格的多元面貌。

二、痛失親友的哀傷

　　人因有情使我們發展出與動物不同的相處模式,這份情感連結了親情、友情與愛情,標舉了人生在世的意義。但當失去重要的親友與愛人,這美好的情緣卻變成難以掙脫的牢籠,緊緊地糾結你我的心。張麗俊亦復如此,其抒情詠懷作品裡,有不少是書寫痛失親友的哀傷,其字裡行間傾注對親友深深的思念,情感備顯濃烈。茲舉張氏爲三位重要親友逝世所作之祭文爲例:

〔註11〕同註1。見大正八年(1919)二月七日,頁226。

其一，張麗俊的文學交遊袁炳修。從第二章第二節可知悉，袁氏是張麗俊平生知交，且有姻親之緣，兩人關係猶如管鮑。炳修於明治四十三年（1910）五月三十日病重過世，年僅三十八。面對突如其來噩耗，升三悲痛之餘，草就祭文一篇，將兩人的情分如實地描繪：

> 嗚乎〔呼〕姻翁，孝友持身，謙恭處世，內外咸稱，親疏無異，當年負笈，同勵志於雞窗，此日分袂，獨傷心於燕室。原夫翁之為人也，婦孺共仰休名，師友俱揚善行，母弟愛之以和親，妻兒依之以託庇，天其鑒觀不爽，應錫遐齡，以報施善人也。念翁之得病也，弟諒翁每有此疾，不以為憂，厥後三顧寢室之中，翁無一語道及，弟將何以為情哉！蓋弟與翁本芸窗而聯檪社，盟松柏而結薜荃，方期朝夕相親，身心相印，休戚相關，居遊相與，奈何翁遽赴修文之弔，弟終無與論文之日矣，嗟可痛矣！然翁生乃信義之士，死亦英靈之魂，弟之痛翁莫之知，弟之誠翁期之鑒，虔備一束生蒭，以為千秋永訣，嗚呼哀哉！嗚呼痛哉！
>
> 尚饗〔註12〕

其文闡述袁炳修生前行誼，並說明與之同窗共讀的當年過往，文中「朝夕相親，身心相印，休戚相關，居遊相與」幾句話，讀不到呼天搶地的激昂，反倒在平鋪的語氣背後，蘊藏著對生死的無奈。一句「嗟可痛矣」表現對摯友先逝之傷痛，將全文情緒拉至高點，其後則以「一束生蒭，以為千秋永訣」收斂澎湃的思緒，文章鋪陳起落有致，掌控情緒收放自如。

摯友突然過世，讓升三不知所措，這種傷感雖會隨時間慢慢淡化，但特定的人事時地物，總會勾起對其之思念。在袁炳修死後幾個月，張麗俊與友人觀看梨園。至則有新友多人在座，因而回想過去與炳修等諸友相聚的點滴，今則只有自己一人，不禁發出今昔之感。遂口占一絕：「頻年來玩大羅天，舊主新朋共一筵，記得中秋無限感，今宵偏覺少團圓。」〔註13〕時屆中秋團圓前夕，本應與好友相聚的日子，怎知今年卻得獨自度過，該詩不假修飾，情感卻見真摯。

其二，與張麗俊相依為命的母親，在其遭人誣陷期間不幸亡故，讓事母至孝的張氏痛苦萬分，吾人可由數幅輓聯，以及數日缺漏的日記窺見其心中

〔註12〕 張麗俊《水竹居主人日記》（二），許雪姬、洪秋芬編纂、解說，中研院近史所，2000年11月初版。見明治四十三年（1910）五月三十日，頁365～366。

〔註13〕 同註12。見明治四十三年（1910）九月十七日，頁411。

的悲傷，但篇幅更長的〈祭母文〉無寧表達了更強烈的情緒，引出以見：

> 嗚呼！維我慈親，少全女德，歷盡艱辛，長遵婦道，操作尤殷，勤儉持己，寬厚待人，內和姒娌，外睦鄉鄰，事親以孝，教子以仁，如斯善行，宜保天申。今生三萬日，行年八四春，兒孫曾四代，福祿壽三辰，邇來多疾病，元氣漸失眞，藥石憂罔效，問卜又求神，朝朝床前問，日日答仍因，快起堂中坐，慰我笑語頻，一旦反沈疴，百方成灰塵，忽來西池青鳥使，遂使南極婺星淪。嗚呼痛哉！登屺岵而興嗟，靡瞻弗及，讀蓼莪以致嘆，欲報無伸，傷心穿繐帳，灑淚沾衣巾，呼天空躃踊，籲地痛吟呻，留只留此六日，贖莫贖以百身，茲當靈輀欲駕，俎豆粗陳，伏祈親靈不爽，來歆香醇。嗚呼哀哉！　　　尚饗〔註14〕

此篇祭文廖振富曾給予這樣的評價：「句型變化靈活，語極悲痛而文氣暢達。」且「全文感人至深，句句出自肺腑，絲毫不見斧鑿痕跡，蓋情眞而語切也。」〔註15〕斯語誠然如是，全篇為押韻駢體文之形式，句型變化豐富，自開頭的四言句、五言句、七言句、六四句，復又回到五言句、六言句、六四句，其韻律跟隨句式而有快慢頓挫之感，帶出情緒的深沈與急切。前半部以四、五言句娓娓道來母親的生平梗概，情緒隨著句型變化而緩緩增高，後半部用七言句宣告母親西歸的事實，緊接著的六四句，化用《詩經》〈陟岵〉、〈蓼莪〉兩篇之典，將哀音幽幽吐出，自責未能盡孝母親膝前，呼天籲地的傷心灑淚，最末的六言句、六四句則讓情緒平復，畢竟逝者已矣，來者可追。此篇字字句句無不眞切感人，足以見證張麗俊對母親的情感，母子情深由此覘之。

　　其三，昭和三年（1928）五月十九日，紅粉知己徐妹〔註16〕突發腦溢血

〔註14〕同註1。見大正七年（1918）九月二十九日，頁210～211。

〔註15〕廖振富〈日治時期臺灣傳統文人日常生活中的漢文書寫──以張麗俊《水竹居主人日記》為考察對象〉，《《水竹居主人日記》學術研討論文集》，臺中縣文化局，2005年9月出版，頁282。

〔註16〕徐妹，豐原人，生於光緒元年（1875），辛於昭和三年（1928）五月，享年五十四歲。其夫為張陣昌，育有一子張金江。徐妹與其親人之感情並不和睦，幾已形同陌路，只得獨自在外幫傭謀生。與張麗俊相識則在明治三十三年（1900），徐妹二十六歲，張氏三十三歲時。張氏與徐妹之間情誼，比起原配何燕則有過之而無不及，不僅幫忙尋找幫傭對象，更不時至徐妹處尋求心靈與生理上的慰藉，而徐妹對待張氏與其家人，亦投注了全部心力，漸漸博得張家人對她的接納，其過世時，其夫其子漢不關心，後事完全由張麗俊與家人包辦。有關徐妹的生平事蹟，參見許雪姬〈張麗俊生活中的女性〉，《《水竹居主人日記》學術研討論文集》，臺中縣文化局，2005年9月出版，頁84～95。

而匆匆亡矣，死時其夫其子竟無一人在旁，淒涼情景讓張氏心如刀割，夜裡達旦不能成寐，對其猝死感到不解，腦海中全是無比的惋惜，日記記載：「若知今夕有此事，今朝往坐談只數句笑語，囑我回午飯，我亦再至與他依偎也。那知今朝至尚能笑語，喜容可掬，今夕至即無言語，慘容可哀也。嗟！可痛矣，今而後安得有如吾妹。」〔註17〕張麗俊與徐妹相交二十八年，兩人情深似海，次日大體入土，因無夫妻之實，張氏不能親自送她一程，只能短暫送至巷口，難過之情只能以祭文和悼詩〔註18〕抒發，婉轉的表現對這段地下戀情的心境。

逐錄祭徐妹文以見：

> 嗚呼！時也命也，天於卿夫何至於此極也。人孰無死，死罕有如卿之速者，死已五四年之壽，死近廿八載之交，死無一言一語相告，死與一子一婦相離，死只親朋戚友相扶，傷哉！日裡尚在人間，痛矣！夜深遂登鬼錄，天勒勞人果如是乎？想卿之為人也，勤儉終身，煩勞畢世，和鄰睦里，識義知恩，但全四德，我與卿何相親，欲懷三從，夫與子不相愛，卿素多疾痛，乳部手術最艱，幸姊氏晨昏保護，得安全而歸，我謂卿脫大災，當膺大福，豈料雪夜霜天，媽孫孤苦，嗟可痛矣。年來言多訣別，嘗謂我曰妾若先歸，君當料理，我以為閒談語，至今日竟成懺〔讖〕語也。昨朝我來笑容可掬，今晚我至慘色可哀也，幻夢泡影有如是之疾也，石火電光有如是之速也，嗟可痛矣。今而後卿往矣，我將何以為情哉，再到卿家，音容俱渺，我家有喜慶事，聲影全無，殊令我於蕭風晦雨之時，遠客歸鄉之際，而黯然神傷也。茲者靈車欲駕，我上卿三注〔炷〕香，贈卿一張紙，靈其有知，來嘗來格，嗚呼哀哉　尚饗。〔註19〕

本文共分為四段，先以六「死」句對徐妹死時悽清景況發出哀嘆：「死罕有如卿之速者，死已五四年之壽，死近廿八載之交，死無一言一語相告，死與一子一婦相離，死只親朋戚友相扶」，繼而提出雖人難免有死，但若伊辭世之速、

〔註17〕《水竹居主人日記》（七），許雪姬、洪秋芬、李毓嵐編纂、解說，中研院近史所，2004年1月初版。見昭和三年（1928）五月十九日，頁363。
〔註18〕同註17。見昭和三年（1928）六月一日，頁371。
〔註19〕同註17。見昭和三年（1928）五月二十日，頁364～365。

之孤，非天要勞人乎的反詰。第二、三段則說明徐卿的爲人，並回溯過去患乳癌的情景，當時九死一生，能夠脫離病痛，想必後半生應受大福，然命運弄人，徐妹卻早一步離去，當初笑談間的身後事，如今竟成眞，一夜之間天人永隔，如夢幻影猶可痛也。今後想起過往，一句「我將何以爲情哉」訴說多少的黯然神傷，此文如怨如訴，將失去愛人的濃情，以精鍊的文字鎔鑄其中，堪稱其抒情之代表作。

　　《文心雕龍》論哀祭文章的核心要旨，是要「情主於傷痛，而辭窮乎愛惜。」〔註 20〕，強調寫作者發自內心的眞實情感，合觀張麗俊這三篇祭文，確實是「隱心而結文則事愜」〔註 21〕，眞切的情感自文中流洩而出，讓人感受到摯友、母親、愛人在升三心頭上的重量，情思彌篤，讀來格外動人。

三、生活的自適與感懷

　　前面呈現張麗俊獄中的悲憤哀歌，以及失去親友的傷逝哀音，其二者屬於特殊的生命經歷，至於張麗俊平時生活的樣貌，本小節續以「生活的自適與感懷」來勾勒其內心世界。

　　張麗俊雖非富貴人家，但衣食無虞，無需爲生活而煩憂奔走，正似大部分的前清遺民，乙未之役後，科舉功名全然無望，對時政已無心干預，只求在異族統治下安身立命，藉山水來安頓身心。例如升三某日早飯後，在大門前閒眺，見滿山煙霧，甚感欣喜，遂詠一絕，詩云：

> 霧鎖空山宿雨停，門前一派插苗青，
>
> 田家樂事知多少，擬得劉公陋室銘。〔註 22〕

再如閒暇時巡視山中所植之相思樹，途中見群山如畫，實豁人心目，即隨口吟詠一詩：

> 〈登山即景〉〔註 23〕
>
> 登臨絕頂白雲低，樹色山光入眼迷。
>
> 萬籟齊鳴蟬報午，重巒踏遍又清溪。

〔註 20〕劉勰《文心雕龍・哀弔》，王更生注譯，文史哲出版社，1991 年 9 月，頁 223。
〔註 21〕同註 20，劉勰《文心雕龍・哀弔》，頁 223。
〔註 22〕張麗俊《水竹居主人日記》（一），許雪姬、洪秋芬編纂、解說，中研院近史所，2000 年 11 月初版。見明治三十九年（1906）三月三日，頁 26。
〔註 23〕同註 22。見明治四十年（1907）七月九日，頁 241。

此詩乃脫口而出，雕飾無多，凸顯了對於生活的自適與滿足。更明顯的例子
是，張氏在日治社會裡擔任了基層的管理者，平時工作雜務甚多，但他卻不
以為杵，如日記明治四十二年（1909）八月三十一日云：「晴天，全近藤純
治往烏牛欄坑內土地地押調查，……午入泉洲坑調查，……日已西斜，所謂
樵子行吟，負薪而返，牧童吹笛，叱犢而歸。予前謂近藤日：日之夕矣，盍
歸乎來，而行行且止，及抵家眸暮烟之四起，而燈火將分矣。」返家後並詠
一絕：

> 不為功名不為錢，任人煩惱任人憐，
>
> 但知勞處焉知逸，踏遍山邊與水邊。〔註24〕

詩中清楚地表明自己安適自得的心態，土地調查雖然辛苦，但張氏樂在其中，
踏遍鄉里山水邊境，何嘗不是一種快樂。另一首〈自敘〉詩則說明了這種忙
裡偷閒的快活：「墩街日覺去歸來，傲得偷閒亦快哉，總把滄桑渾不管，兩三
知己語忘回。」〔註25〕每日諸多瑣事纏身，與兩三位摯友談天說地，偷得片
刻閒情，總能讓升三忘卻世間滄桑。

　　上開諸例顯示張氏心境的自在安樂，其字裡行間雖說「不為功名」、「不
管滄桑」，但卻透露著對平生懷抱的失落，在無法效法歷代儒生經濟天下，
滿腹經綸已無多用的時代，其感觸冷暖自知，如明治四十五年（1912）三
月二十八日，因事至石岡庄，眼見青山如故綠水依然，回想三十四年前曾
在此採樵，於今人事全非，今昔之感不禁油然而生，口占一絕云：「青山疊
疊水灣灣，疑是桃源栗里間，漫說滄桑渾不管，鯨氛吹到染柴關。」〔註26〕
時空的更迭讓人生今惜之嘆，比不上對理想慢慢摧毀更讓人無可奈何，如
〈對鏡〉詩：

> 一年容易一年春，兩鬢愁添白髮新，
>
> 歲月蹉跎駒過隙，衣冠變換豹文人。
>
> 蘆〔盧〕山面目真仍見，沂水襟懷志已淪，
>
> 回首神州成往事，菱花猶照故吾身。〔註27〕

光陰總容易讓人虛度，鏡中人猶是當年模樣，但卻不見那份壯志豪雲，兩鬢

〔註24〕同註12。見明治四十二年（1909）八月三十一日，頁210～211。

〔註25〕同註22。見明治三十九年（1906）六月二十日，〈自敘〉詩第二首，頁76。

〔註26〕張麗俊《水竹居主人日記》（三），許雪姬、洪秋芬、李毓嵐編纂、解說，中研
　　　　院近史所，2001年8月初版。見明治四十五年（1912）三月二十八日，頁189。

〔註27〕同註26。見大正二年（1913）二月九日，頁326～327。

斑白的張麗俊，到了中年感到一無所成，心中的苦悶全都展現在〈感懷〉詩中，考《水竹居主人日記》，以「感懷」爲題者，除卻前小節因入獄而作之悲憤詩（按：〈感懷〉七絕三十一首，七律六首）外，另有十首作品，寫作時機大約是四十九歲、五十歲、五十九歲，以及六十歲時，回顧人生各階段的意味濃厚，以下依前列年歲各舉例以見：

> 感懷
>
> 人到中年說老翁，何須咄咄總書空，
> <u>閒遊繡陌看輸綠，懶向花街逐亂紅。</u>
> 幾畝桑田聊度日，數椽茅屋莫當風，
> 生平不習浮沈態，爭奈渾身類轉蓬。
>
> 其三
>
> 勢異時殊百感生，原來瓦缶勝雷鳴，
> <u>黔驢有技空長嘯，牛馬無能尚任耕。</u>
> 野草逢春花競秀，孤松耐歲葉終榮，
> 奈何紫色蠅聲亂，竊笑老娘盡倒繃。
>
> 其四
>
> 覆雨翻雲變態多，英雄落拓任消磨，
> 能言鸚鵡樊籠苦，拔浪鯨鯢涸轍何。
> 蒿目艱時傷往事，滿腔熱血發狂歌，
> 於今無復春風面，故我仍存鬢欲皤。〔註28〕

這是四十九歲時的作品，詩中透顯著消極的心態，筆下的黔驢、牛馬，或是鸚鵡、鯨鯢，全是空有滿腔熱血的落拓英雄，折射出歷經歲月折磨，如今兩鬢斑白，只能閒遊繡陌的張麗俊。這樣的心情在農曆新舊年交替之際，更覺歲月倏忽，空白了少年頭，再看一首過年時的感懷作品：

> 感懷
>
> 行年知命漫知非，敢自鳴高與世違；
> 百歲光陰驚已半，一生事業悟全稀。
> 牛皮既割終何望，馬齒空加總貽譏；

〔註28〕張麗俊《水竹居主人日記》（四），許雪姬、洪秋芬、李毓嵐編纂、解說，中研院近史所，2001 年 8 月初版。見大正四年（1915）五月十二日，頁 334～335。

白首誰云當益壯，原來老境近斜暉。〔註29〕

年近半百卻無功績可言，只能苦嘆當年無能在動亂的時刻有所作為，自嘲徒長馬齒，所謂「老當益壯」，在他看來只是老境近斜暉。這樣抑鬱不得志的心情，在老年時有了些許轉變，以〈六十感懷〉其中兩首為例：

其一

生平疏淺比村夫，社會機關總是愚，
欲守廬山真面目，誰知人海假頭顱。
數椽茅屋藏身拙，幾畝桑田把口餬，
顧影自維頹白者，也稱指使笑今吾。

其四

年華荏苒嘆拋梭，故我仍存鬢已皤，
老眼驚看新世界，灰心尤感舊山河。
歐風北競吹黃葉，亞雨東漸湧白波，
自惜春秋非鼎盛，幾番舒嘯上巖阿。〔註30〕

前首詩說自己擔任若干職務，只是為了保全身家餬口飯吃，自比為智識短淺的愚夫，在紛亂時局裡隱藏真實的自我，一句「誰知人海假頭顱」，道盡了多少與張氏相似背景的人之心聲，與十年前相較，其心中的惋惜與怨嘆，已較為平息。其心境的開闊在第二首詩更可看出，曾灰心於舊山河，也見證新世界的到來，在歐風亞雨交錯紛陳的社會度過一甲子，已經可以拋開不能經世濟民的遺憾，心如止水也好，或是年歲增長的調適也好，六十歲的張麗俊，塵世的功名利祿已無法擾亂心志，末句「幾番舒嘯上巖阿」即是最好的明證，此端展現的，正如王隆升所言：「詩人對於政事凡俗有所覺醒，因而藉著山巔仙境尋求精神的寄託與望機的陶然。」〔註31〕升三登上高處極目四望，視域已然開闊，反映出晚年心境的平和與調適。

　　綜和本小節所述，張麗俊的詠懷作品，在寧靜和諧的表徵下，尚且夾雜著滄桑滿眼的抑鬱，以書寫山光水色等自然景致來彰顯避世的心態，藉「感嘆」詩抒發理想典型幻滅的困頓失意，風格上頗似其詩謝頌臣的兩首〈自詠〉詩〔註32〕，

〔註29〕同註1。見大正七年（1918）二月十日，頁145～146。
〔註30〕同註17。見昭和二年（1927）九月二十九日，頁261～263。
〔註31〕王隆升《唐代登臨詩研究》，文津出版社有限公司，1998年4月，頁325。
〔註32〕〈自詠〉兩首，其一：「人到中年萬事空，嬾攜琴劍走西東，讀書自悔功多歉，處世人嫌術未功。同學辭歸殊寂寞，論交失意在貧窮，晨昏顧弄惟妻子，詩思

這樣的巧合，與其說是師承一脈，倒不如視爲清朝跨日治之傳統舊文人的相同趨向。不過，詩裡感嘆時不我與的張麗俊，在現實中並非如此消極、退縮，本論文第三、四章就其社會地位，以及時局觀進行探討，發現他運用其影響力，捍衛當地民眾權益，並且觀察時局脈動，掌握外在世界的諸多變化，並非詩中所述之樣貌，至於更多具體的文例，次節將進行深入的剖析。

第二節　外在世局的應對

　　關於張麗俊對日本統治的看法，本論文在第三章第二節與第四章第一節已有所著墨，並提出雖有歌頌吟詠殖民者之文字，然對其政權仍有諸多批評，是屬於較爲務實的中間份子。本小節將以其文學作品來觀察，以求更爲清楚的說明，服膺前文之論述。

一、表現對日統治之接納與臣服

　　張麗俊身爲地方領導階層，在豐原地區算是一位動見觀瞻的人物，因此礙於身份他必須表現對殖民政府臣服的態度，而且當局也會要求他寫作有關於政策宣導、或是祝賀的詩文。其無奈接受殖民的態度，可由明治二十九年（1896）代撰給其師謝頌臣的信中窺見，信中提到「無如山川易主，嘆世事之滄桑，骨肉離居，嗟人情之邱葛，此天寔爲之，而無可如何者也。由今以觀，日本雖嚴整其霜威，土匪先難逃其電察，柳營之役，既蒙海含，梓里之民，漸傾葵向，觀於陳、呂二家在陳之嘆，似可釋然矣。」〔註33〕此段文字重點有二：其一，表示臺灣易主日本，世局變化滄桑，現已是既定之事實，並不能再改變。其二，日本治臺一年以來，社會以然穩定許多，民心甚至如向日葵般接納殖民政府。此兩點除籲請內渡後居處不易的謝頌臣回臺之外，也是張麗俊對日本政權接納程度的表現。

　　其次，面對殖民政府，張麗俊與許多傳統仕紳一樣，選擇務實的接受殖民政府指派的官差，作爲統治者的樣板，以文學作品爲統治者粉飾，從本論文第五章第一節對其文學作品書寫動機的探討可知，因應其身份職權以及社

閒愁似放翁。」其二：「居住平原亦有墩，看山不厭日開門，自從籬落栽花木，閒向燈前課子孫。月下有懷常得句，座中無客少開樽，田家樂事君知否？蕭皷迎神過別村。」謝頌臣《小東山詩存·科山生壙詩集》，謝文昌自刊，1974 年。
〔註33〕同註22。見明治三十九年（1906）四月三日，頁 41。

會地位，升三須寫作諸多文學作品以應和日本官方，這是他無可逃脫的宿命，也或許是當時多數傳統文人的無奈與共同趨向。

如明治四十一年（1908）十月，日方慶祝全臺鐵道貫通，邀請東京閑院宮戴仁親王至臺中參加鐵道貫通儀式，當時臺中廳通令各基層區長、保正、甲長、殷商等俱應著正式服裝出席歡迎，升三亦在迎接之列，並作有〈歡迎宮殿下〉、〈祝鐵道開通式〉〔缺〕二題。試看〈歡迎宮殿下〉詩句：「瞻仰高車出帝京，觀風問俗到東瀛，蒼生霖雨皇都澤，南國甘棠可再賡。」〔註 34〕日記中並未說明此詩寫作是出於自願或是被動，然其詞彙又是瞻仰、又是觀風問俗，又云親王如雨澤降臨臺灣滋潤蒼生，甚至用《詩經・召南・甘棠》的典故，來表達人民對於閑院宮的愛戴，不管自願與否，奉承意味相當的濃厚。

臺中廳為歡迎閑院宮親王抵臺，數月前即大興土木，新建歡迎樓、歡迎橋、歡迎門、貴賓館等建物，並整理園圃、溝渠、道路、官衙、民居等，市街俱煥然一新，復又發動群眾大肆迎接、慶祝。這一切看在升三眼裡，卻認為「未免勞民傷財」〔註 35〕，雖稱盛典，然全臺動員何止表面上之百餘萬人，其背後所耗損之人力物資難以估計。

又如大正三年（1914）四月間，佐久間左馬太總督發動太魯閣之役，向全臺各地募集人夫，八月下旬亂事告一段落，葫蘆墩區擬舉辦「討伐太魯閣生蕃人夫慰勞會」，指派張麗俊為會長，籌畫慰勞會事宜。十月十日慰勞會於慈濟宮盛大舉行，區內人夫一百八十六名，以及支廳長、警部補、巡查、區長、來賓、藝妓、酌婦等齊聚一堂，區長廖乾三命張麗俊將會場盛況，以及墩區所雇人夫劉阿魁幾死而得生之事合撰為一文，以廣為周知。其文移錄如下：

> 討以征未服，伐以表有功，討伐乃國家所有也。今佐久間總督親統大軍以討太魯閣，將毋類是乎，故全島各廳命各區募集人夫，隨軍以討伐者，何只萬計。但深山窮谷，難免瘴雨荒烟，則各區人夫求一切平安全歸者，諒亦寥寥罕觀。茲葫蘆墩區後先人夫二百餘名，罹病者間或有之，損傷未之有也，如劉阿魁於前月間解隊之際，染病於山中，命危旦夕，置身數百里崎嶇之外，有心人雖欲一援手救，

〔註 34〕同註 12。見明治四十一年（1908）十月二十四日，頁 106～107。
〔註 35〕同註 12。見明治四十一年（1908）十月二十七日，頁 108～109。

無可如何也。當此呼天籲地、舉目無親、迭遭嚴下數十日，人料其必死者四也，病危一也，飢迫二也，凶蕃馘首三也，危崖顛墜四也，遭此四死之患而竟獲無恙者，非天憫窮人也耶？既而病勢稍輕，日拾地瓜以充飢腹，夜披露草以藉孤身，由此匍匐而東至無名坑，幸遇陸軍數人扶持至花蓮港，此時魁身亦漸安矣，遂登火船到基隆，乘汽車回【葫】蘆墩，聞者異，見者喜。異異其必死，喜喜其再生也。故本月十日本支廳長命區長、保正開慰勞會於慈濟宮，四時官賓人夫畢集，戲臺前女優演唱，酒席內藝妓盤桓，少焉，夕陽在山，杯盤狼藉，燈光映地，火浪沖天，四方來觀者，紅男綠女，接踵挨肩，直鬧到更闌，方各散去。有此盛事奇聞，何妨錄之，以誌墩區之厚幸云。〔註36〕

文章起始就用「討伐乃國家所有也」，將佐久間左馬太率大軍討伐原住民的行為視為弭平國內動亂，進而合理化徵召人夫的舉措。接著話鋒一轉，強調他區之人夫鮮少全身而退者，惟墩區人夫二百餘人，僅患病而無損傷，實為可賀。並舉出人夫劉阿魁於山區生死存亡之經過，認為其身處險境而能脫險者，無非是奇聞一樁，而葫蘆墩之廳有感於人夫之辛勞，遂舉辦此會聊以慰勞，造就地方盛事。張麗俊以紀錄「此盛事奇聞」說明寫作動機，表示這是「墩區之厚幸」。本文無非是傳達官民和樂的意象，以此塑造民間對於政府討伐生蕃的支持。

事實上，張麗俊對於總督府徵召人夫、以及徵收人夫補助費用與臨時保甲費等情事並不支持，甚至與當局就徵收費用一事提出論辯〔註37〕，其事情之轉折與此文陳述有所落差，且此文之撰寫乃受區長之命，亦非升三本意，此文之真實程度可想而知。

再如葫蘆墩公學校長三田愛藏續勤十五週年，區長廖乾三欲舉辦「續勤十五週年祝賀會」予以慶祝，遂委請謝頌臣擔任發起人、張麗俊則擔任生徒父兄總代表，由張氏代表撰寫〈發起人祝辭〉（代謝頌臣撰寫）、〈生徒父兄祝辭〉兩篇文稿，以及〈祝三田先生任葫蘆墩公學校長十五週年〉兩首七律。〔註38〕茲舉〈生徒父兄祝辭〉以見：

〔註36〕同註28。見大正三年（1914）十月十日，頁 106～107。
〔註37〕詳見本論文第三章第二節。
〔註38〕同註28。見大正三年（1914）三月二十七日，二十九日，頁 25～29。

嘗思學者覺也，校者教也。使先覺教後覺，而學校之名以取焉。然學校之興衰視乎其人之得失。我葫蘆墩自帝國領臺而設此學校，以三田先生續勤校長，可謂得人矣。明治三十二年春，先生榮任此職於今，星霜十有五閱，教室屢增，生徒愈眾，循循善誘，濟濟堪誇，而型鎔模範直與全島之學校媲美爭光。今當十五週年，諸生徒父兄念及子弟被春風而沾化雨，登採玉而入探珠，多出先生所賜也，故共同祝賀冀先生永久於茲。幸蒙官長駕臨，貴賓光降，不特葫蘆墩之光榮，寔此祝賀會之光榮也。茲也麗俊，草茅下士，山野鄙夫，忝列為發起人並為父兄總代，愧無嘉章美句以揚先生盛德，只以淺論膚言以誌今日盛會，雖不貽笑大方亦寔汗顏無地。謹搣俚語，聊當祝辭。

所謂「學校之興衰視乎其人之得失」，將學校之興衰扣緊在主事者的領導上，勾勒三田校長在葫蘆墩區教學的努力，推崇其在位十五年間教化無數墩區子弟，足以作為全島學校之楷模。該慶祝會盛大隆重，活動從白天延續到夜晚，顯見墩區民眾對三田校長的熱情，背後是否有政治力介入，我們不得而知。但從這裡大概可以窺見，臺人對於日本的教育方式已經接納。按，此文寫作時間為大正三年（1914）三月，距離領臺已近二十年，日人透過各式壓縮傳統漢學的方法，確已使臺人漸漸接受日本公學校教育，如翁聖峰所言：「日本統治者對臺灣的文化傳播有諸多限制，對漢文教育採取逐漸禁止的策略。日據初期臺灣人在日本領臺當時抵抗過的自然不用說，凡是不喜歡日本教育的人，都讓自己的子弟去學漢文。但這種狀態維持並不長久，在明治時期躊躇逡巡的，到了大正時期，就覺得日本話的必要性。對官府的交涉限用日語，懂日語容易賺錢，尤其是當醫生必定致富。因此，日本統治臺灣以後，日語的普及率逐年提高，……漢文教育最後則遭到全面禁止。」〔註39〕即便如此，愚民化的教育內容卻使得臺人群起反彈，如昭和二年（1927）豐原子弟兩百多人參加升學考試，未料竟無人見榜臺中試驗中學，張麗俊等人決意發起「兒童保護者會」，以盡監督學校之責。〔註40〕日治時期臺人的教育問題，已是另一個重要課題，在此筆者無意追索，然從上述的例證，吾人可以觀察到這篇

〔註39〕 翁聖峰《日據時期臺灣新舊文學論爭新探》，五南圖書出版公司，2007 年 1月出版，頁 65。
〔註40〕 詳細參見本論文第四章第二節。

白紙黑字的祝辭，儘管寫得多麼推崇日人校長，但終究只是表面的社交行為，張麗俊對於日本政府的態度，還是有著諸多反省與批評，相關反思與建言的作品，下文繼續說明。

二、為庶民出聲的陳情與建言

身為地方保正的張麗俊，凡鄰里間有任何爭執、不公之情事，升三定出而排解，而鄉里間的建設、人事變化，亦需提告給官方知悉，猶如民眾的大家長，政府的末稍神經，透過觀察相關作品，更可瞭解張麗俊的具體行為表現。

日本統治時期，當政者多仗恃殖民者的傲慢，欺壓臺灣人民，不少有識之士，如林獻堂、蔡惠如等自組團體為臺民伸張正義，尋求日方合理對待，張麗俊雖不似他們有此宏大的作為，但在他的能力範圍內，依然有類似的舉措，如當地巡查補與保內民眾張文姜發生口角，巡查補遂挾其威權強押民眾入廳，並判決拘留五天，張麗俊聽聞後，即至役場問明案情始末，得知乃巡查補利用職權欺壓百姓，並非民眾胡作非為，遂出具證明書向區長稟明，希望可以撤除拘留判決，引出證明書為據：

> 右因巡查補蔡玉碧奉公到下南坑庄，無端擅將張文姜欲細挈，故致喧鬧，而且妄誣庄民多是土匪，大言欲嚴加凌除〔註41〕。抑思文明世界，此言大妨害保甲規約，巡查補如此罔瞞　官長，欺侮善良，懇請支廳長大人明正究察，則一庄之民沾感靡涯矣，此段証明候也。
> 〔註42〕

其文論述頗有條理，態度委婉又不失立場，先指出巡查補妄加誣告良民，又揚言動刑以待等種種不適當行為，繼而提出現在乃「文明世界」，社會事務仍有法律為依據，此事不僅違背保甲規約，更使當局蒙羞。立論簡短但十足堅定，讓官方難以護短，在此可以看出張麗俊論述實力，與為庶民出聲的勇氣。

再者，除了為民申冤外，升三亦對某些急需官方協助解決之事項，提出完整見解予官方知悉，如〈定用埤畛以保水利〉、〈廢共同秧籍以便農民〉等，以前者為例，該文講述葫蘆墩數處的公共埤圳，乃本地農民耕作之命脈，其

〔註41〕 筆者案：根據廖振富的考證，「除」應為「遲」之誤。見氏著〈日治時期臺灣傳統文人日常生活中的漢文書寫──以張麗俊《水竹居主人日記》為考察對象〉之註87，《《水竹居主人日記》學術研討論文集》，臺中縣文化局，2005年9月出版，頁271。

〔註42〕 同註22。見明治三十九年（1906）九月二十日，頁115。

本歸屬官方統一管轄，然一旦遇有災害破壞，需經層層行政程序，下情上達緩不濟急，升三匯集民意，希望能以定時巡視埤圳的方式，來達到維護埤圳的目的。其文云：

> 水利者，農家之急需，而保有水利者，當道之要務，故築堤防、修溝壑，王政之所宜急也。今葫蘆墩區公共埤圳數處，俱歸長官管理，修繕保護，事事頗周，間有缺點者，未定用埤夥故也。蓋埤圳之損害無常，一遇烈風猛雨，非崩則塞，候關係人報告，鳩工開築，遷延多日，禾稻多有鮒涸之慮，舊時所以酌水租之收入，用埤夥之多寡，以保有水利也。今當道下詢便民之利，某也聞各保正有此異議，爰瀝情上申，以供清聽。〔註43〕

此事由於涉及主管機關行政權的行使，復以身處殖民時代獨裁專政，行文不敢以強烈的語氣正面說明，故語氣表現委婉，論述策略上先以王政之所以可長可久，在於基本的水利建設，次說官方政策立意良善，但此中略有缺失，從實際情形來指出問題所在，最後再以在地人民的心聲為後盾，強化論述力量。

除此之外，張麗俊也針對當地民生需要，於報告書中呈報地方民瘼，向官方提出若干建言，以明治四十四年（1911）六月所撰之〈葫蘆墩區概況報告文〉〔註44〕來說，此種報告算是可以虛應故事的公文書，對一般人來說僅需呈現墩區整體之概況，粉飾太平、擇優稟報即可，然張麗俊卻不這麼做，他在報告中仍對稅制徵收、教學建設、水利、道路等基礎民生需要，提出具有建設性的意見，摘出其中相關段落以見，其一，關於稅制者：

> 家稅之分符，原期至公無私，而有家屋者猶嫌未盡善也。蓋家稅以資產生產標其準，間有負債者，有資產之名，無資產之寔，以視乎僅有田園生產、無家屋可分其稅者，大有徑庭之別，故曰未盡善也，若數年前視其人之貧富，定其稅之多寡，頗較當耳。因資產生產之優劣而分家稅、什稅之多寡，於今有年，雖曰未盡善，人民猶無十分異議，去年來，加以特別稅，今有增加；兼之欲建築役場、保甲聯合所、公學校之增築，種種多大之費，俱於家稅上分符，增加之數倍於本額，恐至徵收時大有困難之慨云。

〔註43〕同註26。見明治四十四年（1911）二月九日，頁9～10。
〔註44〕同註26。見明治四十四年（1911）六月二十三日，頁70～72。

此段談論到家稅徵收的公平性，認為目前的徵收方式立意雖好但未臻良善，建議應回歸以個人貧富為徵收依據，才是公平且可行的方法。並提醒去年以來稅收加重，屆時徵收恐怕更為困難。

其二，關於鄉里教育者：此段以學校教育乃正統之教，亦是行使王政的當務之急，先為日人的學校教育美言三分，為後文的欲提之漢學教育建立正當性。接著點出墩區學子日漸增多，公學校之容納量已顯不足，因此張氏諫請當局「許以鄉村設臨時漢學，以啓童蒙，誠地方上之一大冀望也。」舊學出身的張麗俊，平時即教授漢學來續漢文化的命脈，面對日本新式教育的進逼，漢學教育的空間幾被壓縮，因此藉葫蘆墩公學校校舍不足，而學生日益增多的機會，向當局提出臨時漢學的建議。可知殖民下漢學傳播的艱辛與無奈。

其三，關於橋樑修繕者：

> 道路之修繕，本乎人民，而橋梁〔樑〕之架設伸諸官長，故各處溝渠小則埋以水磚，大則架以木板，務期平坦以便通行，如葫蘆墩街之大橋，乃上下街東西之衝，儘日車輪轆轆，足跡躁躪，木板雖固易損害，倘當道許以磚石築成隧道，一以便通行，二以壯觀瞻，洵一勞百逸之舉也。大甲溪流於五、六月間阻絕行人者由來久矣，憶昔數年，當道架以板橋，行旅之往來甚便，自鐵道開通，板橋漸廢，行人者都又望洋而嘆矣，雖以竹筏代之，仍與舊時無異也，但此茫茫溪水，雖欲利便，終無可奈何云。

民眾對於基礎建設的要求是很低的，無非是希望路面平坦且通行方便，此段即向官方陳說葫蘆墩街之大橋改鋪磚石，以及於大甲溪上再興設一座橋樑二事。

其四，水利設施方面，因豐原本身無乾淨水源可供飲用，故張氏在此提出向鄰庄引水之計畫，希望「當道許以衛生之金，開隧道以引翁仔庄界之泉水，流通街衢，便民汲引。」

上引四項為張麗俊在報告書中向當局陳述之事，件件攸關民眾生活，升三觀察政策落實程度，以及是否符合實際需要，彙整基層百姓之心聲，以委婉但不失立場的口吻，向當道娓娓道來。

總括而言，張麗俊雖然在詩中常自嘆一事無成，認為愧對傳統儒士經世濟民的精神，從而充滿避世的思想，但從他對鄉里認真的行事態度來看，無非是將讀書人的經濟事功，與時代變化交相符節。本節針對張麗俊文學作品

中關於對日統治之接納與臣服的表現，以及爲庶民出聲的陳情與建言等兩部分，詳細分析其對日政府的態度，並舉出若干反思與建言之例證，相信透過本節的討論，不僅服膺前文對張麗俊人格的描繪，亦能廓清傳統知識份子在殖民統治時期的實際作爲。

第七章　《水竹居主人日記》之文學作品主題探析（下）

第一節　過渡時代的文化思維

　　對於生當十九世紀末期的臺灣傳統文人來說，日本統治階段不只是朝代的更替，更是思想觀念的重大變革時期，在這西風東漸、新舊紛陳的過渡時代，各式新器物、新文化觀陸續進入臺灣，對於舊學養成的張麗俊而言，究竟接納程度如何，此為本節亟欲探索的問題核心。以下分成「現代化事物的體驗與描寫」，以及「傳統的禮教文化觀念」兩小節討論，呈現張麗俊在時代過渡下的文化思維。

一、現代化事物的體驗與描寫

　　所謂「現代化」，論者或指伴隨著工業革命和資本主義的發展，造就出有別於傳統生活方式的社會變遷過程 [註1]；或謂受西方現代科技與工業文明之衝激下，任何傳統社會在邁向現代社會的轉化過程 [註2]。其涵蓋面甚廣，包括產業方面的工業化、經濟生產的增長，以及社會中的政治、教育文化、娛樂、價值觀念等各方面的改革或變遷 [註3]。而日治時期正是現代化浪潮波濤洶湧的時代，抽象層面的新思維、或具象的新器物正陸續進入傳統文人的生

〔註 1〕 藍采風《社會學》，五南圖書出版有限公司，2000 年 11 月出版，頁 558～559。
〔註 2〕 葉至誠《社會學概論》，揚智文化事業股份有限公司，2001 年 2 月，頁 425。
〔註 3〕 蔡文輝《社會學》，三民圖書股份有限公司，1987 年 10 月出版，頁 637。

活視域當中，而因應保正與其他商務理事的職務需要，多重角色的扮演，讓張麗俊比其他人有更多機會體驗或接觸現代化事物；相對的，現代化的變革，張麗俊本身也必需有所因應。本小節內試圖透過升三對現代化之產物、建設的相關書寫，進一步的掌握升三對現代化的感受。

（一）現代化之產物

日治時期，進入張麗俊日常生活之新式產物為數不少，就其日記當中所記，有報紙、寫真（照片／照相）、電影、蓄音機（留聲機）、電話、收音機、眼鏡、摩托車等數類，前開諸物或自身擁有、或曾經體驗，張麗俊皆在日記記下使用或體驗感想，然形諸詩作者則不多，筆者僅尋得報紙、寫真、電影等三類，例證雖少，但亦可一窺看張麗俊對新式產物的觀感為何。

張麗俊任保正之職，需時時掌握社會脈動，故報紙成為了解當時國際情勢與殖民政策的媒介，其閱讀報紙的方式，或定期訂閱〔註4〕，或至保甲聯合所〔註5〕、信用組合〔註6〕等處讀報。根據筆者翻閱日記所及，張氏閱讀的報紙計有：《臺中每日新聞》〔註7〕、《漢文臺灣日日新報》、《臺灣協會時報》（以

〔註4〕 據筆者閱讀所及，張麗俊共訂閱《臺灣新聞》、《漢文臺灣日日新報》、《臺灣協會會報》三種。《臺灣新聞》，見明治三十九年（1906）八月三十日：「陰晴天，往墩，入支廳繳中部新聞下半期代金及新頒樣式戶口籍代金，共去金四円四拾錢。」張麗俊《水竹居主人日記》（一），頁105。《漢文臺灣日日新報》，見明治四十二年（1909）十月八日：「午后三時，到弓削氏宿舍繳《臺灣新聞》並漢文《日日新報》代金。」；明治四十三年（1910）七月六日：「晴天，……十時巡查廣瀨稜威臣來整理保甲費報告書，並取日日漢文代金。」張麗俊《水竹居主人日記》（二），頁225，383。《臺灣協會會報》，見大正七年（1918）三月二十九日：「陰天，……又在慈濟宮內郵便局配達夫王金水交去臺灣協會時〔會〕報料金，自大正六年四月起至大正七年三月止叁円。」張麗俊《水竹居主人日記》（五），頁165。
〔註5〕 張麗俊《水竹居主人日記》（三），許雪姬、洪秋芬、李毓嵐編纂、解說，中研院近史所，2001年8月初版。見大正二年（1913）一月一日，頁306。
〔註6〕 張麗俊《水竹居主人日記》（七），許雪姬、洪秋芬、李毓嵐編纂、解說，中研院近史所，2004年1月初版。見昭和二年（1927）三月二十九日，頁179。
〔註7〕 《臺灣新聞》創設於明治三十四年（1901）五月一日，發行所位於臺中市明治町一丁目五番地。前身為《臺中每日新聞》，明治三十六年（1903）一月改組為股份有限公司，同年3月1日改稱為《臺灣新聞》。臺中、新竹兩州廳及兩市役所之公報均附刊於此。歷代社長為金子圭介、安土直次郎、山移定政、松岡富雄等。詳細可參閱張圍東〈日據時代臺灣報紙小史〉，《國立中央圖書館臺灣分館館刊》第5卷3期，1999年3月，頁54。

上爲訂閱）、《臺灣民報》〔註8〕、《臺中州報》〔註9〕、《大阪新聞》〔註10〕、《新高新聞》〔註11〕、《臺南新聞》〔註12〕等種，讀報數量不少。其中《臺中每日新聞》（《臺灣新聞》）發行滿二千號的時候，張氏曾作五首詩表示祝賀，移錄於下：

> 歐風亞雨一篇收，消息相傳日置郵，
> 千古董狐今再見，居然筆削等春秋。

> 世道人心賴感通，泰西風化遍瀛東，
> 斯文未墜資鉛槧，廿百篇中大有功。

> 江山依舊化維新，社會興隆在得人，
> 中部從茲成鼎峙，增光帝國七年春。

> 中部何曾讓北南，文章華國可參三，
> 盈箱積案從頭數，掘指篇連廿百函。

> 報社初開歷有年，風雲月露慶連篇，
> 文明世界施新政，漢字和文號二千。〔註13〕

從詩句「增光帝國七年春」、「盈箱積案從頭數，掘指篇連廿百函」可以了解，該報是他最常閱讀、也是閱讀時間最久的報紙。面對報紙這種多面向的傳媒，張麗俊並不排斥，並且抱持著開明的態度，接受報紙所扮演的功能與角色。換言之，張氏體認到報紙有記錄社會實況，與傳遞西方新式思潮的功能，也兼具宣傳政令的目的。然他並不擔心這份報紙淪爲官方傳聲筒，因爲該報的漢文主事者是傅錫祺〔註14〕，詩句「斯文未墜資鉛槧，廿百篇中大有功」、「江山依舊化維新，社會興隆在得人」透露對老友的支持，同時對於該報漢文欄

〔註8〕 張麗俊《水竹居主人日記》（六），許雪姬、洪秋芬、李毓嵐編纂、解說，中研院近史所，2001年8月初版。見大正十三年（1924）九月二十一日，頁255。
〔註9〕 同註6。見大正十五年（1926）十月一日，頁94。
〔註10〕 同註6。見昭和二年（1927）六月六日，頁211。
〔註11〕 張麗俊《水竹居主人日記》（八），許雪姬、洪秋芬、李毓嵐編纂、解說，中研院近史所，2004年1月初版，見昭和五年（1930）一月一日，頁144。
〔註12〕 同註11。見昭和五年（1930）六月十日，頁227。
〔註13〕 張麗俊《水竹居主人日記》（二），許雪姬、洪秋芬編纂、解說，中研院近史所，2000年11月初版。見明治四十一年（1908）二月六日，頁5～6。
〔註14〕 傅錫祺於明治三十二年（1899）兼任該報通信記者，明治三十四年（1901）獲聘爲正式記者並主辦該報漢文部分，至明治三十九年（1906）因與社長安土直次郎理念不合求去。次年應新任社長移山定政敦請再就原職，至大正七年（1918）二月才離職。詳參傅錫祺《鶴亭詩集》（下）「生平紀要」，臺灣先賢詩文集彙刊第二輯，龍文出版社，1992年6月，頁373～376。

維繫漢文化，發揚中部文風，與南北鼎足而三的貢獻表示讚揚。

其次，在電影與寫眞的部分，日記很早即有此二者的體驗紀錄，電影因有場地與時間的限制，對他而言較有距離感，而寫眞則已融入升三的生活，體驗次數相當頻繁，不論是詩會活動的紀念照，或是家庭合照、個人獨照等等，接觸已久，新鮮感較爲薄弱，故在此略去不談，僅專以對電影的觀感爲主。電影作爲新式傳媒，殖民政府會透過電影來型塑國家強盛的意象，如明治三十九年（1906）官方要求各地播放日俄戰爭「活動寫眞」（即電影），升三因保正之故，需要發放入場卷予當地各甲長。〔註15〕又如明治四十四年（1911）四月二十八日，慈濟宮播放電影，張氏亦往玩賞，觀畢形容其頗爲巧妙。〔註16〕除了當局之外，尋求體制內抗爭的文化協會，也會在慈濟宮、聖王廟等民眾聚集之處播放影片，宣講新式文明觀念，例如大正十五年（1926）四月二十日，文化協會於聖王廟前舉辦演說並播放影片，升三對該影片內容記錄頗詳：「對北極探險隊演遇野獸熊狐獅象、氷山苦海、倫敦市街之繁華，滿州炭鑛、鐵鑛之豐富，丁抹工業，人心組合之發展及山田、塚本教育之方法，說明者羅〔盧〕丙丁氏對各件詳細說明，至十一時演畢，散歸。」〔註17〕此外，昭和十年（1935）的三月十六日，豐原吟社舉行春會，以〈觀電影〉〔註18〕爲題，張氏作了兩首七言絕句，可以作爲對電影的觀感，引出爲證：

幻景於今極巧精，衣冠樓閣見分明，
大西研就天文學，每夜登場活動成。

有形無跡又無聲，人物依稀入眼明，
西化東漸通世界，機關活動眾歡迎。

電影這項產物可以精巧的呈現人物、衣冠、樓舍等影像，使之歷歷在目，清晰分明。實爲文明科技的進步，讓幻影可以成眞。「有形無跡又無聲」一句，即表示當時影片尚爲黑白的默片，播放時需要有辯士在旁說明，如前例中爲文協活動寫眞作說明的盧丙丁，即爲文協著名的辯士。從「西化東漸通世界，機關活動眾歡迎」兩句，大概可以判斷出其描寫對象並非官方政令宣導的影片，而

〔註15〕張麗俊《水竹居主人日記》（一），許雪姬、洪秋芬編纂、解說，中研院近史所，2000 年 11 月初版。見明治三十九年（1906）二月二十二日，頁 20。
〔註16〕同註 5。見明治四十四年（1911）二月二十八日，頁 50。
〔註17〕同註 6。見大正十五年（1926）四月二十日，頁 34。
〔註18〕張麗俊《水竹居主人日記》（十），許雪姬、洪秋芬、李毓嵐編纂、解說，中研院近史所，2004 年 11 月初版，見昭和十年（1935）三月十六日，頁 24～25。

是文協等臺人團體所播放的宣傳電影，另從本論文第四章第二節的論述可知，該類活動相當受到民眾青睞，常常講者欲罷不能、聽者頻頻拍掌稱善，讓官方無不派遣警察到場監控，以防止煽動民心的言論。對於文化抗爭者，張氏也以實際行動表示支持。要言之，從張麗俊的詩可以想見，電影的播放帶動了演說現場的氣氛，讓這項新產物與當時的文化啓蒙運動產生了新的連結。

（二）現代化之建設

　　現代化建設，如鐵路、電力、水利工程建設，木材、製麻工廠等生產設施，以及臺灣總督府等數類。由於張麗俊另有對臺灣總督府的觀感，本文將在第二節詳細闡述，在此不擬討論，在此以鐵路、電力、水利工程建設等三者爲主。先述升三對火車的體驗，明治四十一年（1908）十月，因臺灣的縱貫鐵路剛剛開通，葫蘆墩支廳鼓勵保內民眾搭乘鐵路參加紅十字總會，來回在四日內者，車資可以折半。〔註19〕有此誘因，張麗俊於二十九日，遂與謝春池〔註20〕搭乘鐵路前往臺北參與該會，順道遊歷了艋舺、大稻埕、林本源花園、大龍峒等地，並參觀了臺北共進會。在鐵路時代宣告來臨之際，張麗俊將長達近七個小時的車上旅程化爲文字，日記裡詳列車行經每站的到開時刻〔註21〕，反映出精確的「時間」觀念已進入了張氏的概念。對於人生首次

〔註19〕明治四十一年（1908）十月一日：「晴天，往墩，全諸保正入支廳，……支廳長遂全保正到役場會議，……（五）言本月廿九日臺北欲開全臺赤十二〔字〕社總會，各保內社員有志付〔赴〕會者，俱當預先報名，以便請証明車資，往回四日限俱折半。」張麗俊《水竹居主人日記》（二），頁97～98。

〔註20〕謝頌臣之長子。

〔註21〕明治四十一年（1908）十月二十九日：「晴天，七時三十分全春池坐列車北上，五十分抵后里庄驛，八時四十分抵三义湖，經八隧道過四吊橋，九時抵銅羅灣驛，二十分至苗栗廳，又經一隧道，二十六分至后壠，過一吊橋，此處農夫大都割稻，則見海沙堆積如山，及五十五分鐘至造橋，經一隧道，過一鉄橋，此處名爲新港，則新竹廳管界矣。又上過中港橋，少頃，到中港驛已十時五分矣，三十五分抵香山驛，西望汪洋，海眼沖開，雪浪銀濤，東觀培塿，山頭聳峙，重巒疊嶂。至五十五分抵新竹廳，望見舊時雉堞城垣半歸折〔拆〕毀，未免今昔之感。二十分抵紅毛田驛，過吊橋，跨鳳山嶺，四十五分至大湖口驛，斜風拂拂，細雨霏霏，至十二時十二分抵楊梅壢，二十三【分】抵安平鎮，三十八分抵中壢，雨絲更大，五十分至崁仔腳，近一時到桃仔園廳。天漸晴朗，十六分至鶯歌石驛，見此鶯哥儼然如生，詢車中土人言，此鶯哥石與對面鳶鴞山，當年鄭成公〔功〕之兵士到此，被其所損，成公〔功〕怒，開砲擊之，傷其喙云云。……列車發，二十七分至山仔腳，三十五分至樹林驛，海山堡桃園廳管界止矣。以上過大〔姑〕陷溪吊橋，即臺

現代化鐵道之旅的新奇感受，可由其〈途中即景〉〔註22〕詩窺見：

　　　　驛路馳驅入翠微，白雲深處露荊扉，

　　　　稻花香裡鶯聲鬧，恨不緣途寫照歸。

以及沿途所見的景致，加上首見臺北大都會的興奮，讓升三恨不得通通捕捉回去，只能說「恨不緣途寫照歸」。而對於「火車」這項新器物的看法，則鎔鑄在〈氣車〉〔註23〕詩中：

　　　　北去南來日夜同，運輸全部遍瀛東，

　　　　木牛流馬人稱巧，制象行龍技更工。

　　　　風雨三臺難阻礙，山川萬里便交通，

　　　　花蓮港透能周一，縮地居然有費公。

火車是一項劃時代的產物，詩中對於這項工具的發明讚賞無比，認爲「制象行龍技更工」，能不受日夜風雨的阻礙，南來北往的交通，貫通前後山的經濟，全仰賴著它，猶如傳說中的費長房再現。末句「縮地居然有費公」，化用《神仙傳》「費長房有神術，能縮地脈，千里存在，目前宛然，放之復舒如舊也。」之典故，巧妙的運用神話來融合火車日行千里的特點。

　　便捷快速的優點，早在明治三十三年（1900）北上參加「揚文會」的吳德功也有相同感受，當時火車僅通行新竹至臺北間，其九點上車，中午即抵大稻埕，車行之迅速讓吳氏大感驚奇，遂詠一詩：「新竹抵稻津，辰發午即至。儼似費長房，符術能縮地。旋轉任自如，水氣通火氣。水火交相用，繫易占既濟。逐店迅追風，敏捷勝奔馳。舉重若有輕，便捷兼爽利。」〔註24〕和張麗俊一樣，對這項新器物表現接納且欣喜的態度。

　　其次，在電力方面。大正三年（1914）二月二十一日，豐原電力開通，

北廳所轄，五十五分至枋橋驛，則見林本源大厝前結綵門，詢是載仁親王各列位貴賓，是午來赴本源之宴。及二時五分抵艋舺，二十五分抵大稻埕……。」張麗俊《水竹居主人日記》（二），頁109～111。

〔註22〕同註13。見明治四十一年（1908）十一月十五日，頁120。

〔註23〕張麗俊《水竹居主人日記》（五），許雪姬、洪秋芬、李毓嵐編纂、解說，中研院近史所，2001年8月初版。見大正八年（1919）一月九日，頁232。筆者案：排印本作「氣〔汽〕車」，根據解讀凡例，〔〕爲原文錯字的更正，但日治時期的語彙氣車即指火車，且該詩所描寫的即爲現今所普遍認知的「火車」，顯然排印本的錯字更正有所誤解，因此在此並不予採納。

〔註24〕吳德功《觀光日記》，收於《臺灣遊記》，臺灣歷史文獻叢刊，臺灣省文獻會出版，1996年9月初版，頁23。

特別舉行祝賀會，街中保正、醫生、名望人士，以及區長、支廳長等齊聚一堂，並邀請板垣伯爵與會。會場有梨園三臺，內地女優一座，藝妓、酌婦穿梭侑酒，且街中到處臨時燈門、柱等裝飾，光亮有如月夜，處處紅男綠女接踵挨肩，讓張氏直言「自開墩街以來未曾有之盛況」、「可謂盛鬧矣！」〔註25〕，並作有〈祝葫蘆墩街電火開通〉賀之：

世界神工出，葫蘆電火通，

流星垂路曲，皓月滿街同。

不怕風吹黑，何須燭吐紅，

黃昏光達旦，長是水晶宮。〔註26〕

詩句相當質樸，蘊藏傳統文人對於新器物的好奇與驚嘆，當晚母親亦在徐妹的扶持下前往玩賞，升三認為這是「八旬老人而玩此平生所未覩之奇觀，堪稱幸福焉。」〔註27〕。可見張麗俊並不排斥科技的進步，也不會抗拒新器物進入日常生活，反而持開放的態度來迎接一切變化。大正四年（1915）六月一日，製麻會社酬謝奉天宮聖母，請來梨園演戲，除氣氛熱鬧外，最引人注目者，要屬錦枱前的一盞電燈了，張氏言其「大如月光，耀賽過於月焉」〔註28〕。正如另一首〈電火〉詩所言：「月下觀光光賽月，風前散影影當風」〔註29〕。

　　這項巧奪天工的發明，讓黑夜等同白晝，夜間在燈下活動，成了生活的一部份，更在多年後成為張麗俊衡量「文明」的標準。在妻子的喪禮上，他以百餘盞電燈裝飾喪壇，並舉行盛大的儀式送妻最後一程，其景況在地方算得上是相當風光的，因此他很自豪的說：「目所未見者，喪壇之廣大、電火之輝煌，故四方男婦老幼來觀，接踵挨肩，雖我母喪演一朝，束啓未有如何氏之鬧熱。何也，蓋當年之喪壇未有如今日之文明也。」〔註30〕張麗俊把文明產物與傳統儀式結合，足以展現與時俱進的心態。

　　在水利工程方面。第三章第二節曾指出，張氏有豐原信用組合理事的身份，日記裡自大正十五年（1926）起，連續七年皆有參加「全島產業組合大

〔註25〕　張麗俊《水竹居主人日記》（四），許雪姬、洪秋芬、李毓嵐編纂、解說，中研院近史所，2001 年 8 月初版。見大正三年（1914）二月二十一日，頁 11～12。

〔註26〕　同註25。見大正三年（1914）二月二十一日，頁 11～12。

〔註27〕　同註25。見大正三年（1914）二月二十一日，頁 11～12。

〔註28〕　同註25。見大正四年（1915）六月一日，頁 191。

〔註29〕　同註23。見大正八年（1919）一月九日，頁 232。

〔註30〕　張麗俊《水竹居主人日記》（九），許雪姬、洪秋芬、李毓嵐編纂、解說，中研院近史所，2004 年 11 月初版。見昭和七年（1932）十二月二十日，頁 183。

「會」的紀錄,然藉開會公出之便,每每順至當地各處遊覽,期間也參觀了不少水利設施,而且因兼任豐原水利組合評議員的緣故,對於各地水利工程的建設過程與運作方式皆會多加留意,除載於日記外,亦會以詩歌表示。如昭和五年(1930)十一月二十二日參加嘉義主辦的「全島產業組合大會」,連開兩日會議後,二十四日遂同組合役職員六人往烏山頭遊觀嘉南大圳,詩作〈遊嘉南大圳頭〉〔註31〕述其觀覽感想:

> 全島塗工動眾探,烏山頭裡透青潭,
>
> 專心往見傳非誤,携手來遊興未酣。
>
> 萬頃田園仍舊貫,三年溝洫試新涵,
>
> 此中不派天河水,長望雲霓到處談。

對於這項歷經八年才完竣的工事,張麗俊認為除了日月潭電力會社大工事,就屬這件可謂全島第二的浩大工程。上到護岸向四周望去,湖面廣大,高深皆數十丈,果然是「傳非誤」。當時烏山頭水庫提供汽艇遊覽的服務,並可乘汽艇一探送水隧道,可惜汽艇已被他人出借,張氏等人礙於回程時間,只得敗興離去。

又如昭和十年(1935)十月二十三日,張氏同豐原水利組合一團十八人,至桃園視察石門大圳。當日一行人先至桃園大圳,聽取管理員說明大湳沈澱池之運作,並至中壢溪觀看暗渠,箇中巧妙,讓升三直嘆「其樣式之工巧,形氣之宏壯,殊難以言語形容」〔註32〕。次日則一探石門大圳的源頭,一行人冒著細雨紛飛,接連換搭自動車、輕便車,後下車步行,至目的地五里之遙處則改乘小舟,橫渡石門大圳取水口,映入眼簾的是兩片石峰聳峙千仞,張氏認為「此山號石門確名稱其寔」〔註33〕,不僅對地名感興趣,對於圳水流向更感好奇,日記載:「圳水入口由峰下穿石隧道至溪街對面,方由溪崁傍開献圳也,兩岸及圳底用英灰造就,其隧道內之堅固不言可知矣。」〔註34〕詩作〈桃園大圳頭石門〉〔註35〕說明此行視察之心得:

> 屹立双峰號石門,鑿開水隧灌桃園,
>
> 郊原萬頃犁鋤偏,禾稻千疇櫛篦翻。

〔註31〕同註11。見昭和五年(1930)十一月二十四日,頁297～298。
〔註32〕同註18。見昭和十年(1935)十月二十三日,頁122。
〔註33〕同註18。見昭和十年(1935)十月二十四日,頁123。
〔註34〕同註18。見昭和十年(1935)十月二十四日,頁123。
〔註35〕同註18。見昭和十年(1935)十月二十四日,頁124。

　　今日星羅新富戶，當年草萊伏生蕃，

　　參觀此地高天塹，眼界應隨足跡存。

農業發展優劣全賴水利建設的成效，看到日人依照地勢而擘劃如此的設施，讓桃園龍潭一帶沃野平疇。這樣繁盛的景況，使得升三不禁感嘆清朝與日本管理開發的差異，認為：「有此天地生成之位置，又有此巧妙之人工，若清政府永為凶蕃埋伏之所，安得桃園地方旱乾之畑而變成水田三千餘甲也。」〔註36〕言下之意，雖讚日本開鑿水利之功，但其中亦有對清政府施政感到惋惜的成分，頗耐人尋味。然不管如何，「參觀」進而廣開「眼界」才是張麗俊參訪的重點，此類關於旅遊目的的探討，將於本章第二節詳細說明。

　　上面兩小節講述張麗俊對於現代化產物與建設的感受與看法，是肆應外在世界的變化，至於自身的思想變革上，張麗俊則有解纏足、斷髮兩項新觀念的實行，對於前者其表示贊成，對於後者卻猶豫再三，其間反映了背後不同的價值觀。然即便升三對於女子解纏足表示支持，並不代表對於兩性觀念就抱持著開放的態度，因此在價值觀上，仍顯得相當傳統、保守。以下將繼續討論升三對解纏足的態度，以及斷髮、兩性觀念等看法。

二、傳統的禮教文化觀念

　　纏足是對女性的一種桎梏，自宋朝以來相沿成習，臺灣易主日本後，殖民政府擬定吸食鴉片、纏足、髮辮為必須革除的三大陋習，然鑑於強硬手段易生抗爭，遂採取漸進策略，透過學校教育或傳媒宣導來鼓吹臺民戒除此三大惡習〔註37〕，抑或獎勵臺灣仕紳前往日本內地考察，試圖透過日本女性的形象，引起臺灣仕紳的反省，乃至於自發地改正陋習〔註38〕。此舉的確收到了相當的回應，明治三十三年（1900）二月，由大稻埕中醫師黃玉階出面籌組的「臺北天然足會」獲准成立，倡導「格故鼎新，改除纏足以成天然」〔註39〕，該會得以順利成形，背後來自官方的支持與鼓勵實為主因，寄望該會造成臺灣社會解放纏足的風氣，進而改變此一陋俗。

〔註36〕同註18。見昭和十年（1935）十月二十四日，頁123。

〔註37〕吳文星《日據時期臺灣社會領導階層之研究》，正中書局，1992年3月，頁248～252。

〔註38〕洪郁如〈日本統治初期士紳階層女性觀之轉變〉，《臺灣重層近代化論文集》，播種者文化有限公司，2000年8月，頁255～281。

〔註39〕同註37，頁259。

　　由是，解放女性纏足的動力有二：一爲日本將纏足視爲陋習，爲其亟欲
改正的三大目標之一；二爲臺灣知識份子吸收西方現代觀念，對於傳統風俗
已有動搖，進而改變對身體文明觀的認知。兩者的最終目標是廢除纏足歪風，
是時勢所趨，也是官方精準掌握民意，殖民者運用了這股力量，將纏足風氣
剷除。豐原地區遲至大正四年才推行解纏足運動，該年元月十六日胡蘆墩之
廳舉行婦女解纏足會，張麗俊以「胡蘆墩聯合保甲議長」的身份，發表一篇
祝辭〔註40〕，全文如下：

> 嘗聞古人身體髮膚受之父母，不敢毀傷，以知凡屬於身者，兼所愛
> 則兼所養，無處可毀傷，而失其天然也。第世風不古，習俗移人，
> 以婦女爲玩好，開纏足之先聲，其始不過立異矜奇，其繼遂成惡風
> 陋習，雖有賢者亦習焉不察，甘自施等於桎梏之酷刑，而不能奮然
> 矯正其弊。茲有枝廳長閣下暨各課長閣下，憐婦女之艱辛，力挽頹
> 風而敦古處則，村田胡蘆墩支廳殿亦善體此意，殷殷以改良風俗爲
> 急務，故繼男子斷髮之後，而勸誘婦女解纏。自有此舉，我地方之
> 婦女輩平生所受之痛苦，從茲脫去，而野蠻之譏亦庶幾免矣。感激
> 之餘，謹掇數語以爲祝辭。〔註41〕

該文以《孝經》思想起頭，說明身體乃受之父母，應保持「天然」，並加以愛
惜養護，怎知女子一時標新立異的纏足之舉，最後竟會演變爲「惡風陋習」，
桎梏多少女性，且歷代賢者皆不察、亦不能矯正其弊，抨擊傳統男性對女性
玩物的心態。但下半段卻話鋒一轉，將解放纏足的功績歸爲當局，推崇是「憐
婦女之艱辛，力挽頹風而敦古處則」的良政，並可讓「我地方之婦女輩平生
所受之痛苦，從茲脫去，而野蠻之譏亦庶幾免矣。」奉承之意顯而易見，然
此也是身爲公職的張氏不得不爲的措辭，我們並不加以苛責。但從這篇文稿
可以確定，升三對女性解放纏足，在態度上是表示支持的。不過，由以下事
例可以看出，其兩性平等的思想觀念上卻未必稱得上開化。

〔註40〕大正四年（1915）一月十六日記載：「……近十時餘，全五區區長並五位保甲
　　　聯合會議長在聖王廟接迎臺中廳長並數位官紳及廳長夫人，因是日胡蘆墩支
　　　廳轄下五區婦女纏足解纏足會故也。十一時餘開會，解纏婦女赴會者二百餘
　　　人，胡蘆墩區長廖乾三讀開會式辭，支廳長村田豐次郎述開會報告，臺中廳
　　　長枝德二訓示解纏之婦女，後五區區長讀祝辭，而區長俱無焉，後五區保甲
　　　聯合會議長讀祝辭，亦俱無，只有我焉，讀罷閉會。」張麗俊《水竹居主人
　　　日記》（四），頁138。
〔註41〕同註25。見大正四年（1915）一月十八日，頁139。

　　昭和七年（1932）六月二十六日，豐原呂大椿發起沙鷗聯吟會，募集包括豐原、潭子、大雅、神岡、內埔等五街庄雅好漢學人士，但除卻張麗俊、王淑潛外，傅錫祺、呂琯星等詩壇聞人均未出席，十餘名參加者幾乎是當地青年，如此慘澹光景，讓升三感嘆「人氣稀薄」〔註42〕，且爲符合與會人士的程度，擔任詞宗的張氏只得設下「不可出難題，亦不可咏律詩，只七絕，任人自由可耳」〔註43〕的標準，即便如此，張麗俊與王淑潛兩人所詠詩作，還是都被對方選入元眼，可見到了昭和時期，漢學維繫已日暮西山，難以爲繼了。會後同一地點舉辦舞會，張、王二人前往觀賞，只見該處席開四桌，十名妙齡男女互相擁抱、婆娑周旋，未頃刻男女交換舞伴，這種場面著時讓升三頗爲震撼，觀賞數回後嘆曰：「歐州〔洲〕以此跳舞爲文明，男女授受且不親，似此互相擁抱體統何在，可謂文明極而變野蠻矣，此風何以吹入臺灣矣，若長此以進，男女不近於禽獸者幾希矣。我不欲觀，仍全淑潛等下樓別歸。」〔註44〕直指男女相擁而舞是不登大雅之堂的行爲，並擔憂此風一長，則男女幾近於「禽獸」，在張麗俊的認知裡，還是遵循著傳統儒家的禮教規範，因此在傳統詩會活動上，可以有女侍在旁陪酒，而對於現代舞會則大加撻伐，其〈登豐國樓即事〉〔註45〕一詩可以看得更清楚：

　　　　樓名豐國富春鄉，合作騷壇跳舞場，

　　　　萬里雲山舒望眼，四時花鳥破愁腸。

　　　　登臨預約閒鷗集，唱和難期老鳳翔，

　　　　惆悵斯文雖掃地，千鈞一髮賴延長。

該詩第一、二句「樓名豐國富春鄉，合作騷壇跳舞場」，點出豐國樓早上作爲傳統詩社的集會場所，到了晚上卻搖身一變爲現代舞廳，兩句縐合差異極大的意象，造成對比的效果。後四句則說出對漢學難以延續，以及男女擁舞的感嘆，認爲文化道德觀念低落，雖然如此，仍然認爲自己負有漢文的重擔。此詩將過渡時代的文化調適問題凸顯出來，但這樣的排斥態度，不只張麗俊如此，就連積極參與文化運動的林獻堂也難以擺脫舊有禮教框架的束縛，其〈環球遊記〉提到：

〔註42〕同註30。見昭和七年（1932）六月二十六日，頁95。
〔註43〕同註30。見昭和七年（1932）六月二十六日，頁95。
〔註44〕同註30。見昭和七年（1932）六月二十六日，頁96。
〔註45〕同註30。見昭和七年（1932）六月二十六日，頁97。

　　余自幼受過男女授受不親之舊禮教，至今尚蹯據腦中未亡，忽欲易
　　之以男女相抱於大庭廣眾之中，而作舞踏，實無此勇氣。〔註46〕

傳統文人面臨風俗改易的挑戰，其根深蒂固的禮教思想尚且是依循的標
準，由張麗俊與林獻堂的表現，即可知道此非孤例，而是時代變遷下的必
然現象。

　　再者，在斷髮一事上，張麗俊也是抱持保留的態度，如明治四十三年
（1910）年底，在臺北總督府醫學校就讀的女婿袁錦昌，寫信詢問升三是否
應該剪辮，升三回以剪辮有「三不便」，表示不贊成錦昌剪去髮辮，節錄該信
如下：

　　……據來書云，立會剪髮有老成者，有少年者，既云立會，則非官
　　長先生之命從違聽人自便矣。自予思之，剪髮不便者多，而便者少
　　也，蓋剪髮不改裝似不合維新之態，若改裝則衣服之費頗多，此不
　　便一也。剪髮必成立，方不冒文明之壳，欲成立而醫學之精頗難，
　　此不便二也。兼之剪髮有好相、有不好相，好相者人不我議，不好
　　相者人咸笑之，此不便三也。剪髮之便者不過晨興免辮髮而已，子
　　姑從三便而違一便，子自圖之，何必予贅也。〔註47〕

升三力勸錦昌不要斷髮的理由有二：其一，此斷髮會並非官方強制，認為可
以不必參與剪辮活動；其二，指出剪髮後將會面臨許多不便，如增加製裝費
用、或是遭人恥笑樣貌等等。希望錦昌不要貪圖「晨興免辮髮」之利，好好
考慮清楚。然而在當局的運作與文明演進的必然，張麗俊終究擋不住斷髮易
服的時代潮流，一年後，在其師謝頌臣的壽宴上，張麗俊與林癡仙、黃旭東、
傅錫祺、林載昭等櫟社同人俱出席祝賀，席間謝道隆長子謝春池邀升三一起
斷髮，霎時間升三顯得猶豫，然在場友人力勸社內未剪髮者僅張氏與陳基六，
且言今日笙簫酒宴已備，剪髮是何等光榮之事，升三拗不過眾人之意，只得
「將數十年來之辮子削薙大半矣！」〔註48〕。

　　雖張麗俊外表是一襲洋服新貌，然舊有的倫常規範卻沒有隨之揚棄，在
諸多面向上仍然顯得保守，如看到少年子弟放蕩墮落，以及社會種種亂象，

〔註46〕林獻堂〈環球遊記・日內瓦（下）〉，《臺灣新民報》第350號第7版，昭和六
　　　　年（1931）二月七日。
〔註47〕同註5。見明治四十四年（1911）二月十一日，頁13。
〔註48〕同註5。見大正元年（1912）九月二十六日，頁269～270。

提出若干回歸傳統的省思與建言。對於當日社會年輕一輩管教愈難，張麗俊提出〈重族親權以防子弟〉，希望透過賦予尊長更爲強大的道德力量，來約束日漸放肆的青年子弟。迻錄該文以見：

> 政府之立法不仝，人情之變遷亦異，十餘年間，成敗者指不勝屈，貧且賤者無論矣。間有富裕之子，無論嫡庶螟蛉，少時未嘗不嘉，長則狗馬聲歌，習與性成，故致外冒文明，內存淫逸，聽父兄之訓爲具文，視師友之教爲無關，甚至變起蕭墻，禍生骨肉，此傾家蕩產之所由兆也。舊政府則族親攻擊，非我族類矣，今也不然，族親失其權，子弟放其肆，某忝有地方之責，每有目擊心傷之感，故當輶軒下採，詢及蒭蕘，爰瀝情上告，冀當道輕其所有之權，以攝其心，重族親之議，以孤其勢，庶國家俱有小補云。〔註49〕

該文指出有感於現今年輕人多藉口現代文明，但卻每日縱情聲色、行爲淫逸墮落，且視親族長上訓誡爲具文，甚或引起家族內鬥，導致親族分崩離析，成爲社會治安的隱憂，每每讓張氏頗爲心傷，因此諫請當局讓族親權力從重，進而可以約束子弟的行爲。張氏希望透過這樣的作爲，使「國家俱有小補云」。但若具體實現，豈不是走回封建制度的老路，年輕人行爲偏差固然需要管教，然時代已屆法律規範之際，呼籲以族親權約束，恐怕並非權宜之計，也顯得不合時宜。

再舉一例，昭和八年（1933）十二月，升三撰寫〈人心世道論〉一文，針對當時社會人心頹靡發出評議，該文雖應豐原信用組合職員林喜烈之請，代其在兼營之《國鐵雜誌》上發表的演說稿，然文中反映的論點，實可視爲張麗俊對於傳統價值失落的擔憂，以及對應於當日過渡時代的文化思維。

該文分成八段，首段期望透過雜誌「參觀易曉」的傳播便利，將以往文士以科舉爲經世的抱負，轉爲對社會觀察、分析的評論文字，希冀重新樹立社會價值。繼而六段以反詰語氣來闡述社會種種亂象，引出以見：

> 人心既不古，世道至於今也，有心人能不心爲傷之矣。帝典王謨者無論矣，而聖經賢傳亦成污腐篇章，天經地義者無論矣，而物則民彝，總屬虛廓，學問一線，斯文欲喪，千鈞漢學誰持，此吾之未解一也。通都大邑者無論矣，而僻壤遐陬動輒浮誇相尚，廣廈高樓者無論矣，而繩樞甕牖好矜逸豫交遊，姓氏無聞於里巷，名聲鬧出乎親朋，此吾

〔註49〕 同註5。見明治四十四年（1911）二月九日，頁9。

> 之未解二也。任重投艱者無論矣，而身輕力弱偏言大而誇，龍章鳳彩
> 者無論矣，而狐假虎威亦眼空一世，黃鐘毀棄傷心瓦缶雷鳴貫耳，此
> 吾之未解三也。誠中形外者無論矣，而貌是心，非誇色莊於論篤，蹈
> 矩循規者無論矣，而踰閑蕩檢，藉法網爲機關，冀終身權在手，忘轉
> 瞬禍臨頭，此吾之未解四也。箬笠簑衣者無論矣，峨冠博帶居然公子
> 之翩翩，釵荊裙布者無論矣，而披縠扭羅只學衣裳之楚楚，西化既已
> 東漸，南風胡能北競，此吾之未解五也。元音逸響無論矣，而紫色蠅
> 聲反博，地方之獎賞守正不阿者無論矣，而異端曲學偏邀社會之公
> 評，樂不習乎，武韶風欲同於鄭衛，此吾之不解六也。〔註50〕

升三羅列出「六不解」，其一是對斯文欲喪、聖人經傳無人聞問的感嘆；其二、其三則述現今荒僻鄉里、貧寒人家吹起浮誇、矜逸的風氣，以及社會上多是狐假虎威、不肯腳踏實地之輩；其四、其五則言今人狡詐，以爲可以逃避法網之外，甚或外表西化，但只學其衣冠楚楚，內在學養皆不具備；其六則論社會失去是非黑白，「異端曲學」者所受到的社會關注，竟超越「守正不阿」。

此六不解，皆爲當日常見之亂象，張氏向社會大眾提出質疑，繼而提出「援古証今、居今稽古」的比較，希望發揚古人良善的傳統價值，以今日學校、新聞報紙等現代傳媒，「使子弟咸蒙訓誨，俾父兄盡解箴規」，喚醒社會最爲根本的價值。生於此新舊過渡的社會，張氏表示殊爲可喜，然對於傳統價值日漸淪喪則表以可憂，這篇文章展現張氏身爲傳統儒生的經世觀念，雖提倡舊日禮教的價值規範，然卻符合社會現況，並提出與時俱進的思考模式，可見其上述雖有若干僵化的思想，但大體上還是具有現代開明的精神。

綜合前二小節所述，在現代化浪潮撲天蓋地而來之際，張麗俊面對進入日常生活相關現代文明事物，如報紙、電影，乃至於各項新式建設，是抱持著開放接納的態度，並且是以獵奇、嘗鮮的觀看角度，來審視所見的現代化產物，在其相關書寫當中，無不展現這樣的心態。然而即使樂意接受現代化的生活模式，張麗俊在某些傳統觀念上仍舊出現了新舊文化間的調適困難，不過這也並非是個人的問題，放諸同時代的傳統文人，絕大部分皆難以擺脫禮教的規範，以致呈現新舊夾雜的思考觀點。透過本節的討論，除掌握到張麗俊關於現代與傳統方面的主題書寫，同時也呈現了張麗俊新舊雜陳的複雜思想。

〔註50〕同註30。見昭和八年（1933）十二月十四日，頁341～342。

第二節 過渡時代的旅行視野

經由前節的說明，我們瞭解到張麗俊雖受舊有禮教束縛，但無損於對現代文明的接納，且張氏是個喜好新奇之人，旅行是他拓展視野、見識新奇的管道，因此張氏在日記中記載了相當多的旅行記事，在本島方面，除卻花蓮、臺東，其餘皆有他的足跡，晚年甚至遠赴日本東京遊覽，其旅行範圍包含了島內島外，而旅行的經驗自明治時期至於昭和時期，可說是橫跨了整個日治時期。此外，張氏的旅行並非隨意觀覽，而是有著自己的觀看角度與想法，因此本節從其相關書寫作品，勾勒日治下臺灣地景地貌的樣貌，進一層則可以考究升三對於殖民權力與建置的觀看態度，並與第四章之論述相呼應。本節分成兩部分循序討論，一、地景地物的描寫；二、對權力中心的詮釋與觀看。

在進入討論之前，需先簡要說明對於張麗俊旅行的認定，以及促成其出走的動機。本文所指稱的旅行，指張麗俊離開原生地且旅行天數二日以上，須透過各式交通工具才可抵達者，如北至臺北、基隆，南至臺南、高雄等地。但參加櫟社雅集、豐原吟社擊缽吟會、全島或中部聯吟大會等詩會活動則不在此列，因集會地點多在豐原附近，如臺中公園、霧峰、神岡、萊園、多瓜山等處，旅遊的行程無多；且活動目的在於墨客騷人的文學性集會，與「旅遊」的主體意識不符，不在討論範疇之內。民間信仰之迎神賽會的相關活動，如送迎南、北港媽祖的活動，宗教色彩較濃，幾無旅遊的成分，因此不列入討論。據此原則，我們檢選出張麗俊之旅行活動凡二十三次，多爲三至五日的島內旅遊，亦有長達二十三天的日本之旅。

至於其行旅動機可歸爲私人因素，及公務因素兩類，前者如至臺北處理親人事務，或是至基隆探望親人，張氏皆順道探訪當地勝景。後者則是因保正、街庄協議員、豐原信用組合理事等身份，需常至各地考察或開會，如第三章第二節指出，張麗俊自大正十五年（1926）起，連續七年皆須參加「全島產業組合大會」，故藉開會之便觀覽南北各都市的風情。不論是私人因素、或公務因素，兩者都爲他製造了很多旅遊的契機，一生中幾已踏遍西臺灣各處，晚年更跨出島嶼，領略了東京風光〔註51〕。本節另將其旅行活動與相關詩作整理出來，製爲「張麗俊旅遊活動一覽表」（見附表七），列於附錄以供檢索與參考。

〔註51〕 筆者案：這趟東京之行，升三雖有作詩，但僅有詩題卻無內文，致使本節進行作品討論時，並無法將其日本旅行的作品納入討論範疇，殊爲可惜，在此特別說明。

一、地景地物的描寫

　　從「張麗俊旅遊活動一覽表」可以清楚的看到，張麗俊的旅遊足跡踏遍臺灣島內，但亦有不少地點是重複遊賞的，如基隆、臺北、臺南、高雄等處，透過前後比對其相關作品，從中大約可獲知當時臺灣南北各地的發展樣貌，進而勾勒出地景、地物在日治時期的變化脈絡。以基隆爲例，該地位處臺灣東北部，其氣候環境、地理景觀，乃至於民情風俗，皆與中部地區的豐原相去甚遠。在日本統治之下，基隆蛻變爲國際化的商業港口。因女婿袁錦昌在此開業之故，張麗俊對於這個國際大商港頗有興趣，前前後後共至基隆多達八次〔註 52〕，或觀港口景緻、賞仙洞奇景，或遊砲臺舊跡、體驗中元普渡，甚者更以基隆爲基點，往東部的瑞芳、宜蘭等地旅遊。

　　大正三年（1914）10 月 1 日，將世藩罷課事件處理完畢之後，張氏自云「因我等多未嘗至其地遊玩故也」〔註 53〕，遂偕同謝頌臣、謝春池、袁錦昌等人前往基隆一遊。「見其地雖非平原廣，而四面約里許，周圍俱以山裏之港內，兩岸相距亦約里許，海水汪洋宏深莫測，港面大般〔船〕小舟遊泊滿港，岸上洋樓大廈，洵大觀也。」〔註 54〕大小船隻往來盛景，港灣內波瀾起伏的壯闊，以及岸邊林立著西式風格的高樓，是張麗俊下火車後對基隆港口的第一印象，試看〈遊基隆途中漫興〉〔註 55〕：

　　　　青山重疊水灣還，一片桑麻十畝間，

　　　　鎖鑰北門今益固，波濤起處是秦關。

嗣後，張麗俊等人復又乘著小船，前往當地著名景點「仙洞巖」一探，不僅細遊該處並作詩吟詠，〈遊基隆仙洞〉〔註 56〕爲港口、仙洞之行作了相當寫實的描述，詩云：

　　　　樓艦嵯峨壯大觀，長天秋水起波瀾，

　　　　欲窮古洞幽深處，低首還愁路不寬。

〔註52〕大正三年（1914）年 9 月、大正五年（1916）年 4 月、大正十五年（1926）年 12 月、昭和三年（1928）年 4 月、昭和五年（1930）年 9 月、昭和六年（1931）年 3 月、昭和六年（1931）年 4 月、昭和七年（1932）年 8 月。詳細請參閱「張麗俊旅遊活動一覽表」。

〔註53〕同註 25。見大正三年（1914）十月一日之記事，頁 101。

〔註54〕同註 25。見大正三年（1914）十月一日之記事，頁 101。

〔註55〕同註 25。見大正三年（1914）十月一日，頁 102。

〔註56〕同註 25。見大正三年（1914）十月一日之記事，頁 102。

前二句是描摹基隆港口船隻的繁盛景象,後二句敘寫進入仙洞岩尋幽探訪的過程,日記有更詳細的描寫:「……又坐小舟往彼岸,探仙洞空,並見大海汪洋,波濤澎湃,古石岩奇,洞內供神,多有名人選勝來遊,遺留筆跡。入到低狹處,或俯首而穿或側身而過,但係幽深未敢臨危冒險以窮其底奧也;又右傍一洞,初亦甚隘,側身入內較寬處置一石棹,大如床,不知何由而在此也。有頃出洞,仍乘小舟回南岸。」〔註57〕該洞穴並相傳「出米」的傳說,且供奉有觀世音菩薩神像,略帶神秘色彩。從詩文與日記的敘述,可知當時仙洞外面是汪洋大海,須乘小舟方得一探究竟。該洞為天然生成之海蝕巖洞,自清領時期,即是文人雅士遊賞的熱門景點,洞外岩壁上遺留前人題字更是不在少數。而洞內狹小曲折,有時尚且低頭、側身才得以往前通行。巖洞深處更是無人敢冒險進入「以窮其奧」。

這樣的港口景觀,十二年後有更為繁榮的變化,張氏在大正十五年(1926)年底重遊舊地,從基隆公園眺望港區,山海景致宜人,令他「神遊冥想」,詩興大發,詠〈基隆公園晚眺〉〔註58〕:

> 天然古木配邱山,水色嵐光夕照還,
>
> <u>四顧層樓今昔異,舟車輻輳港中灣。</u>

從詩末兩句可以看見,基隆都市景觀的今昔變化甚大,市街中的車輛、港灣中的船隻,都比以往來得更為繁忙,日本將基隆打造為貿易關口的企圖心可見一斑,在張麗俊四年後的日記裡,這樣的變化更清楚可見:

> 午后,又坐自動車往仙洞,經牛稠港,則見此港之山尾被削平而建
> 築永久大倉庫五座,又將此山之土石運滇〔填〕仙洞口一帶之海峽,
> 造成平地為建物敷地。入洞內一觀,又大異十餘年前予來遊之景象
> 矣。參香畢,仍坐自動車回院方晚飯。〔註59〕

與前例相對照,可以發現,第一,先前張氏需搭船橫跨港內,上岸才得造訪仙洞,今則有「自動車」可至,洞外已非大正初年的「並見大海汪洋,波濤澎湃」,前往仙洞巖已經有道路可供通行。再者,張氏日記表示官府將附近的山頭削平,並把土石運往仙洞巖之前,填海造地以擴大港口腹地。由此二點看來,除顯現仙洞已經成為當時旅遊基隆的必至景點之外,更可看出當時貿

〔註57〕同註25。見大正三年(1914)十月一日之記事,頁101。

〔註58〕同註6。見大正十五年(1926)十二月九日,頁128~129。

〔註59〕同註11。見昭和五年(1930)九月十七日之記事,頁268。

易往來之繁盛，使得原有港區不敷使用，進而擴建以達需求的發展軌跡。

再以臺北為例，相較於基隆屬於通商口岸的景觀，臺北則是總督府所在地，也是經濟發展的中心，所有現代化的建物大多匯聚於此，其城市景觀的面貌與其他地方相去甚遠，更能滿足張麗俊喜歡新奇的心理。其因公因私造訪臺北的次數，與基隆相比亦不遑多讓，包括臺北市區，以及草山、北投、木柵、艋舺等四方郊區，乃至於淡水、板橋、新莊等大臺北地區，升三幾乎全部走過，也在各著名景點留下相關詩作。上一節曾經提及，明治四十一年（1908）十月，張氏因縱貫鐵路開通，嘗試了人生第一次的鐵道之旅，該次也是他首度來到臺北。當時臺北的中心為大稻埕，「人物紛紜，車輪輻輳」繁忙的現代都會活生生呈現在張麗俊眼前，見此場景不禁讚嘆：「洵臺灣之大都會也！」〔註60〕。其〈稻江晚眺〉〔註61〕鎔鑄首見繁華都會的興奮與對此行的期待：

> 名區第一冠瀛洲，小住行裝作快遊，
>
> 東望員山西望海，夕陽樓閣估人舟。

政商交雜、人文薈萃的大稻埕地區，在詩人眼中非外來的殖民權力中心，反而是摩登繁華的都會景觀。當晚即在友人帶領之下，體驗臺北夜生活，欣賞中國來的正音梨園。聽罷升三稱讚：「其服色演劇均非本島之梨園所可比者耶！」〔註62〕隨後幾日則走訪了林家花園、大龍峒、圓山等地，勝景當前，張氏作有數詩吟詠，試舉其中〈明治橋〉、〈劍潭寺〉〔註63〕兩首：

明治橋

> 員山劍寺一橋通，形似長天掛彩虹，
>
> 名取天皇同比壽，贏他銅雀駕西東。

劍潭寺

> 化城門蘸古潭秋，劍氣曾傳射斗牛，
>
> 欲弔荷蘭王霸跡，數聲鐘落荻花洲。

這兩首詩所描寫的對象恰巧一新一舊，反映出當時臺北新舊交融的時空環境，〈明治橋〉以摹寫為主，從其連接圓山、劍潭兩地的實用功能下筆，次句

〔註60〕同註13。見明治四十一年（1908）十月二十九日之記事，頁111。
〔註61〕同註13。見明治四十一年（1908）十月二十九日之記事，頁111。
〔註62〕同註13。見明治四十一年（1908）十月二十九日，頁111。
〔註63〕同註13。見明治四十一年（1908）十一月一日，頁113。

則言其橋樑外貌好似天邊的一道長虹。該橋建設目的是爲了方便「臺灣神社」
的往來交通，該處山環水抱，讓張氏聯想到歷史上的銅雀臺，因此第四句則
運用歷史典故，連結橋、明治天皇、臺灣神社與曹操所築之銅雀臺，說明臺
灣神社其景觀、氣勢遠勝歷史陳跡。而〈劍潭寺〉則流露出淡淡的思古幽情，
首句的「化」、「蘸」兩字讓劍潭寺沾染了深秋的氣息，用字精準且帶出了歷
史的凝重、緩慢感，次句雖不免俗回溯鄭成功與劍潭的典故，但現實的鐘聲
隨即打破了升三對鄭氏事蹟的憑弔與懷想，末兩句拉回作者所處的時空環
境，造句堪稱巧妙，意境頗爲優美。

　　再以臺南爲例，大正十五年（1926）年二月二十六日到三月三日，是張麗
俊任豐原信用組合理事以來，首度參加的全島信用組合大會。會議於臺南召
開，而該地也是他三十餘年前參加科考的地方，面對這睽違已久的府城臺南，
在文學作品上則「烙印了往昔的記憶」〔註64〕，試看〈南遊途中即景〉〔註65〕：

　　　尋春預約往南州，驛路風光細雨浮，

　　　憶昔曾經卅五載，天緣有分再來遊。

末兩句即謂其當年曾經來此，卅載歲月倏忽，再次踏上往昔應試的路程，是
上天給予的緣分。過去來此是爲功名，今日卻因開會而順遊此地，在心境上
已大不相同，讀來有種近鄉情怯的複雜情緒。抵達臺南後，伺開會空檔，升
三走訪當年童子試的考棚，只見昔日試場如今僅剩殘瓦，大部分區域已改建
爲公園或陸軍營舍，景物變化甚大，雖遇見在地友人茶敘話舊，但滄海桑田
的變遷，還是讓升三不勝欷噓，再看〈題考棚舊址〉〔註66〕：

　　　雲程發軔樹先聲，此日重遊倍愴情，

　　　三十年前觀榜地，宮墻變造陸軍營。

舊時觀榜之地，如今卻爲軍營所在，末兩句的對比極爲鮮明，表現出歷史與
現實之間的衝突，過去存在封建社會的科舉制度，如今已不復見；而那位讀
遍聖賢書的書生，卻成爲新式社會下的信用組合理事。身陷歷史衝突的詩人
本身，反倒未顯得激情，選擇以平靜的敘述包容難以言述的無奈，讓整首詩
顯得言有盡而意無窮。

〔註64〕施懿琳〈從張麗俊日記看日治時期中部傳統文人的文學活動與角色扮演〉，收
　　　　錄於許俊雅編《講座 FORMOSA：臺灣古典文學評論合集》，萬卷樓圖書股份
　　　　有限公司出版，2004 年 11 月初版，頁 450。
〔註65〕同註 6。見大正十五年（1926）二月二十六日，頁 7～8。
〔註66〕同註 6。見大正十五年（1926）二月二十八日，頁 11～12。

　　來到府城，張麗俊自然不會放過該地多處的著名古蹟，如開山神社（延平郡王祠）、赤崁樓、五妃廟等地，不過也因爲這些地方相當爲人熟知，張氏沒有特別給予關注，抱持著隨意觀覽的心態，詩作多爲懷古感慨、吟詠史事的書寫模式，如〈題五妃廟〉：「明季廟存有五妃，香魂玉魄死如歸，同心殉難留貞節，贏得芳名萬古稀。」〔註67〕前節敘述張氏個性好新奇、愛嘗鮮，顯現在旅行上亦是如此，爲人熟知的景域讓張氏提不起注意，反而新設立的處所，較能吸引他的目光，如大正六年（1917）完工的臺南公園，張氏就對它頗有興趣，獨自流連其中，作有〈遊臺南公園〉〔註68〕一詩詠之：

　　古木參差曲徑通，天然山水配人工，

　　南州昔擅東瀛勝，展覽園遊會一同。

雖詩句相當白話，與詩歌的典麗傳統相去甚遠，文字中傳達出他對於新事物，是有著較爲濃厚的興味。此公園是日領之後的建設，是依照現代公園建築的觀念所規劃之綠地，與前述古蹟之風貌相去甚遠，日記亦說到此公園「其山水之屈曲、古木之蒼籠，廣闊宏敞，比之中、北尤有甚焉者」〔註69〕，且當日復舉辦展覽會與園遊會，更加深張氏的關注。

　　又如昭和四年（1929）年十一月十一日至十五日，張氏以豐原街協議員的身份，再度南下嘉南高屏等地巡視優良街庄。第二日至臺南停留，一行人欲租車遊觀當地名勝，張氏本不欲往，奈抵不過眾意，遂全往一遊。至開元寺發現此大廟大佛均未曾探訪，讓原本略感無趣的升三，又燃起一絲興味。除大佛外，張氏看到寺旁一叢七絃竹，對其來歷頗感好奇，前掛一枋記此竹原由：「係自二百五十年前明季清初，鄭成功於湖北省臥龍岡移來種此者。」〔註70〕而七絃竹則相傳是虞舜辭世時，其妻娥皇、女英二女哀其西歸，悲傷至極，哭泣時眼淚沾灑此竹，導致竹皮起斑紋，因二妃曰湘夫人，故該竹又稱湘妃竹。對於這段堅貞的愛情軼事，張氏〈七絃竹〉〔註71〕詩爲開元寺內的七絃竹作了最好的註解：「英皇軼事至今存，百歲猶銜萬古冤，血淚痕斑七絃竹，栽移湖北種開元。」在鄭氏王朝的歷史遺跡裡，有著中國上古時期的

〔註67〕同註6。見大正十五年（1926）二月二十七日，頁9〜10。
〔註68〕同註6。見大正十五年（1926）二月二十七日，頁11。
〔註69〕同註6。見大正十五年（1926）二月二十七日，頁10。
〔註70〕同註11。見昭和四年（1929）十一月十二日，頁121。
〔註71〕同註11。見昭和四年（1929）十一月十二日，頁121。

軼事傳說，重啓了張麗俊的好奇心，才讓此行不致流於空白，可見其經驗中未見之事物，是張氏對旅遊時的動力來源。

上面說明了張麗俊行旅的次數與動機，藉由分析旅行時的詩作，瞭解日治時期臺灣地理景觀的變化軌跡，以及張麗俊行旅各地的感受，從中可以發現張麗俊看待地景地物的心態，並非單純的到處觀覽各地風情，而是在於體驗不同於原生地的生活模式，抱持著開拓眼界、了解外在世界變化的態度，來進行旅遊活動。因此在旅遊時的觀看態度，就顯得比較特別，能吸引他的目光以新奇的、從前未有的景域或事物爲主，對於較爲人熟知的名勝古蹟，且從前已經造訪，其態度就顯得意興闌珊。從而可以進一步延伸一個問題，即他對殖民時期所制訂之景觀的看法究竟爲何？下面小節繼續說明。

二、對殖民權力的詮釋與觀看

囿於張麗俊身份多重，因此享有較一般人豐富的旅行經驗，且亦有較多機會接觸殖民者所展示的設施或景觀，諸如臺北總督府、新臺灣八景，本小節試圖釐清張麗俊如何去詮釋、觀看這些新設立的景點、建物。

（一）臺灣總督府

大正五年（1916），日本統治臺灣堂堂邁入二十個年頭，日本政府爲慶祝手上第一個海外殖民地成功治理了二十年，除回顧領臺以來的歷史之外，也藉此機會向海外宣揚統治臺灣的成功經驗。因此，臺灣總督府在之前的共進會基礎上〔註72〕，舉辦了規模更勝以往的「始政二十年臺灣勸業共進會」〔註73〕，前所未有的盛大規模，吸引了多達五十六萬的島內參觀人潮，更有內地

〔註72〕　明治四十一年（1908）10 月 24 日，臺北廳農會舉辦「臺北物產共進會」，展期自是日起至 11 月 13 日止。有關其展出內容及參觀人數，參閱呂紹理《展示臺灣：權力、空間與殖民統治的形象表述》，麥田出版，2005 年 10 月初版，頁 208、210。

〔註73〕　「始政二十年臺灣勸業共進會」展期爲大正五年（1916）4 月 10 日至 5 月 15 日，見臺灣勸業共進會編《臺灣勸業共進會協贊會報告書》，臺灣日日新報社，1916 年 10 月出版，頁 209。另外，根據江蘇省參觀代表王樹楨在其報告書中表示，該會的舉辦目標及意義有以下諸項：「一、表示臺灣進步，慶祝治理成功。二、聯絡南洋華僑，企圖商業擴展。三、獎進本國移民，鞏固屬地基礎。四、優遇當地紳民，消融革命思想。五、誇耀新附土人，引誘生蕃內向。」見江蘇省長公署實業科《參觀臺灣勸業共進會報告書》，1917 年 7 月出版，頁 1。筆者案：原文無標點，引文中之新式標點爲筆者所加。

官員前來參觀，如日本閑院宮戴仁親王即蒞臨會場參觀，並參加園遊會開幕式。值得注意的是，就連海峽對岸的中國政府，也派員前來與會，諸如福建省、江蘇省皆有觀察團來臺進行觀察。

爲籌辦這場南國饗宴，官方動員了非常多的人力物力，升三爲保正之職，故需配合官方動員，其點日記已有載明：「是午清漣付〔赴〕臨時會議，係臺北總督府衙建築竣工，新開勸業共進會，會場凡內地、外國、本島所出奇珍異品、產物，一切羅列於此，故四方來觀者殊不乏人，各處俱募集觀光團往玩，本支廳長亦督促各保募集一團五十人，我一保派出三人焉。」〔註74〕即便是配合動員，但升三並不以爲然，心中對於此行仍有相當高的興致，由〈三遊稻江〉〔註75〕一詩便可知悉：

> 鶯花滿眼稻江開，結伴尋春又再來，
> 此地欣逢誇展覽，觀光尤喜上高臺。

此次共進會乃是日本治臺史上第一個對外開放的臺灣博覽會，除了規模盛大之外，更動用了尙未完工的總督府充當第一展覽場，當時這座島上的最高權力中心，擁有足以傲視整個臺北盆地的高塔，塔內安裝了象徵現代化的升降梯。升三在詩中表現出興奮的神情，並指出了這次觀光的重點──參觀總督府，並登上總督府的高塔，享受與殖民者同等的快意。

對於總督府的初次印象，張麗俊有如下的記述：「……則見此府衙建築費弍百五拾萬円，墻壁只用磚石，地蓋俱用英灰鉄片造就，基礎之鞏固、規模之宏廠〔敞〕、形勢之高超、構造之精巧，統全島而未有也。」〔註76〕他詳細觀察其建築式樣、材料，語句中更是流露出對該棟建築的讚賞。可見這座臺島的最高權力中心，在他的印象中是前所未見，也無可比擬的。從文學作品中，更能展現升三對這棟殖民地最高權力中心的觀感，如〈總督府衙〉〔註77〕七絕兩首：

> 巍峨寬廠〔敞〕勢排空，磚石堆成白映紅，
> 漫把靈臺誇共樂，經營不藉庶民攻。

> 計畫維周結構精，嚴疆首治樹先聲，
> 登臨定爾觀民隱，豈獨咸熙庶績凝。

〔註74〕同註25。見大正五年（1916）四月八日，頁318。
〔註75〕同註25。見大正五年（1916）五月十二日，頁336。
〔註76〕同註25。見大正五年（1916）四月十六日，頁321。
〔註77〕同註25。見大正五年（1916）五月十二日，頁336。

這兩首詩雖同樣表現出對於總督府的讚嘆，但張氏認為不論此府邸多麼的巍峨壯觀、氣派雄偉，當政者依舊要能夠體察時政、關心民瘼，進而才能得天下人心，並非靠著其他的功業就一蹴可幾。

不只是對外在觀感上的驚艷，張麗俊兩日後再次進入總督府參觀，指出自己與眾不同的觀賞角度：「……蓋我之主旨與他人不同也，他人只玩物件，信步而過，我則重在此會場係總督官衙，今日充作會場，故任人縱覽，不然何能到此也，而且羅列中外奇珍異品，貴賤精粗之物，無一不備排列順序，不知費盡多少心神，自入口至出口，測量有十二里之遙，故我所以加一番領略也。」〔註 78〕升三對此象徵權力頂峰的建築物，充滿旺盛的好奇心，緊緊把握住參觀機會，不僅仔細玩賞府內陳列之珍貴器物，更親身測量出入口之間的距離，可見他對總督府內部充滿濃厚的興趣。此外，對於府內每層樓、每個房間的展示主題也很認真的觀看，更在日記中花了一千八百餘字的篇幅，鉅細靡遺的記下來，由〈觀共進會〉〔註 79〕絕句可知展示會場的情形，試舉一首以見：

　　　高閣臨春共進開，梯航山海物齊來，

　　　搜羅萬象資觀覽，綠女紅男飽眼回。

該詩說明總督府因應共進會而開放供眾參觀，而展示內容豐富，包羅萬象令人目不暇給。事實上眾多讓人眼花撩亂的展示櫥窗，能吸引張氏目光的還是屬於新奇的事物，例如各式模型、圖表等物品，升三即有數首以此為題的詩作，引出其中兩首以見：

　　　旋轉機模型

　　　旋轉機憑織女兒，三盆繰罷手中披，

　　　條分縷析人工巧，何患棼而嘆治絲。

　　　澎湖列島模型

　　　蝦嶼螺洲點奪工，燈臺遠映海門紅，

　　　山川歷歷形如見，恍似親身列島中。〔註 80〕

前者描寫的是自動織布機模型，後者則是澎湖列島的模型，其兩者皆是張氏

〔註 78〕同註 25。見大正五年（1916）四月十九日，頁 327。

〔註 79〕同註 25。見大正五年（1916）五月十二日，頁 336。

〔註 80〕同註 25。見大正五年（1916）五月十二日，頁 337〜338。

未曾接觸過的器物或地方，透過自動織布機的展示，開拓了升三的眼界，見識該機器運作的巧妙；觀看地景模型，未曾去過的澎湖諸島，也可以恍如身在島中，而山川歷歷在目。

　　當然更讓張氏印象深刻的是總督府的十樓高塔，其登臨塔頂的感想，鎔鑄在下面的〈登十層樓〉〔註81〕兩首詩作中：

　　高超絕頂白雲低，四面晴光入眼迷，

　　北望員山西望海，稻江風景畫中題。

　　選勝登臨意氣豪，寄身如在半天高，

　　山川雲物都經眼，愧少新詩落彩毫。

極目四望，北方的圓山、西方的海景盡收眼底，大稻埕地區的風情宛如一幅畫作，塔頂十層樓的高度，讓張氏猶如身在半天之中，所謂言盡意窮，這前所未有的感受，直讓升三嘆無適當詞語可以重現當時的情景。然而，臺北都會區在昭和七年（1932）十二月三日開設了臺灣第一家百貨公司──「菊元百貨」〔註82〕，張麗俊次年（1933）九月因參加在宜蘭舉行之「全島產業組合大會」，需先至臺北過夜，得以順道參觀該店。高達六層樓之新廈建築，擁有與總督府一樣的升降梯，號稱是臺灣當時最先進之百貨公司。當張麗俊來至頂樓的展望臺，俯瞰底下街市人群時，竟讓他產生了「即總督之官邸亦不見其崇高矣。孟子云登東山而小魯，此語誠然乎哉。」〔註83〕的感受。當年令升三神迷的總督府高塔，十七年後竟被區區百貨公司趕過，認為這樣的規模和景觀，即使連總督府也難以望其項背，可見該百貨公司在當時具有「現代化」的指標意義，且足以滿足張氏自己在詩中所述「選勝登臨」的標準，喜好嘗鮮的態度從中可以看出。歷史的變遷，造成態度的轉變，此端看來相當有趣。由此我們可以判斷出，升三對於殖民權力中心的觀看角度乃在於它是新奇的、前所未見的，而且是一般人平時難以靠近的，因此掌握時機前往觀覽，以自己獨特的詮釋方法建構他的總督府參觀經驗，並未順著殖民者預先設定的觀看目標，以致在其日記或詩作上，沒有官方樣版的文字，只有觀看後的感想與希望為政者能知百姓疾苦的殷殷期盼。此點對應在張氏對於官

〔註81〕同註25。見大正五年（1916）五月十二日，頁337。
〔註82〕有關該百貨的設立背景，及其內部陳列、配置狀況，可參考呂紹理《展示臺灣：權力、空間與殖民統治的形象表述》，同註72，頁336～337。
〔註83〕同註30。見昭和八年（1933）九月二十二日，頁295。

方新八景的觀感，是否如出一轍？下文繼續說明。

（二）官方「臺灣八景」的遊賞

　　「八景」自古以來就是文人雅士圈選各地勝景的一項傳統，而八景的選拔，根據劉麗卿所言：「可以突出一地旅遊資源的重點，直接幫助遊客以較短的時間欣賞一地風景的精華所在。」〔註84〕，肇因於此，日本在統治臺灣進入中期之後，為加強母國與臺灣的旅遊活動，藉此為臺灣訂定官方權力運作下的「臺灣八景」。昭和二年（1927）五月，《臺灣日日新報》社配合政策，發起票選「臺灣八景」的活動，由民眾投票選出前二十名的名單，最後再由畫家、官員等所謂「專業人士」審定〔註85〕，在票選佔三成、審查委員佔七成的比例下，實際上掌握八景制訂主導權的仍是臺灣總督府。

　　《臺灣日日新報》於是年八月二十七日公佈的票選結果，「臺灣八景十二勝」依北到南為：臺北州的基隆旭崗、淡水，臺中州的八仙山、日月潭，臺南州的阿里山，高雄州的壽山、鵝鑾鼻，花蓮港廳的太魯閣峽谷等八景；以及臺北州的北投草山、太平山、大里簡、新店碧潭，新竹州的角板山、大溪、獅頭山、五指山，臺中州的八卦山、霧社，臺南州的虎頭埤，高雄州的旗山等十二勝；另有神域（臺灣神社）和靈峰（新高山，即玉山）兩處別格。〔註86〕

　　上列諸地，有些早在入選之前，張氏即已遊歷，如臺灣神社、基隆旭崗、高雄旗山、彰化八卦山等地；有些則是公佈選舉結果後，在數年間陸陸續續造訪，如淡水、八仙山、日月潭、阿里山、壽山、鵝鑾鼻、大溪、草山、角板山、霧社等地。至於日記中從未記錄去過者，別格有靈峰玉山，八景則僅有太魯閣峽谷，十二勝為太平山、大里簡、虎頭埤、獅頭山、碧潭、五指山等處。為清眉目，將張麗俊的旅遊情形，以下簡表呈現。

〔註84〕劉麗卿《清代臺灣八景與八景詩》，（臺北，文津出版社，2002年4月初版），頁11。

〔註85〕根據宋南萱的考證，其審查委員有畫家石川欽一郎、鄉原藤一郎，與文教部長、交通局官員等政府官員。另設有小委員會為八景候選地作實地勘查，提供擇定八景之參考依據，其成員由交通總局長木下信指定，分別是：井手薰、石川欽一郎、尾崎秀真、金平亮三、中澤亮治、鄉原藤一郎等人。參見《「臺灣八景」從清代到日據時期的轉變》，國立中央大學藝術學研究所碩士論文，2000年，頁47。

〔註86〕參見《臺灣日日新報》，昭和二年（1927）八月二十七日，第5版。

表八：張麗俊遊歷官方臺灣八景十二勝情形一覽表

景域 類別	官方公佈票選前造訪者： （1927 年 8 月 27 日前）	官方公佈票選結果後造訪：（1927 年 8 月 27 日後）	日記中從未記錄去過者
別格	臺灣神社（1908 年 11 月 1 日）		玉山
八景	基隆旭崗〔註87〕（1926 年 12 月 10 日）	壽山（1928 年 12 月 7 日） 鵝鑾鼻（1928 年 12 月 8 日） 阿里山（1930 年 11 月 22 日） 淡水（1932 年 8 月 27 日） 日月潭〔註88〕（1934 年 11 月 12 日） 八仙山（1936 年 8 月 14 日）	太魯閣峽谷
十二勝	八卦山（1910 年 5 月 11 日） 高雄旗山（1926 年 3 月 1 日）	草山（1929 年 2 月 17 日） 角板山（1931 年 12 月 7 日） 大溪（1931 年 12 月 7 日） 霧社（1934 年 11 月 12 日）	太平山、大里簡、虎頭埤、獅頭山、五指山、碧潭
說明：表中各景點後括弧內的日期，爲張氏首次造訪該地的日期。			

〔註87〕筆者案：「旭崗」爲官方票選公佈後的景名，但張氏實際上已於大正十五年（1926）十二月十日遊歷過該地，是日記有：「晴天，遊基隆市街，……又遊大沙灣山上，探前清舊砲臺三堀，中隧道，傍兵室，……」《水竹居主人日記》（七），頁 129。可知當時日記並未以「旭崗」記錄，但對比該處所在位置，日記中指稱的「大沙灣山上」，即今基隆市中正區正榮街海軍醫院院區內，緊臨正濱國中大門下方，也就是官方票選後的「旭崗」；而「前清舊砲臺」則應爲頂石閣砲臺，據推測約爲清末劉銘傳所建，砲臺遺跡目前多破壞殆盡，現僅存地下雕堡與營舍。而八景確立後，張氏再次重遊，昭和五年（1930）九月十八日記有：「……適自動車至，送上車，由北岸馳往大沙灣海水浴場方下車，予自上旭崗觀日乃臺灣八景之一景，前清舊炮臺地，今新整理爲平和公園也，……。」《水竹居主人日記》（八），頁 269。對照前述，兩次造訪之地應該相同，因此張氏早在八景票選前即已到過「旭崗」。

〔註88〕筆者案：表中所標示之日期，張氏在日記中稱此次爲「第二次團體遊玩日月潭、埔里、霧社等處也。」《水竹居主人日記》（九），頁 507。但事實上，張氏在昭和八年（1933）九月二十三日，參加宜蘭全島產業組合大會時，看到會場中掛著「日月潭全景圖」，曾言：「我雖未嘗身親其地，觀其寔跡，聞人言，則身親其地者亦不能知其梗概也。」《水竹居主人日記》（九），頁 296。可知截至昭和八年九月二十三日爲止，張氏都未曾到過日月潭、霧社等地，而檢視是日迄至次年 11 月 12 日之日記，也均未發現張氏到過日月潭、霧社的紀錄，不知張氏第二次團體遊日月潭所爲何來，若非張氏的記憶有誤，則就是他曾去過但未記載於日記，然在未有更明確的證據之前，筆者遂以 1934 年 11 月 12 日作爲張氏至日月潭、霧社兩地的日期。

由上表可知，張麗俊在票選結果公佈後，遊歷了大部分的八景，然十二勝中卻高達一半未曾遊歷，其因很可能是那些地方位處偏僻、交通不便，且亦非公務開會之地，故升三沒有造訪。另外，在票選官方八景之前，張氏已經觀覽過臺灣神社、基隆旭崗、高雄旗山、彰化八卦山等地，而在票選結果確定後，除了前二者曾遊覽過兩次以上外，後二者張氏並未重複玩賞，而於票選之後造訪的景地，除壽山外，其他景地亦是如此，可見張氏並不喜歡重複遊賞相同的地點，例如昭和三年（1928）藉著到高雄參加全島產業組合大會之便，張氏順勢遊歷剛出爐的其中二景，先看張氏的紀錄：

> ……有頃出，仍乘舟來旗後遊觀去年新編臺灣八景之「壽山觀海」，並前清炮臺、燈臺之古蹟，……。〔註89〕

> ……坐六時餘展〔屏〕東發列車往西勢……欲往鵝鑾鼻燈臺乃臺灣八景之首也，……遂又驅車到燈臺，顧燈臺之吏員先導登鐵梯上四階，言高六丈，周圍內圓將一丈二尺，俱用英灰混合造成，出尾層小門，立鐵盤上持望遠鏡付我等輪看，東瞻火燒嶼、南眺琉球島，但只恍惚而已。又言日間揚旗，夜裡點燈，二十海里之遙即能望見云，下又與我等捺記念印乃告別……〔註90〕

張氏對於高雄壽山的描寫不多，輕描淡寫的筆法，彷彿好像遊賞此地並不能引起多大的感動，只是應著官方選編下的旅遊景點走馬看花。而次日旅遊鵝鑾鼻燈塔時，其態度則迥然不同，一下子聽取管理員解說燈塔，一下子用望遠鏡觀看遠處的綠島、小琉球，對他而言，能吸引眼光的除了鵝鑾鼻燈塔獲票選第一名之外，更重要的因素是該地為張氏首次到訪，不同於大正十五年就已造訪過的高雄壽山，未曾到過的屏東鵝鑾鼻，以及現代化的燈塔實為能引起他興趣的主因。

除了高雄壽山與屏東鵝鑾鼻燈塔外，張麗俊在昭和五年（1930）年底，藉著全島產業組合大會開會之便，順遊「八景」之一的阿里山，升三對該處嚮往多時，經過近八小時的車程，一行人終於來到阿里山，該地人員雖引導張氏等人觀看林木作業的情形，但升三未必有多大的興趣，由〈登阿里山〉〔註91〕可以看出，他對阿里山關注的焦點，還是放在美景上，其詩云：

〔註89〕 同註6。見昭和三年（1928）十二月七日，頁457。
〔註90〕 同註6。見昭和三年（1928）十二月八日，頁458。
〔註91〕 同註11。見昭和五年（1930）十一月二十五日，頁229。

絕頂登臨曙色斑，蒼茫雲海別塵寰，

乾坤浩氣鍾神木，岱嶽精靈萃祝山。

鼎峙新高觀五鼓，車纏獨立望三環，

今無李杜長篇學，恨不全圖寫景還。

詩中描寫的景色宏偉，令人感到氣象萬千，然實際上升三卻因沿途舟車勞頓，加上飲食不慎，導致了下痢的情況，故在身心俱疲下，難得的「祝山觀日」，以及「觀新高山」等活動，皆因不適而無法參與，只得待在旅館內靜養。〔註92〕因此，詩裡面所謂的「曙色」、「雲海」、「祝山」、「新高山」全都是升三的想像，張氏即使親眼看見了殖民者欲展示的林木作業情形，而無緣見識觀日出、看雲海的景致，但形諸詩句時，還是寧願憑著想像將上述美景入詩。再如昭和十一年的八仙山之旅，升三對此地亦是嚮往已久，且「平生未嘗到此」〔註93〕，至則乘坐流籠，欣賞山中景色，並作有〈八仙山即景〉〔註94〕：

臺中名勝八仙山，萬仞黎明在此間，

百丈鉛橋高百米，千町鐵路曲千灣。

危崖色頂神工出，菁密林深古木刪，

政府經營真周到，運輸全部是機關。

該詩最後兩句指出政府開採林木的經營措施，建設便捷的運輸設備，讚揚設想周到。表面上看似稱頌，然實際上，當一行人欲至伐木作業處觀看，張氏則表示「困甚」〔註95〕不想同行，並未如詩中表現的態度。另外，高票落選的基隆山，張氏也曾經在山腳下仰望，瞻仰其雄偉之冒，並言「無愧為臺灣之山祖也！」〔註96〕從上述諸例可以看出，張氏觀賞八景寡有自己獨特的選觀原則，即以對奇特景色或新鮮事物的欣賞為其主要目標。

下面的例子，更可驗諸張氏這樣的心態，昭和九年（1934）十一月，升三參加全島產業組合大會所辦的役職員遊覽，目的地日月潭、霧社、埔里等地。該地著名的湖光山色與原住民風情的歌舞表演，讓升三印象深刻，殊不

〔註92〕昭和五年（1930）十一月二十六日：「此回登阿里山及上關子嶺遊烏山頭皆予素有此心久矣，而昨日偶沾此疾者亦此行之大不幸，致今早登祝山望新高、視神木及途中木石之奇不能再詳，心殊不甘云云。」張麗俊《水竹居主人日記》（八），頁299。

〔註93〕同註18。見昭和十一年（1936）八月十四日，頁245。

〔註94〕同註18。見昭和十一年（1936）八月十五日，頁247。

〔註95〕同註18。見昭和十一年（1936）八月十五日，頁246。

〔註96〕同註11。見昭和五年（1930）九月二十一日，頁272。

知這是霧社事件後，殖民者展示弭平原住民反抗勢力的成果。只見張氏又是詢問潭水深廣，又與表演婦女一同寫眞留念〔註 97〕，還寫了一首〈日月潭曉望〉：「水光山色兩悠悠，一抹煙霞天際浮，涵碧樓前環玉帶，垂青潭裡綴珠旒。南瞻島嶼供神社，東望番人渡木舟，莫怪高騷來住宿，無邊風景愛清遊。」〔註 98〕雖然詩中張氏自言是「無邊風景愛清遊」，但至霧社人止關處，聽到當年日軍鎮壓霧社原住民的過程，升三則表現出如下的態度，請看〈探霧社感懷〉〔註 99〕：

山窮霧社入誠深，輕便車馳結伴臨，

昔是荒烟危險地，今猶蔽日保安林。

巖懸百尺關人止，海拔千尋寂鳥音，

惜未同登峰絕頂，均覘善治格頑心。

詩中所謂「善治」與「頑心」，可以很清楚看見張氏的態度，完全是以國家治安的角度來看待當時原住民的問題，但這並不足以表示張氏向日本傾斜。回顧霧社事件發生時，張氏是透過轉述與閱讀報紙才獲悉此事〔註 100〕，因此在官方片面的宣傳下，接受了官方宣稱「討伐兇蕃」的說法；又，此起事件與升三的生活圈相去甚遠，完全沒想到日軍鎮壓原住民的起因，是出自於原住民對日方的抗爭。升三在日記說道：「但不知爲何緣故而發此非常之變，異日被討代〔伐〕隊踏破巢穴，定被剿滅，連累數十社，一種生靈定無遺類，洵可傷哉！」〔註 101〕，可見對其事件也是一頭霧水，並沒有深入瞭解其背後所代表的意義，僅視爲對社會治安的擾亂。然而我們可以從中發現，在張氏的

〔註 97〕同註 30。見昭和九年（1934）十一月十二日，頁 507～508。

〔註 98〕同註 30。見昭和九年（1934）十一月十三日，頁 509。

〔註 99〕同註 30。見昭和九年（1934）十一月十三日，頁 510。

〔註 100〕昭和五年（1930）十月二十七日：「是日，能高郡霧社學校運動會，無料蕃人反面，識首多人云，致各處山界召巡查戒嚴焉。」二十八日：「……見營林所今日欲問〔開〕所員慰安大運動會，十分設備，豈料昨日忽聞霧社生此大變，遂出運動會無期延期通知。到萬年會事務所讀《燕山外史》，又聞人言全上事變，致臺南州祝文化三百年記念及各團體種種設備之鬧熱亦被停止，未知定否……。」二十九日：「往豐原閱新聞，報霧社駐在所被蕃人反面，甚然危急云，但未知其詳細如何。」三十一日：「往豐原閱新聞報，霧社蕃人之變，惹起全島官吏搖動，致陸軍隊入霧社大營，警察隊三面包圍攻擊，昨日因豪雨命暫停，今日欲搜索山林，定有一番剿代〔伐〕云，午歸。」張麗俊《水竹居主人日記》（八），頁 286～287。

〔註 101〕同註 11。見昭和五年（1930）十一月一日，頁 287～288。

思維裡，原住民族竟只是「一種生靈」，無怪乎，在前述的歌舞表演結束後，升三要急忙的與她們拍照，而聽到原住民遭到鎮壓，也顯得無關緊要，反而為治安平和感到欣慰。可知張氏眼中的原住民，是風景區的一份子，更是獵奇心態的展現。

　　壯觀巍峨的新式燈塔是日本統治下的現代化產物，森林鐵道的鋪設則是展現了日本對於臺灣山林產業的經營策略，這些都是殖民者急欲展現在世人面前的「建設」，因此不論是鵝鑾鼻燈塔，或是壽山、阿里山，乃至於其他的八景十二勝，在在都是殖民者有意無意的權力展現，然而在張麗俊的心中，遊賞各地著名勝景、與觀看奇特文化是他旅遊的最終目的，至於這些「景觀」背後的殖民統治權力運作，從上文的討論裡不難發現，升三並不怎麼在意，因此對於殖民權力的詮釋與觀看，張麗俊表現了個人的眼光與評斷。

　　綜合本節的討論，我們可以瞭解張氏在這過渡時期的旅行視野，其對旅遊景地的擷取，是以開拓視野、增廣見聞為要，並有著與眾不同的觀賞角度，他曾自言：「我一生好漫遊，前日北上觀博覽會〔註102〕尤其次也。到中壢，往大崙，到桃園西往大園，東入石門，此廣我眼界而寔獲我心也」〔註103〕，因此對於二度舊地重遊的行程，或是一般人容易關注到的地方，張氏都顯得意興闌珊，像是昭和九年（1934）參加街庄組合役職員的通宵海水浴場之旅，他人至此多下水嬉戲，升三則不然，他說：「我之來非為欲潔身，欲廣眼界耳！」且「我與諸人思想不同也！」〔註104〕，遂獨自沿著鐵路四顧尋找值得觀看的景致，而不與其他人一同玩賞。太過平常的行程，引不起升三的興趣，對於現代化採取接納態度的他，在旅遊上也展現了與他人不同的觀賞視角。

〔註102〕筆者案：此博覽會指使政四十年臺灣博覽會。
〔註103〕同註18。見昭和十年（1935）十月三十日，頁126。
〔註104〕同註30。見昭和九年（1934）八月二十二日，頁464～465。

第八章　結　論

　　本論文的相關考述，已揭示於前面各個章節。以下茲就本研究的重要成果提出說明。

一、爲張麗俊的家世、生平及文學交遊作出勾勒

　　升三爲清朝末年的傳統儒士，是中部櫟社的成員之一，在日領之後，出任豐原下南坑的保正，平時行事認眞，對於地方事務也頗盡心力，是地方的意見領袖，成就他有如此的位階，是因其開臺祖爲入墾豐原地區，建立漢人聚落的重要功臣——張達朝，然該家族卻不似達京一系的飛黃騰達，反倒有些家道中落，雖升三仍屬地主階級，但尚且需要經營農作、糖廠等事業，在日記中可見其經營事業的記載。其次，從本文的考察中可知，張麗俊的父親早逝，其母守寡近三十年，升三雖有一手足，但其兄也在割臺那年過世，年僅三十二，因此張麗俊二十餘歲起就必須擔負著照顧家庭的重責，照顧老母、大嫂，以及自己的妻兒，在該節的敘述裡，我們了解到張麗俊事母至孝，也舉出若干實例說明。

　　再者，在張麗俊的生平方面，因爲日記是從其三十九歲之際才開始書寫，是歲之後的生年記事，可藉由日記彙整出來，但三十九歲之前的生平行事，卻付之闕如，因此筆者僅能就目前所見的相關文獻、資料來拼湊出來，苦心輯錄的成果除於內文呈現外，附表一的「張麗俊生平年表」，爲升三橫跨清末至日治的七十四年歲月清楚勾勒，有助查考張麗俊的生平行事。另外在升三文學交遊的探討上，筆者發現升三因爲身份地位的關係，人際往來多以地方型的友人爲主，在文學知名度上遠不如同師門的傳鶴亭，是故，文學上的交

遊並不算太多，以當地文人及其師謝頌臣的交友圈為主，如傅錫祺、袁炳修、蔡啓運、林痴仙、賴紹堯、王淑潛等人，而鹿港文人施梅樵則是蟄居豐原時，與升三關係良好，並時常往來唱和，櫟社重要成員吳子瑜，也與升三關係匪淺，在櫟社例行活動時，兩人時有互動。文內限於篇幅與例證的數量，因此僅能羅列與升三文學交遊密切且具代表性的五人，分別是謝頌臣、傅錫祺、袁炳修、施梅樵、吳子瑜等諸位君子，透過文中的陳述，相信對於升三的文學交遊情形能有一清楚的認識。

二、統計日記中文學作品的數量，並釐清其寫作動機與作品類別

對於張麗俊在其日記中所載錄的眾多文學作品，本論文對其進行數量的詳細統計，依照作品類別，分為詩作、文章、書信、對聯等四大類，得出附表二、三、四的統計成果，由作品的數量可知，張麗俊是一個勤於寫作的傳統文人，以詩為日常寫作的主要媒介，不論是抒發自己的內心情志，或是參加詩會與相關文學活動所需，古典詩歌皆是他的首選，體裁上以七言絕句為主，在近體詩八百六十餘首的數量中，約佔五分之三，創作力相當旺盛。至於社交方面的人際酬酢，則呈現於文章、信函、對聯等應用性質較濃的文體（當然詩作亦有為數不少的贈、和詩），論其動機則包含了職務需要、受人請託、社交往來等諸多層面，而在作品的數量上，尤以對聯最為豐富，三百餘對的聯文幾乎都是代人撰寫，反映張麗俊在文字書寫的水準頗受好評，也顯示出在地方上亦擔負有漢學導師的功能。此一數量龐大的文學作品，在其書寫動機、作品類別，以及確切數量等細節，經過第五章的詳細考察，應有一整體的概括認識。

三、張麗俊接受殖民，但積極參與地方公共事務

透過本論文的相關討論，我們可以了解到身為清朝儒生的張麗俊，在日本統治之後，心中雖有百般不願，但礙於現實的考量，既無法內渡、亦沒有揭竿起義，對於日本殖民政府採取無奈接受的態度，接受了官方的安排，出任基層保正。囿於職務上的需要，升三與當局多有接觸，文學作品中為官方粉飾、贈賀的詩文數量不少，表面上看似臣服於殖民統治，但骨子裡仍保有傳統文人經世濟民的精神，如遇有對人民不公不義的措施、或欺壓百姓的政府官員，則會挺身而出表達抗議，或協助伸張權益。如大正三年（1914）開徵臨時保甲費，與征討太魯閣生蕃的人夫補助費用，張麗俊站在民眾立場，

與支廳長就費率細則展開論辯；或修繕慈濟宮時，官方不但惡意侵佔廟地，在修繕完畢後，更遲遲不肯核定張麗俊管理人的認可證明，升三則衛理力爭與官方周旋；甚至對於街庄協議會的功能提出嚴正批評；其他像是〈葫蘆墩區概況報告文〉、〈重親族權以防子弟〉、〈定用埤圳以保水利〉、〈廢共同秧籍以便農民〉等文章，皆可看出張麗俊對殖民者採取務實的態度，運用自身的地位與職權，爲地方民眾謀取利益。本論文以爲，張麗俊雖身爲保正，對於殖民政府依舊有著若干的批判，然這種批判並非「抵抗殖民」的抗爭，而是就事論事，在認同日本殖民的客觀事實下，就其認爲不公平、或亟待改正之事提出見解。因此，張麗俊接受殖民事實，但態度上並不傾斜。

四、張麗俊立足臺灣關心時局

我們除了理解到張麗俊的對日態度，經由本論文的討論，也廓清了他對於文化啓蒙運動、中國政經局勢的關心程度。在政治社會運動方面，張氏處於由文化運動領導者爲主幹的櫟社之中，對於當日風起雲湧的文化抗爭，雖未直接參與活動，但保持著相關的理解與關心，以實際的行動襄助文化抗爭者，如接待文協成員並親臨聽講，或出借慈濟宮爲演講場地，甚至在日記中抄錄當時「治警事件」的相關報導，在關注層面上，升三在意的不見得是家國天下的廣闊視野，而是生活範圍裡的事物，如面臨殖民者奴化的教育政策，張氏曾與簡吉商討因應的對策，進而發起「兒童保護者會」來監督學校，由此可見，相應於文化抗爭是捍衛臺灣人權利地位的大型社會運動，張氏倡議該會來監督公學校運作，更顯得其立足本土的在地性格。

其次，對中國的觀感方面，張麗俊雖接受日本統治，但對於神州大陸，則早已嚮往許久，這點可從明治末年梁啓超來臺後，引發張氏對於中國的好奇與想像，隨後亦想至大陸旅遊的行爲得知，但礙於官方刻意刁難，升三畢生無緣親至大陸一探。儘管如此，張麗俊仍透過報紙來了解中國局勢的變化，從晚清政府遭到革命軍推翻，到建立民國新政後，軍閥內戰仍舊不斷，甚至日本發動九一八事變，進侵東三省、上海等事件。升三透過報端的閱讀，持續追索相關事件的發展，並對其中的變化發表若干觀感，顯示他雖關心時局但不會完全依循報紙的資訊，大體上有自己的思考邏輯。總的來說，張麗俊對於中國局勢，甚至日、中關係的態度相當特別，他以臺灣人的觀看角度，冷靜的看待中國與日本間的國際局勢，可說是一位具有國際觀的傳統仕紳。

　　另外，從他遊歷臺灣南北的行旅經驗，可知其如何看待殖民統治下的臺灣。基本上張麗俊並不是甘於生活一成不變的人，他喜歡到處觀覽未曾見過的景域或事物，對於島內各地著名景觀，不論是古蹟名勝，或是日本政府引進的新式器物、建設，張氏皆興味盎然，常藉由公務開會之便，順道旅遊臺灣各地，據筆者考察，臺灣本島僅花蓮、臺東未有他的足跡。就如同古代的文人一樣，張麗俊旅遊時也會形諸詩文模山範水，在其文學作品中留有頗多的旅遊詩作，吾人藉由作品內容可以一窺各地風土變遷軌跡，也可了解張麗俊看待各地景物的心態。據內文的探析，張麗俊在看待「臺灣總督府」、「新八景十二勝」等富有殖民色彩的地景地物時，並沒有依照殖民者預設的觀覽目標，反倒有著自己的一套標準，如始政二十年臺灣共進會，進場觀看總督府內部時，官方強調的焦點在於日本治理臺灣的種種績效展示，然升三此行的目的在於一覽殖民地的權力中心，並搭乘電梯登上總督府高塔，滿足從十層樓之高度展望臺北盆地的快意，此間反映的觀察角度，恰巧與朱點人〈秋信〉小說有著兩極化的落差〔註1〕，張麗俊不似小說主人翁斗文先生對日本統治抱持著抗拒的態度，面對新時代的景觀變化，其心中自有一把品賞的量尺。

五、張麗俊融合新舊文化思維

　　經由本論文對其文學作品的考察，我們看到了過渡時代新舊文化相互衝擊的具體實證，傳統禮教思想與新式時髦作風在張麗俊的身上產生拉鋸，他一面歡喜接納現代化事物進入他的生活，一面也呈現保守、傳統的價值認知，此雖是當時傳統文人的普遍現象，並非張麗俊獨有，其間或許也凸顯了當代傳統文人面臨新時代挑戰時，傳統禮教概念需要重新調適的問題，一如張麗俊大肆批評男女相互擁舞的舉動之時，1930年代社會的另一個角落，已經是提倡「文明女」的「跳舞時代」，兩者的衝突竟是如此的鮮明。事實上，張麗俊並不是對現代文明排斥，相較於其他保守的文人來說，他的態度算是相當開明，如他對於報紙、電影、鐵路、電力、水利工程等現代設施都採取接納的態度，並樂於到處玩賞、觀摩，甚至以視察或體驗各項設施作為平時的休閒活動。雖然在兩性關係、斷髮易服、親族教育上呈現若干保守、甚至略顯僵化的思考模式，但我們也發現了張氏為因應時代變遷，提出融合傳統禮教

〔註1〕　朱點人〈秋信〉，收錄於施淑選編《日據時代臺灣小說選》，前衛出版社，1995年8月，頁169～181。

價值與符合社會現況，並提出與時俱進的相關觀點與解決策略，顯現傳統文人肆應新舊交雜時代的文化反思。從而了解到傳統文人身負過渡時代的文化包袱並非原罪，能夠展開心胸迎接新時代，並且能夠尋找傳統禮教與新時代並存的意義，而這也是張麗俊所體現的重要價值。

六、張麗俊文學作品的藝術表現

　　有關於張麗俊文學作品的藝術表現，經過本論文的考察分析，發現張麗俊能夠掌握住不同文類間的體例特徵，而予以呈現多元的作品風格，如竹枝詞用語俚俗，律詩則對仗精確，祭文則表現眞摯的情感，祝賀文則展現了恭敬的態度，對聯則因應於用途而作出不同的書寫模式，出入於各類文學體裁之間，轉換寫作類型毫無掛礙。此外，由於張麗俊文學作品的寫作動機成分多元，在不同對象、不同用途的書寫，也表現了張氏的文學素養甚深，如爲其師謝頌臣所寫的輓聯，上下聯共各有五十二字，是其聯文作品中字數最多者，他曾自豪的說：「此聯亦工亦整亦典亦切，有此人方有此文，長聯如此，堪稱作手矣。」〔註2〕其他的聯語則有鑲嵌、冠首，或將書寫對象置放句末，或以其意義表示等數種方法表現。另外，像是〈恭祝天長節〉一文則展現他駢體文的寫作功力，而需要說理技巧的論述文，如〈人心世道論〉、〈重親族權以防子弟〉、〈定用埤圳以保水利〉、〈廢共同秧籍以便農民〉等文章，張麗俊均以出色的文字，達到文章預設的目的。再者，文學作品最重要的是情感的投注，我們在張麗俊的詩作上，看到了抒發內心情緒的書寫，如獄中詩、平時的感懷詩等等，也在張氏爲至親好友所撰寫的祭文裡，讀到內心澎湃的情感流動。總的來說，張麗俊在櫟社裡的表現不甚突出，是因爲該社尚有林癡仙、林幼春、賴紹堯等大家，相較之下升三詩藝略遜一籌，但平心而論，其創作九百一十餘首的作品，不僅數量頗爲可觀，詩作的藝術成就亦在水準之上。至於其他的作品，也同樣具有相當的文學價值。綜觀張麗俊《水竹居主人日記》的文學作品，非但是升三個人作品的集結與留存，更是當日漢文化傳播、維繫的最佳明證。

　　經過上述諸項的說明，對於本論題「張麗俊及《水竹居主人日記》之文學作品研究」的內容梗概與研究成果，應該有所了解。本論文作爲第一本針

―――――――――――

〔註2〕 張麗俊《水竹居主人日記》（四），許雪姬、洪秋芬、李毓嵐編纂、解說，中
　　　　研院近史所，2001 年 8 月初版。見大正四年（1915）六月一日，頁 191～192。

對張麗俊《水竹居主人日記》之文學作品的學位論文，在蒐集資料與掌握上都力求周延，透過本研究的一點成果，若能讓張麗俊研究能夠更往前進，補白日治時期臺灣傳統文學，則是筆者衷心的期盼。

附　表

表一：張麗俊生平年表

歲　次	重要記事
清同治七年（1868）	五月十八日出生。
十歲 （光緒四年 1878）	從長兄往石岡庄隨劉秀宗受學，新竹鄭究時批其命曰：「性剛志大，詩書易達」。
十一、十二歲 （光緒五年 1879～ 光緒六年 1880）	因母病債纏綿，休學事親，並採薪以供炊事。厥後，先後拜本庄張經賡、上南坑林江仕、鄭國琛、溝子墘魏文華茂才、下南坑李瀾章茂才為師。
十三歲 （光緒七年 1881）	同長兄往上南坑從廖華浸受學。
十四歲 （光緒八年 1882）	從本庄（下南阬）張經賡學《詩》、《書》、《易》三經。
十六至十七歲 （光緒九年 1883～ 光緒十年 1884）	拜鄭國琛為師，讀《禮記》、《四書》。
十八歲 （光緒十一年 1885）	往溝子墘（今臺中市南屯區溝墘里）拜魏文華為師，讀《四書》註以及《春秋》，初撰破題承。
十九歲 （光緒十二年 1886）	庄人敦請港尾（今臺中市西屯區港尾里）廖水瀾來庄設教，乃受父命從學。
二十一至二十二歲 （光緒十三年 1887～ 光緒十四年 1888）	再赴溝子墘從學於魏文華，此時張麗俊為文已有洋灑成篇的功力。
二十二歲 （光緒十五年 1889）	娶溝子墘何為美之長女何燕為妻，婚後又師事於來下南阬設教的茂才李茂章。

歲　次	重要記事
二十三歲 （光緒十六年 1890）	往田心子養賢軒拜謝道隆（頌臣）茂才爲師。此年初夏，張麗俊父親過世。
二十四歲至二十六歲 （光緒十七 1891～ 光緒十九年 1893）	曾數度參加童子試，多次名列前茅。後經臺南府陳文騄，以及臺南道臺顧肇熙入考棚道考，揭榜後竟名落孫山。
二十七歲（光緒二十年 1894）	謝道隆應大雅張家之請，於「學海軒」設教講學，張麗俊與傅錫祺等多人前往受學。.
二十八歲 （光緒二十一年 1895）	乙未割臺事起，謝頌臣加入丘逢甲所招募的「誠信義軍」，負責帶領「誠」字正中營，張麗俊因而留在養賢軒，料理謝氏之往來文書，並教其子姪。五月間日軍前來接收臺灣，唐景崧、丘逢甲、謝頌臣等人相繼西遁，是年十月臺灣民主國瓦解。日本成爲臺灣的殖民母國，從此阻斷了張麗俊的科舉之路。
三十二歲 （明治三十二年 1899）	日本領臺後，將上下南坑、烏牛欄、鐮子坑口合爲一區，由陳其敏任區長，張麗俊出任當庄第一保保正。
三十八歲 （明治三十八年 1905）	秋日出任戶口臨時調查委員會之委員。
三十九歲 （明治三十九年 1906）	是年開始書寫日記。 四月二十一日，往清濁水口慶祝謝頌臣小東山別墅落成。
四十歲 （明治四十年 1907）	八月二十日，加入櫟社。 十月十七日，參加謝頌臣廣生壙落成慶式。
四十一歲 （明治四十一年 1908）	七月十三日，獲選爲保甲聯合會議長。 十月二十九日，到臺北參加紅十字會總會，並順遊於大稻埕舉行之臺北物產共進會。 十一月至十二月，籌備葫蘆墩建醮事宜。
四十二歲 （明治四十二年 1909）	三月至五月，患眼疾。 七月七日，女兒彩鸞出嫁袁錦昌（錦昌爲袁炳修之子）。
四十三歲 （明治四十三年 1910）	四月二十四日，參加櫟社春會。 五月三十日，摯友袁炳修過世。
四十四歲 （明治四十四年 1911）	四月二日，參加櫟社春會暨梁任公歡迎會。 十月四日，參加中央金曜會一週年慶祝大會。
四十五歲 （明治四十五年 1912）	四月二十一日，與人投資南昌製糖廠。 六月十五日，參加櫟社十週年慶祝大會。 九月二十五日，爲謝頌臣祝壽。 十一月二十二日，第二次當選保甲聯會議長。

歲　次	重要記事
四十六歲 （大正二年 1913）	三月二十九日，參加櫟社春會。 九月十八日，幼子世寧因病過世。 十月十七日，參加櫟社秋會。
四十七歲 （大正三年 1914）	四月二十七日，參加櫟社春會。 六月八日，接受潘日祥等十人的邀請，利用晚間閒暇時間，展開每週三到五天的漢學講授。至十二月廿八日結束夜學，持續約半年。 八月至九月，葫蘆墩、埧雅、神崗、社口、潭仔墘等區區長倡議籌設葫蘆墩興產信用組合（1922 年起改名豐原信用組合），獲支廳長村田豐次郎推荐為理事。 十二月十一日，參加同化會。
四十八歲 （大正四年，1915）	一月，母親八十一歲大壽，與長子世藩婚事合辦，舉行盛大的壽婚儀式。 五月三十日，謝頌臣過世。 六月十七日，受領擔任保甲十五年之紀念木杯。 十一月，母親獲「饗老典」表揚。
四十九歲 （大正五年，1916）	四月十五日，北上臺北參加始政二十年臺灣勸業共進會。 十月七日，參加林痴仙追悼會。 十一月二十一日，當地仕紳提議修繕慈濟宮，並推舉張麗俊為修繕委員會總理。
五十歲 （大正六年 1917）	六月二十四日，恭送南港奉天宮聖母回鑾，順道視察南北港聖母廟建築。 十一月二十九日，參加櫟社秋會。
五十一歲 （大正七年 1918）	是年夏天，警方懷疑他數年前花錢收買官廳，涉嫌不當利益輸送，遂遭留置監中前後兩次，摯愛的母親也在兩次入獄之間辭世。張氏對此起事件非常不服，故判刑後上訴至臺北覆審法院。這次的牢獄之災是張麗俊一生當中極大之冤屈。
五十二歲 （大正八年 1919）	因官司纏身，公職遭到撤除，葫蘆墩興產信用組合理事一職亦遭改選。 十月十九日，臺灣文社成立，張麗俊至臺中參加成立大會。
五十三歲 （大正九年 1920）	一月二十六日，因地方流行感冒猖獗，人心惶恐不安，張麗俊鳩金迎請北港朝天宮、南港奉天宮、彰化南瑤宮、鹿港天后宮、梧棲朝元宮等五位天上聖母，以及陳平庄紫薇亭三官大帝、水里港福順宮三府王爺、牛罵頭紫雲岩觀音佛祖等諸神，到慈濟宮駐蹕，祈保地方人民平安。三十日，參加櫟社

歲　　次	重要記事
	春會。 三月十六日，覆審法官宣判張麗俊無罪，並將地方法院的判決取消。長達一年半的纏訟過程，畫下了一個句點。 五月十日，富春信託株式會社成立，張麗俊持股一百，並出任常務理事，傅錫祺則擔任顧問。 九月二十六日，參加臺灣文社集會暨櫟社秋會。
五十四歲 （大正十年 1921）	二月二十四日，為葫蘆墩萬善堂命名「聚星觀」，並為其撰寫聯文。 三月十二日，次子世垣至汕頭簡永樂大和醫院工作。 六月十八日，參加櫟社春會。二十六日，女婿錦昌至大陸上海開業行醫。 十月十六日，參加櫟社秋會。
五十五歲 （大正十一年 1922）， 《水竹居主人日記》此年僅記二十七日，即一月一日至二十七日。	七月八日，參加櫟社春會。 十月八日，參加櫟社秋會暨二十週年紀念題名碑落成典禮。
五十六歲 （大正十二年 1923）	二月二十五日，參加櫟社春會。 四月七日，召開慈濟宮修繕大會，協議展延修繕期限。 五月二十一日，當選豐原水利組合評議員。 六月二十四日，蔡培火、蔣渭水、蔡惠如等人第三次赴日請願設置臺灣議會，張麗俊出席文協成員為其舉辦之洗塵會。 七月十九日，參加豐原吟社擊缽吟會。二十九日，文協青年團蔡培火等九人，前往豐原聖王廟宣講文化，張氏率領地方仕紳作東，開設歡迎餐會。 十月十八日，參加豐原吟社擊缽吟會。二十三日，慈濟宮舉行開光大典。 十二月四日，參加豐原吟社擊缽吟會。九日，張麗俊被街長推為當地「獻穀田」〔註1〕之代表。
五十七歲 （大正十三年 1924）	一月六日，舉行「獻穀田儀式」。 三月二十二日，參加櫟社春會。 四月十九日，徐妹因乳癌於鹿港四方醫院治療，張麗俊偕同其夫前往探視。

〔註 1〕 按獻穀田張麗俊曾有解釋：「係選田一坵，命令指定人耕種，一年三回，總督、州長臨場舉式，及收成將此米祝五穀帝後進貢皇上。但要選民間一人出名進貢，此人要名譽真好、身體健康、家族昌盛。」見張麗俊《水竹居主人日記》（六），大正十二年（1923）十二月九日，頁124。

歲　次	重要記事
	七月二日，張麗俊赴臺中參加「無力者大會」成立大會。 十月三十日，籌辦慈濟宮文武帝安座大典。 十一月四日，至臺北參加稻江建城清醮，另往北投洗溫泉、圓山謁臺灣神社、動物園參觀，遊龍山寺等。
五十八歲 （大正十四年 1925）	一月，妻子何燕頸後生疽，張麗俊嘗試各種中西醫療法予以醫治。 二月至三月，籌辦大嫂六十大壽及五子世屏婚事。 四月十一日，參加諸友爲林獻堂舉辦之洗塵宴。二十五日，參加櫟社春會。 六月六日，參加林幼春、蔡惠如出獄慰勞會。 七月五日，慈濟宮修繕落成，官紳雲集。擬成立財團法人管理營運。 十一月十四日，參加櫟社秋會。
五十九歲 （大正十五年 1926）	二月二十六日，參加全島信用組合展覽會，旅遊臺南、高雄等地。 四月三日，參加全島聯吟大會。 六月十五日，參加櫟社爲社長傅錫祺舉辦之洗塵會。 九月一日，參加櫟社秋會暨壽椿會。 十月一日，閱臺中州報得知被選爲豐原街協議員。十五日，參加東山登高會。 十一月十四日，參加櫟社臨時擊缽吟會。三十日，慈濟宮修繕協議會推舉張麗俊爲暫行管理人。 十二月七日，至新竹參加全島產業組合大會，並探望基隆的女兒及女婿，且順遊宜蘭。
六十歲 （昭和二年 1927）	四月十一日，因豐原子弟二百餘人參加升學考試，竟無人見榜臺中試驗中學，張麗俊與地方父老倡議籌組「兒童保護者會」，張出任委員。 五月二十日，妻何燕由腦貧血轉爲腦充血，陷入病危狀態。所幸治療後次月已痊癒。 七月十三日，參加中部聯吟大會。 十月三日，櫟社秋會兼舉行壽椿會，祝賀張麗俊、林耀亭六十大壽；及連橫、呂蘊白五十大壽。
六十一歲 （昭和三年 1928）	四月二十七日，到臺北爲其子世城處理入學及轉換科別等事宜，順到再遊基隆。 五月十九日，紅粉知己徐妹腦溢血過世，張麗俊悲痛萬分，並代爲處理後事。 九月二日，原本教授豐原店員會、工友會二會會員漢學的林載釗，不幸七月身故過世。該二會會員於是決議聘請張麗俊繼續爲他們上課。二十八日，參加櫟社觀月會。

歲　次	重要記事
	十月二十日，參加林瑞騰、林仲衡母楊太夫人八一壽辰會暨東山登高會。 十一月十八日，參加櫟社秋會。 十二月四日，至高雄參加全島產業組合大會，並順遊臺南、高雄、屏東。
六十二歲 （昭和四年 1929）	一月，月初何燕突發腦溢血，月底陷入昏迷，甦醒後中風，左半身不遂。 三月至五月，慈濟宮落成慶祝儀式分成「三朝」、「三獻」兩派，張麗俊撰寫〈慈濟宮修繕落成陳情宣傳書〉居中協調。 四月五日，參加東山踏青會。 七月二十二日，參加中部聯吟大會。 八月十四日，慈濟宮舉行信徒總會，全體通過張麗俊為管理人。惟街長不肯認可。 十月十日，參加櫟社秋會。 十一月十一日，到雲嘉南等地視察優良街庄。 十二月六日，到臺北參加全島產業組合之大會，並順遊平鎮、龍潭、關西等地。
六十三歲 （昭和五年 1930）	二月七日，參加全島聯吟大會。十一日，召集眾子協商分家事宜。 三月二日，豐原店員會第三屆會員大會，張麗俊為來賓，發表演說。閉會後再於慈濟宮講演，張麗俊再登臺講「知覺容忍」。十五日，參加全島聯吟大會慰勞會。 四月一日，參加櫟社春會。八日，參加東山踏青會。 五月，何燕病況加劇；世屏妻子流產。再向街長提出慈濟宮管理人認可要求，然亦徒勞無功。 九月十六日，至基隆訪錦昌一家，順遊瑞芳。 十月十四日，林阿羅等八人就聯名邀請張麗俊開設夜學，至次年（1931）的八月十三日結束。 十一月二十二日，到嘉義參加全島產業組合役職員大會，順遊嘉義、關子嶺、烏山頭、阿里山等地。 十二月十三日，參加櫟社秋會。
六十四歲 （昭和六年 1931）	一月十一日，革新社夜學結束。 四月十二日，錦昌醫院遭到拍賣，張麗俊北上前往處理。 二十六日，參加櫟社春會暨三十週年紀念鐘初撞式。 九月四日，張麗俊以遞補資格再任豐原水利組合評議員。 十一月二十二日，參加櫟社三十週年大會。 十二月五日，至新竹赴全島產業組合大會，與友人自組旅行團，遊覽角板山。

歲　次	重要記事
六十五歲 （昭和七年 1932）	四月七日，參加櫟社春會。 六月二十六日，參加呂大椿發起之沙鷗聯吟會。 八月五日，參加反對臺灣米限制出口臺中州民大會。二十四日，到新竹竹東、臺北木柵、淡水、三芝等地視察優良街庄。視察結束後轉往基隆，遊玩中元祭主普壇、至獅球嶺眺望市街、走訪獅球嶺隧道。 十月十五日，參加櫟社秋會。 十一月，月中身體不豫；月底爲方便就醫住進女婿呂添盛所開之米行。 十二月八日，妻子只剩一息，張麗俊趕回探視，延至十一日辭世。十九日舉行喪事祭典。
六十六歲 （昭和八年 1933）	三月五日，參加中部聯吟大會。 六月中旬，患隱疾身體不適，接受開刀治療長達三星期。 七月二十四日正式康復。 九月二十二日，至宜蘭參加全島產業組合大會，經臺北順遊剛開幕不久之菊元百貨。 十月二十七日，至豐國樓開豐原吟社擊鉢吟會。 十一月十一日，參加櫟社秋會。二十六日，出席豐原吟社於上南坑水源地集會。
六十七歲 （昭和九年 1934）	一月二十六日，豐原信用組合理監事改選投票，次日開票，張麗俊再次當選常務理事。 三月七日，岩下街長擬改建道路，欲拆慈濟宮東廂，張麗俊往而質問。歷經數月斡旋仍舊無效，慈濟宮石門磚牆已成道路。 四月二十二日，豐原吟社於慈濟宮開擊鉢吟會，張麗俊出題。 五月五日，參加櫟社春會。二十一日，「慈濟宮」，張麗俊以慈濟宮信徒代表身份，向郡守、知事提出陳情書。 六月十七日，參加櫟社夏會。 八月二十一日，參加豐原郡役所招募之街庄組合役職員慰勞旅行，遊覽通宵海水浴場。 九月一日，參加櫟社東山詩會。 十月十六日，參加豐原吟社重陽擊鉢吟會。 十一月五日，參加櫟社秋會。十二日，因全島產業組合大會在臺中師範舉行，趁此機會遊日月潭、埔里、霧社等地。 十二月九日，參加次年（1935）春欲舉之全島聯合吟會籌備會暨擊鉢吟會。十六日，參加豐原吟社擊鉢吟會。

歲　次	重要記事
六十八歲 （昭和十年 1935）	一月二十三日，參加全島反對米穀統制大會。 二月十日，參加全島聯吟大會。 三月十六日，參加豐原吟社春會。 四月一日，參加《臺灣新聞》所招募的日本觀光團，遊日長達二十三天。是月，臺灣發生中部大地震。六月九日，參加中州聯吟大會。 六月至九月，總督府欲藉地震拆除（遷移）慈濟宮，進行市街改正。張麗俊傾力向街長、助役展開陳情，以及向街坊民眾說明此事之發展狀況。 八月二日，參加豐原吟社擊缽吟會。 九月十日，納楊氏梨爲後妻。十一日，與鄭松筠、廖西東、陳章、劉羅四人共同當選爲慈濟宮管理人，此次獲街長認可。十五日，參加櫟社秋會。 十月十四日至十六日，請求劉蔭、張阿匏等土地持有人，可以多加拆毀幾尺地，以保留慈濟宮。二十三日，與水利組合組團考察桃園大圳、新莊抽水場，解散後張麗俊順至始政四十年博覽會，然因楊氏梨受傷而匆忙返家。 十一月二日，參加豐原吟社擊缽吟會。六日，張麗俊再次當選豐原水利組合評議員。 十二月三日，參加櫟社壽椿會，並參觀天外天劇場。
六十九歲 （昭和十一年 1936）	一月十日，慈濟宮舉行正式落成儀式（三獻禮）。 一月二十六日至二月二十日，慈濟宮拆除工程已經動工，張麗俊再向州、郡當局提出陳情書。此舉獲總督府關切，決議欲保存慈濟宮，惟需向彰化銀行購買餘地。 四月三十日，彰銀同意以一坪六十円之價格賣地，張麗俊等人與之簽訂契約後，隨即報請街長，慈濟宮始得保留。 五月三日，參加林獻堂洗塵會；十日，參加蔡啓運逝世紀念會。 六月十一日，接獲慈濟宮管理人街長證明書。十四日，參加東山別墅啖荔會。 九月二十七日，參加豐原吟社擊缽吟會。 十月十七日，參加中部聯吟大會。二十三日，參加櫟社登高會。 十二月二日，參加豐原擊缽吟詩會。
七十歲 （昭和十二年 1937）	四月十八日，參加吳子瑜餞別會。
七十一歲至七十四歲 （昭和十三年 1938～ 昭和十六年 1941）	張麗俊中風臥病在家。於 1941 年九月十五日辭世，享年七十四歲。

本表主要根據《水竹居主人日記》製成。另參考傅錫祺《櫟社沿革志略》，臺灣文獻叢刊第 170 種，臺北：臺灣銀行經濟研究室出版，1963 年 2 月。許俊雅「櫟社詩會活動表」，《黑暗中的追尋——櫟社研究》，上海：東方出版中心，2006 年 6 月，頁 52～72。李毓嵐「張麗俊參與櫟社集會情形一覽表（1907～1937）」，〈從《水竹居主人日記》看張麗俊的詩社活動〉，《《水竹居主人日記》學術研討會論文集》，臺中：臺中縣文化局，頁 320～331。

表六：張麗俊獄中詩作一覽表

詩　名	形　式	數　量	寫作時間	主　題
自嘆	七絕	十首	大正七年（1918）十二月十一日	詠懷（抒發自身情感）
感懷	七絕	三十一首		
感懷	七律	六首	大正八年（1919）二月七日	
會面	七律	一首	大正八年（1919）二月十九日	寫實（描寫獄中生活）
進飯	七律	一首		
送衣	七律	一首		
浴身	七律	一首		
夢魂	七律	一首		
運動	七律	一首		
養靜	七律	一首		
脫化	七律	一首		
無聊	七律	一首		
晚風	七律	一首		
夜雨	七律	一首		
聽蛙	七律	一首		
聞雁	七律	一首		
老牛	七律	一首	大正八年（1919）二月十九日	詠物
病馬	七律	一首		
雞鳴	七律	一首		
狗吠	七律	一首		
氣車	七律	一首		
電火	七律	一首		
虞舜	七律	一首		

詩　　名	形　式	數　量	寫作時間	主　題
伊尹	七律	一首	大正八年（1919）二月十九日	詠史
呂望	七律	一首		
諸葛孔明	七律	一首		
夏禹	七律	一首		
商湯	七律	一首		
周文	七律	一首		
昭列帝	七律	一首		
漢壽亭候〔侯〕	七律	一首		
張桓候〔侯〕	七律	一首		
趙將軍	七律	一首		
魏武帝	七律	一首		
吳大帝	七律	一首		
周公僅	七律	一首		
齊桓公	七律	一首		
晉文公	七律	一首		
管夷吾	七律	一首		
晏平仲	七律	一首		
伯夷叔齊	七律	一首		
長沮桀溺	七律	一首		
丈人	七律	一首		
晨門	七律	一首		
楚項羽	七律	一首		
思親	七律	二首	大正八年（1919）二月七日	思親及其他
接家書	七絕	一首	大正七年（1918）十二月十一日	
原上草	七絕	一首		
喜臺灣文藝叢誌書成	七律	一首	大正八年（1919）二月十九日	
愧臺灣文藝叢誌埋名	七律	一首		
回家	七律	一首	大正八年（1919）五月十二日	
總　計			九十六首	

表七：張麗俊旅遊活動一覽表（依年代先後排列）

時　間	事　由	地　點	詩　作	備　註
（明治四十一年）1908 年 10 月 29 日至 11 月 3 日	到臺北參加紅十字會活動，10 月 31 日順遊臺北物產共進會。	大稻埕	〈咏鶯哥石〉、〈香山望海〉、〈稻江晚眺〉、〈遊枋橋花園〉、〈遊大龍洞〉、〈明治橋〉、〈劍潭寺〉、〈員山〉。	根據張麗俊日記，在此日期之前並未見旅遊的相關載錄，此次應是張氏首次北遊。
（大正三年）1914 年 9 月 29 日至 10 月 2 日	因子世藩偕其同學自臺北工業講習所不假而歸，故到臺北工業講習所詢問狀況。	臺北、基隆	〈重遊稻江途中即景〉、〈稻江即景〉、〈北投溫泉〉、〈遊基隆途中漫興〉、〈遊基隆仙洞〉。	
（大正五年）1916 年 4 月 15 日至 4 月 21 日	參加始政二十年臺灣勸業共進會	臺北、基隆	〈三遊稻江〉〔缺〕、〈春日全諸友赴澄淇君晚宴席上即呈〉、〈蒙水田君晚宴席上即呈〉、〈留別水田君小宴〉、〈三遊稻江二絕〉、〈總督府衙二絕〉、〈觀共進會二絕〉、〈登十層樓二絕〉、〈噴水池〉、〈電燈圖〉、〈佛像被蟻〉、〈旋轉機模型〉、〈女兒觀化龍〉〔缺〕、〈澎湖列島模型〉、〈阿里山作業所模型〉。	日記詳細記載共進會內情形。
（大正十三年）1924 年 11 月 4 日至 11 月 6 日	因稻江建城作清醮，北上參加。	北投、圓山、萬華		北投洗溫泉、圓山謁臺灣神社、動物園參觀，遊龍山寺等。
（大正十五年）1926 年 2 月 26 日到 3 月 3 日	參加全島信用組合大會。	臺南、高雄	〈南遊途中即景〉、〈題開山神社〉、〈題乾隆聖主御製碑〉、〈赤崁樓即景〉、〈題五妃廟〉、〈遊臺南公園〉、〈題考棚舊址〉、〈遊吳家故園〉、〈園遊會〉、〈遊高雄州〉、〈遊旗山〉、〈獨遊〉。	根據張麗俊日記，在此日期之前並未見旅遊南部的相關載錄，故此次應爲張氏首次南遊。

時　間	事　由	地　點	詩　作	備　註
（大正十五年）1926年 12 月 7 日至 12 月 12 日	參加在新竹舉辦之全島產業組合大會，並探望基隆的女兒及女婿，順道一遊宜蘭。	新竹、基隆、宜蘭	〈新竹州共進會遊玩美術館並呈鄭蘊石先生〉〔缺〕、〈基隆公園晚眺〉、〈觀舊炮臺〉、〈三貂嶺〉、〈龜山〉、〈北遊寫懷〉。	張氏認爲此次大會「設備雖周，俱目所曾見之物」〔註2〕。
（昭和三年）1928 年 4 月 17 日至 4 月 20 日	到臺北爲其子世城處理入學及轉換科別等事宜，順到基隆一遊。	臺北、基隆	〈觀流浪口占〉	參觀八堵鐵橋、高麗丸。
（昭和三年）1928 年 12 月 6 日至 12 月 9 日	參加於高雄舉辦之全島產業組合大會。	臺南、高雄、屏東		先抵臺南遊歷，再至新選出之臺灣八景「壽山」遊覽，最後再轉往屏東，登臨亦入選八景之「鵝鑾鼻燈塔」。
（昭和四年）1929 年 2 月 16 日至 2 月 18 日	到臺北與日商處理購買製冰機事宜，後與錦昌商議妻子何燕病況。	臺北草山	〈遊草山即景〉	
（昭和四年）1929 年 11 月 11 日至 11 月 15 日	到雲嘉南等地視察優良街庄。	斗六、嘉義、臺南、高雄、屏東	〈嘉義製栽【裁】所〉、〈七絃竹〉、〈屏東即景〉、〈往關廟途中口占〉、〈遊飛行機場不果〉、〈優良街庄視察即事〉。	
（昭和四年）1929 年 12 月 6 日至 12 月 9 日	到臺北參加全島產業組合之大會。	平鎮、龍潭、關西	〈龍潭晚眺〉、〈關西即景〉。	到臺北參加 7 日舉行之全島產業組合之大會，次日到平鎮、龍潭、關西等地一遊。

〔註 2〕 張麗俊《水竹居主人日記》（七），許雪姬、洪淑芬編纂、解說，中研院近史所，2004 年 1 月初版。見大正十五年（1926）十二月七日之記事，頁 126。

時　間	事　由	地　點	詩　作	備　註
（昭和五年）1930 年 9 月 16 日至 9 月 22 日	到基隆探望錦昌、彩鸞。	基隆、瑞芳		至基隆慶安宮觀中元節斗燈；上旭崗觀日；至瑞芳，並登至九份山上。
（昭和五年）1930 年 11 月 22 日至 11 月 26 日	到嘉義參加全島產業組合役職員大會。	嘉義、關子嶺、烏山頭、阿里山	〈上關子嶺〉、〈遊嘉南大圳頭〉、〈登阿里山〉。	
（昭和六年）1931 年 3 月 3 日至 3 月 7 日	為人作證；到臺北探望其子世城；到基隆探望女兒彩鸞。	臺北、基隆		在基隆觀賞西螺梅蘭社演出。錦昌述及其醫院財產已遭抵押。
（昭和六年）1931 年 4 月 12 日至 4 月 14 日	處理錦昌財務問題。	基隆		除處理錦昌財務問題外，並入戲園看西螺共樂社演出。
（昭和六年）1931 年 12 月 5 日至 12 月 8 日	至新竹赴全島產業組合大會。	新竹、桃園	〈遊角板山即景〉兩首；錄〈臺灣總督佐久間左馬太追懷紀念碑記〉。	除參加組合大會外，張與友人自組角板山旅行團，遊覽角板山。
（昭和七年）1932 年 8 月 24 日至 8 月 29 日	視察北部優良街庄	竹東、木柵、淡水、三芝、基隆	〈北部視察途中即景〉兩首；〈臺北即景〉兩首；〈贈木柵組合〉〔缺〕。	到新竹竹東、臺北木柵、淡水、三芝等地視察優良街庄。視察結束後轉往基隆，遊玩中元祭主普壇、至獅球嶺眺望市街、走訪獅球嶺隧道。（昭和七年）1932 年之全島產業組合大會，因花蓮旅館不多，故聯合會限制參加人數，張遂不往，故未參加。
（昭和八年）1933 年 9 月 22 日至 9 月 24 日	至宜蘭參加全島產業組合大會。	臺北、宜蘭	〈三貂即景〉、〈宜蘭即事〉。	至臺北一遊剛開幕不久之菊元百貨。

時　　間	事　　由	地點	詩　　作	備　　註
（昭和九年）1934年8月21日至8月23日	參加豐原郡役所招募之街庄組合役職員慰勞旅行	通宵海水浴場	〈通宵海水浴場即事〉	
（昭和九年）1934年11月12日至11月14日	因全島產業組合大會在臺中師範舉行，故趁此機會與出席者團體遊日月潭。	南投日月潭、霧社、埔里	〈日月潭曉望〉、〈探霧社感懷〉、〈日月潭發電所〉、〈遊埔里漫興〉。	夜宿涵碧樓。
（昭和十年）1935年4月1日至4月22日	參加《臺灣新聞》所招募的日本觀光團。	九州、大阪、奈良、京都、東京、橫濱	其遊日途中的詩作，雖日記自云有詠詩，但僅有詩題，詩的內容則沒有完整記錄。	回臺前臺灣發生中部大地震。
（昭和十年）1935年10月23日至10月26日	水利組合評議員身份考察桃園大圳、新莊抽水場	桃園石門、臺北新莊	〈桃園大圳頭石門〉	此團解散後，張氏與楊氏梨、彩淑同遊領臺四十週年紀念博覽會，然因楊梨受傷而匆匆返家。
（昭和十一年）1936年8月14日至8月16日	豐原信用組合役職員慰勞旅行	臺中八仙山	〈八仙山即景〉	返家當日大度山舉行飛機操演，張氏大嫂前去觀覽。

參考書目

一、**專書類**（依作者姓名、或編著單位筆畫順序排列）

1. 井出季和太著，郭輝編譯《日據下之臺政・卷一至卷三》，海峽學術出版社，2003 年 11 月初版。

2. 仇德哉《臺灣之寺廟與神明（二）》，臺灣省文獻會，1984 年 4 月出版。

3. 片剛巖撰，陳金田譯《臺灣風俗誌》，眾文圖書股份有限公司出版，1987 年 3 月再版。

4. 王建竹《臺中詩乘》，臺中市政府，1976 年 12 月出版。

5. 王隆升《唐代登臨詩研究》，文津出版社，1998 年 4 月出版。

6. 王爾敏《明清時代庶民文化生活》，中央研究院近代史研究所出版，1996 年 3 月出版。

7. 臺銀經濟研究室《臺灣交通史》，臺灣研究叢刊第 37 種，臺銀經濟研究室，1955 年 10 月初版。

8. 臺銀經濟研究室《臺灣旅行記》，臺灣文獻叢刊第 211 種，臺灣省文獻會出版，1996 年 9 月初版。

9. 臺銀經濟研究室《臺灣遊記》，臺灣文獻叢刊第 89 種，臺灣省文獻會出版，1996 年 9 月初版。

10. 臺灣教育會編著《臺灣教育沿革誌》，南天書局有限公司，1995 年 10 月出版。

11. 臺灣經世新報社《臺灣大年表》，南天書局有限公司，1994 年 9 月。

12. 臺灣勸業共進會編《臺灣勸業共進會協贊會報告書》，臺灣日日新報社，1916 年 10 月出版。

13. 江寶釵《嘉義地區古典文學發展史》，嘉義市立文化中心，1998 年 6 月初版。

14. 江寶釵《臺灣古典詩面面觀》，巨流圖書公司，1999 年 12 月初版。

15. 江蘇省長公署實業科《參觀臺灣勸業共進會報告書》，1917 年 7 月出版。

16. 何金蘭《文學社會學》，桂冠圖書股份有限公司，1989 年 8 月一版。

17. 余光弘《媽宮的寺廟》，中央研究院民族學研究所，1988 年 10 月出版。

18. 吳文星《日據時期臺灣社會領導階層之研究》，正中書局出版，1992 年 3 月初版。

19. 吳文星、廣瀨順皓、黃紹恆、鍾淑敏、邱純蕙主編《臺灣總督田健治郎日記》（上），中研院臺史所籌備處，2001 年 7 月出版。

20. 吳文星、廣瀨順皓、黃紹恆、鍾淑敏主編《臺灣總督田健治郎日記》（下），中研院臺史所，2006 年 2 月出版。

21. 吳瀛濤《臺灣民俗》，眾文圖書股份有限公司，2000 年 1 月再版。

22. 呂紹理《水螺響起：日治時期臺灣社會的生活作息》，遠流出版社，1998 年出版。

23. 呂紹理《展示臺灣：權力、空間與殖民統治的形象表述》，麥田出版，2005 年 10 月初版。

24. 李世偉《日據時代臺灣儒教結社與活動》，文津出版社有限公司，1999 年 6 月初版。

25. 李秀娥《臺灣傳統生命禮儀》，晨星出版有限公司出版，2003 年 4 月初版。

26. 李南衡編《日據下臺灣新文學・明集 2・小說選集一》，明潭出版社，1979 年 3 月初版。

27. 李南衡編《日據下臺灣新文學・明集 5・文獻資料選集》，明潭出版社，1979 年 3 月初版。

28. 卓克華《清代臺灣的商戰集團》，臺原出版社，1993 年 6 月一版。

29. 周振甫《詩詞例話》，長安出版社，1987 年 10 月再版。

30. 周婉窈《海行分的年代——日本殖民統治末期臺灣史論著》，允晨文化實業股份有限公司，2004 年 1 月初版二刷。

31. 林幼春《南強詩集》，臺灣先賢詩文集彙刊，龍文出版社，1992 年出版。

32. 林美容《臺灣人的社會與信仰》，自立晚報社文化出版部，1993 年 1 月出版。

33. 林美容《鄉土史與村庄史——人類學者看地方》，臺原出版社，2000 年 9 月出版。

34. 林美容《媽祖信仰與臺灣社會》，博揚文化事業股份有限公司，2006 年 3 月初版。

35. 林淑貞《中國詠物詩「託物言志」析論,萬卷樓圖書股份有限公司,2002年4月初版。

36. 林莊生《懷樹又懷人——我的父親莊垂勝、他的朋友及那個時代》,自立晚報社文化出版部,1992年8月初版。

37. 林獻堂著;許雪姬等編註《灌園先生日記》(一),中央研究院臺史所籌備處,2000年12月出版。

38. 林獻堂著;許雪姬等編註《灌園先生日記》(二)、(三)、(四),中央研究院臺史所籌備處,2001年12月出版。

39. 林獻堂著;許雪姬等編註《灌園先生日記》(五)、(六),中央研究院臺史所籌備處,2003年7月出版。

40. 林獻堂著;許雪姬等編註《灌園先生日記》(七)、(八),中央研究院臺史所籌備處,2004年4月出版。

41. 林茂賢《福爾摩沙之美:臺灣傳統戲劇風華》,行政院文建會,2000年3月出版。

42. 邱坤良《舊劇與新劇:日治時期臺灣戲劇之研究(1895-1945)》,自立晚報社文化出版部,1992年6月出版。

43. 施梅樵《梅樵詩集》,臺灣先賢詩文集彙刊,龍文出版社股份有限公司,2001年6月出版。

44. 施淑《日據時代臺灣小說選》,前衛出版社,1995年8月。

45. 施懿琳、許俊雅、楊翠《臺中縣文學發展史》,臺中縣文化中心,1995年出版。

46. 施懿琳、楊翠、鍾美芳合著《臺中縣文學發展史:田野調查報告書》,臺中縣文化中心,1996年6月二版。

47. 施懿琳、楊翠《彰化縣文學發展史》(上、下),彰化縣立文化中心,1997年5月。

48. 施懿琳《從沈光文到賴和——臺灣古典文學的發展與特色》,春暉出版社,2000年6月初版。

49. 洪進鋒《臺灣民俗之旅》,武陵出版有限公司,1993年4月初版二刷。

50. 徐師曾《文體明辨》(和刻本),中文出版社,1982年8月再版。

51. 栗田政治編輯《臺灣商工名錄》,臺灣物產協會,昭和二年。

52. 翁聖峯《清代臺灣竹枝詞之研究》,文津出版社有限公司出版,1996年初版。

53. 翁聖峯《日據時期臺灣新舊文學論爭新探》,五南圖書出版有限公司,2007年1月初版。

54. 張人傑《臺灣社會生活史——休閒遊憩、日常生活與現代性》,稻鄉出版社,2006年5月。

55. 張捷夫《喪葬史話》，國家出版社出版，2003 年 4 月初版。

56. 張靜茹《上海現代性‧臺灣傳統文人——文化夢的追尋與幻滅》，稻鄉出版社，2006 年 9 月出版。

57. 張麗俊《水竹居主人日記》（一）、（二），許雪姬、洪秋芬編纂、解說，中研院近史所，2000 年 11 月初版。

58. 張麗俊《水竹居主人日記》（三）、（四），許雪姬、洪秋芬、李毓嵐編纂、解說，中研院近史所，2001 年 8 月初版。

59. 張麗俊《水竹居主人日記》（五）、（六），許雪姬、洪秋芬、李毓嵐編纂、解說，中研院近史所，2002 年 11 月初版。

60. 張麗俊《水竹居主人日記》（七）、（八），許雪姬、洪秋芬、李毓嵐編纂、解說，中研院近史所，2004 年 1 月初版。

61. 張麗俊《水竹居主人日記》（九）、（十），許雪姬、洪秋芬、李毓嵐編纂、解說，中研院近史所，2004 年 11 月初版。

62. 許俊雅《日據時期臺灣小說研究》，文史哲出版社，1995 年 2 月初版。

63. 許俊雅《臺灣文學散論》，文史哲出版社，2004 年 10 月初版二刷。

64. 許俊雅《黑暗中的追尋：櫟社研究》，上海：東方出版中心，2006 年 6 月出版。

65. 許鋼《詠史詩與中國泛歷史主義》，水牛圖書出版事業有限公司，1997 年 8 月出版。

66. 陳其南《臺灣的傳統中國社會》，允晨文化實業股份有限公司，1997 年 10 月二版。

67. 陳正之《民俗思想起——消失中的常民生活文化》，臺灣省政府出版，2000 年 12 月出版。

68. 陳炎正《豐原市志》，豐原市公所發行，1986 年 10 月初版。

69. 陳茂仁《古典詩歌初階》，文津出版社有限公司，2003 年 8 月出版。

70. 陳國鈞《文化人類學》，三民書局股份有限公司出版，1988 年再版。

71. 陳盛韶《問俗錄：福建、臺灣的民俗與社會》，武陵出版有限公司，1991 年 10 月初版。

72. 陳逸雄編《陳虛谷作品集》（上、下），彰化縣立文化中心，1997 年 12 月。

73. 傅錫祺《櫟社沿革志略》，臺灣文獻叢刊第 170 種，臺灣銀行經濟研究室，1962 年 2 月初版。

74. 傅錫祺《鶴亭詩集》（上、下），臺灣先賢詩文集彙刊，龍文出版社股份有限公司，1992 年 6 月出版。

75. 曾永義《俗文學概論》，三民書局股份有限公司出版，2003 年 6 月初版。

76. 曾永義《戲劇源流新論》，立緒文化事業有限公司出版，2000 年初版。

77. 程佳惠《臺灣史上第一大博覽會：1935 年魅力臺灣 Show》，遠流出版，
2004 年 1 月出版。

78. 黃文博《臺灣人的生死學》，常民文化事業股份有限公司出版，2000 年 8
月初版。

79. 黃永武《中國詩學‧思想篇》，巨流圖書公司，1986 年 1 月出版。

80. 黃永武《中國詩學‧設計篇》，巨流圖書公司，1987 年 4 月出版。

81. 黃永武《中國詩學‧鑑賞篇》，巨流圖書公司，1987 年 4 月出版。

82. 黃永武《詩與美》，洪範書店有限公司，1987 年 12 月四版。

83. 黃俊傑《臺灣意識與臺灣文化》，國立臺灣大學出版中心，2006 年 11 月
初版。

84. 黃俊銘《總督府物語：臺灣總督府暨官邸的故事》，向日葵文化，2004
年 6 月初版。

85. 黃美娥《重層現代性鏡像：日治時期臺灣傳統文人的文化視域與文學想
像》，麥田出版，2004 年 12 月初版。

86. 黃富三《林獻堂傳》，國史館臺灣文獻館，2004 年 11 月出版。

87. 黃靜嘉《春帆樓下晚濤急──日本對臺灣殖民統治及其影響》，臺灣商務
印書館股份有限公司，2002 年 5 月初版二刷。

88. 黃秀政《臺灣史研究》，臺灣學生書局，1995 年 8 月再版。

89. 葉至誠《社會學概論》，揚智文化事業股份有限公司，2001 年 2 月。

90. 葉肅科《日落臺北城：日治時期臺北都市發展與臺人日常生活》，自立晚
報社文化出版部，1993 年 9 月初版。

91. 葉榮鐘《日據下臺灣大事年表》，晨星出版有限公司，2000 年 8 月初版。

92. 葉榮鐘《日據下臺灣政治社會運動史（上、下）》，晨星出版有限公司，
2000 年 8 月初版。

93. 廖振富《櫟社研究新論》，國立編譯館，2006 年 3 月出版。

94. 廖漢臣纂修《臺灣省通志稿‧學藝志文學篇》第三冊，臺灣省文獻委員
會，1959 年 6 月出版。

95. 臺灣總督府交通局編《臺灣鐵道旅行案內》，昭和 5 年（1930 年）。

96. 戴寶村《近代臺灣海運發展──戎克船到長榮巨舶》，玉山社出版事業股
份有限公司，2000 年 12 月出版。

97. 劉純編著《旅遊心理學》，揚智文化事業出版有限公司，2001 年 8 月初版。

98. 劉劍寒主修《日據前期臺灣北部施政紀實‧警政篇、政治篇》，臺北市文
獻委員會，1985 年 6 月出版。

99. 劉勰著；王更生注譯《文心雕龍讀本》（上、下），文史哲出版社，1991
年 9 月。

100. 劉麗卿《清代臺灣八景與八景詩》,文津出版社,2002 年 4 月初版。

101. 蔡文輝《社會學》,三民圖書股份有限公司,1987 年 10 月出版。

102. 蔡相煇《臺灣的祠祀與宗教》,臺原出版社,1993 年 8 月一版。

103. 蔡培火著;中譯者不詳《與日本本國民書》,學術出版社,1974 年 5 月。

104. 蔡龍保《推動時代的巨輪——日治中期的臺灣國有鐵路（1910-1936）》,臺灣古籍出版社,2004 年 9 月初版。

105. 鄭政誠《認識他者的天空——日治時期原住民觀光行旅》,博揚文化事業股份有限公司,2005 年 12 月初版。

106. 賴和著;林瑞明編《賴和全集・小說卷》,前衛出版社,2000 年 6 月。

107. 霍有明《清代詩歌發展史》,文津出版社,1994 年 11 月出版。

108. 戴炎輝、蔡章麟纂修《臺灣省通志稿・政事志司法篇》第一冊,成文出版社,1983 年 3 月出版。

109. 謝頌臣《小東山詩存・科山生壙詩集》,謝文昌自刊,1974 年。

110. 謝崇耀《臺灣文學略論》,臺南縣文化局,2002 年 10 月。

111. 簡吉作;簡敬、洪金盛、韓嘉玲、蔣智揚等譯《簡吉獄中日記》,中央研究院臺灣史研究所,2005 年 2 月出版。

112. 藍采風《社會學》,五南圖書出版有限公司,2000 年 11 月出版。

113. 豐原公學校編《豐原鄉土誌》,昭和六年（1931）。

114. 魏仲佑《黃遵憲與清末「詩界革命」》,國立編譯館,1994 年 12 月初版。

115. 蘇碩斌《看不見與看得見的臺北：清末至日治時期臺北空間權力運作模式的變遷》,左岸文化,2005 年 8 月初版。

二、論文類

期刊論文

1. 何寄澎〈悲秋——中國文學傳統中時空意識的一種典型〉,原刊《臺大中文學報》第 7 期,1995 年 4 月。後收入《典範的遞承：中國古典詩文論叢》,文史哲出版社,2002 年 3 月初版,頁 15～24。

2. 李瑞騰〈臺北：一個文學中心的形成〉,《臺灣文學觀察雜誌》第 8 期,1993 年 9 月,頁 70～75。

3. 周婉窈、許佩賢〈臺灣公學校制度、教科和教科書總說〉,《臺灣風物》第 53 卷第 4 期,2003 年 12 月,頁 119～145。

4. 周婉窈〈日本在臺軍事動員與臺灣人的海外參戰經驗 1937～1945〉,《臺灣史研究》,第 2 卷第 1 期,1995 年 6 月,頁 85～125。

5. 孟樊〈導讀／旅行文學作為一種文類〉,收入氏編《旅行文學讀本》,揚智文化事業股份有限公司,2004 年 3 月出版,頁 1～23。

6. 林素英〈先秦儒家的喪葬觀〉,《漢學研究》第 39 期,2001 年 12 月,頁 83～112。

7. 林麗美〈乙未世代的離散書寫——兼論許南英與丘逢甲的差異〉,《島語 ——臺灣文化評論》第 3 期,2003 年 9 月,頁 38～53。

8. 施懿琳〈從《應社詩薈》看日據中晚期彰化詩人的時代關懷〉,《中國學 術年刊》第 14 期,1993 年 3 月,頁 365～397。

9. 施懿琳〈從張麗俊日記看日治時期中部傳統文人的文學活動與角色扮 演〉,收錄於許俊雅編《講座 FORMOSA:臺灣古典文學評論合集》,萬 卷樓圖書股份有限公司出版,2004 年 11 月初版,頁 443～483。

10. 柯喬文〈殖民化與集體記憶——以《三六九小報》(1930～35) 古典小 說爲考察〉,《島語——臺灣文化評論》第 3 期,2003 年 9 月,頁 66～74。

11. 洪秋芬〈日治時期殖民政府和地方宗教信仰中心關係之探討——豐原慈 濟宮的個案研究〉,《思與言》第 42 卷第 2 期,2004 年 6 月,頁 1～41。

12. 洪秋芬〈日據初期臺灣的保甲制度(1895～1903)〉,《中研院近史所集刊》 第 21 期,1992 年 6 月,頁 437～471。

13. 洪郁如〈日本殖民統治與婦人團體——試論 1904～1930 年的愛國婦人會 臺灣支部〉,《臺灣風物》第 47 卷第 2 期,1997 年 6 月,頁 53～71。

14. 胡錦媛〈遠足離家——迷路回家〉,《臺灣當代旅行文選》,二魚文化事業 有限公司,2004 年 7 月初版,頁 7～13。

15. 胡錦媛〈繞著地球跑〉(上、下),《幼獅文藝》,第 83 卷第 11、12 期, 1996 年 11、12 月,頁 24～28、51～59。

16. 范勝雄〈臺灣民間的喪葬禮俗〉,《臺南文化》第 45 期,1998 年 6 月, 頁 15～61。

17. 若林正丈著:許佩賢譯〈總督政治與臺灣本地地主資產階級——公立臺 中中學校設立問題(1912～1915 年)〉,《臺灣風物》第 52 卷第 4 期,2002 年 12 月,頁 104～146。

18. 張圍東〈日據時代臺灣報紙小史〉,《國立中央圖書館臺灣分館館刊》第 5 卷 3 期,1999 年 3 月,頁 49～58。

19. 梁華璜〈日據時代臺民赴華之旅券制度〉,《臺灣風物》第 39 卷第 3 期, 1989 年 9 月,頁 1～49。

20. 許俊雅〈回顧與前瞻——近二十年來臺灣古典文學研究述評〉,《漢學研 究通訊》第 25 卷第 4 期,2006 年 11 月,頁 33～46。

21. 許雪姬〈《灌園先生日記》的史料價值〉,《灌園先生日記》(一),中研院 近代史研究所出版,2000 年 12 月。

22. 許雪姬〈張麗俊先生《水竹居主人日記》的史料價值〉,原刊《中縣文獻》 第 6 期,1998 年 1 月。後收入張麗俊《水竹居主人日記》(一),中研院

近代史研究所史料叢刊（43），中研院近代史研究所出版，2000 年 11 月初版，頁 1～51。

23. 陳明臺〈櫟社研究〉，《笠》第 47 期，1972 年 2 月，頁 68～72。

24. 黃美娥〈日治時代臺灣詩社林立的社會考察〉，《臺灣風物》第 47 卷第 3 期，1997 年 9 月，頁 43～88。

25. 黃美娥〈臺灣古典文學史概說（1651～1945）〉，《臺北文獻直字》第 151 期，2005 年 3 月，頁 215～269。

26. 黃美娥〈從詩歌到小說：日治初期臺灣文學知識新秩序的生成〉，《當代》第 221 期，2006 年 1 月，頁 42～65。

27. 黃得時〈梁任公遊臺考〉，《臺灣文獻》第 16 卷第 3 期，1965 年 9 月，頁 1～68。

28. 黃富三〈岸裡社與漢人合作開發清代臺灣中部的歷史淵源〉，《漢學研究》第 16 卷第 2 期，1998 年 12 月，頁 61～78。

29. 廖振富〈林癡仙詩中的臺灣與中國〉，《國立臺中商專學報》第 29 期，1997 年 6 月，頁 161～192。

30. 廖振富〈日治時期臺灣古典詩中的劉銘傳——以櫟社徵詩（1912）作品爲主的討論〉，東海大學文學院學報，第 45 期，2004 年 7 月，頁 179～222。

31. 廖振富〈葉榮鐘《少奇吟草》所反映的師友情誼與現實關懷〉，《國文學誌》第 8 期，國立彰化師範大學國文學系，2004 年 6 月，頁 35～76。

32. 廖振富〈日治時期臺灣「監獄文學」探析：以林幼春、蔡惠如、蔣渭水「治警事件」相關作品爲例〉，收錄於許俊雅編《講座 FORMOSA：臺灣古典文學評論合集》，萬卷樓圖書股份有限公司出版，2004 年 11 月初版，頁 485～555。

33. 蔡慧玉〈日治臺灣街庄行政（1920～1945）的編制與運作：街庄行政相關名詞之探討〉，《中央研究院臺灣史研究》第 3 卷第 2 期，1996 年 12 月，頁 93～141。

34. 蔡慧玉〈日治時代臺灣保正書記初探 1911～1945〉，《中央研究院臺灣史研究》第 1 卷第 2 期，1994 年 12 月，頁 5～24。

35. 蔡慧玉〈保正、保甲書記、街庄役場——口述歷史（李金鎮、陳榮松、陳金和）〉，《臺灣史研究》第 2 卷第 2 期，1995 年 12 月，頁 187～214。

36. 蔡慧玉〈保正、保甲書記、街庄役場——林老和、李炳坤、楊彩南、徐國章訪問錄〉，《臺灣風物》第 47 卷第 4 期，1997 年 12 月。

37. 蔡龍保〈日治時期花東線鐵路的興築與花蓮港廳的發展（1895～1936）〉，《臺灣人文》第 8 期，2003 年 12 月，頁 89～115。

38. 鄭基良〈喪禮與祭祀研究〉，《空大人文學報》第 10 期，2001 年 12 月，頁 159～182。

39. 賴恆毅〈水仙尊王與臺北屈原宮〉,《臺灣史料研究》第 26 期,2005 年 12 月,頁 32～48。

40. 賴恆毅〈郁永河《裨海紀遊》之竹枝詞研究〉,《臺灣史料研究》第 25 期,2005 年 7 月,頁 22～42。

41. 謝秋萍〈梁啓超與霧峰林家三傑的臺灣情誼〉,《臺灣文學觀察雜誌》第 8 期,1993 年 9 月,頁 28～37。

42. 藍偵瑜〈梁啓超訪臺對臺灣傳統文人影響之考察〉,《島語——臺灣文化評論》第 3 期,2003 年 9 月,頁 54～64。

43. 顧華忠〈臺灣的現代性:誰的現代性?哪種現代性?〉,《當代》第 221 期,2006 年 1 月,頁 66～89。

研討會論文

1. 余美玲〈日治時期臺灣古典詩歌中的放逐主題:以海東三家詩爲探析對象〉,《第四屆先秦兩漢學術國際研討會:上下求索——楚辭的文學藝術與文化觀照》會議論文,輔仁大學中文系主辦,2005 年 11 月 26、27 日。

2. 余美玲〈從《小東山詩存》探析謝頌臣之生平與交遊——以櫟社詩人圈爲主〉,《櫟社成立一百週年紀念學術研討會》會議論文,國立臺灣文學館暨國立文化資產保存研究中心籌備處主辦,2001 年 12 月 8～10 日。

3. 呂紹理〈日治時期臺灣的休閒生活與商業活動〉,《臺灣商業傳統論文集》,中央研究院臺史所籌備處主辦,1999 年 5 月,頁 357～398。

4. 呂紹理〈「始政四十週年紀念博覽會」之研究〉,《北臺灣鄉土文化學術研討會論文集》,2000 年 10 月出版,頁 325～354。

5. 呂紹理〈老眼驚看新世界:從《水竹居主人日記》看日治時期保正的生活與休閒娛樂〉,《水竹居主人日記學術研討會論文集》,臺中縣文化局,2005 年 9 月出版,頁 369～400。

6. 李毓嵐〈從《水竹居主人日記》看張麗俊的詩社活動〉,《水竹居主人日記學術研討會論文集》,臺中縣文化局,2005 年 9 月出版,頁 293～334。

7. 林美容〈臺灣的海洋宗教與民俗——從媽祖信仰說起〉,《中華媽祖文化學術研討會》會議論文(會後修改版),福建省社會科學聯合會與福建省莆田市湄洲媽祖祖廟主辦,2004 年 10 月 30 日～11 月 3 日舉行。

8. 林蘭芳〈連續與轉變——臺灣早期的電氣建設(1877～1919)〉,《北臺灣鄉土文化學術研討會論文集》,2000 年 10 月出版,頁 357～384。

9. 林蘭芳〈傳統士紳與新科技的對話——豐原張麗俊的近代化體驗〉,《水竹居主人日記學術研討會論文集》,臺中縣文化局,2005 年 9 月出版,頁 335～368。

10. 施懿琳〈臺灣文社初探——以 1919～1923《臺灣文藝叢誌》爲對象〉,《櫟社成立一百週年紀念學術研討會》會議論文,國立臺灣文學館暨國立文

化資產保存研究中心籌備處主辦，2001 年 12 月 8～9 日。

11. 柳書琴〈《風月報》到底是誰的所有？書房、漢文讀者階層與女性識字者〉，《臺灣文學與跨文化流動：第五屆東亞學者現代中文文學國際研討會》會議論文，國立清華大學舉辦，2006 年 10 月 26 日～29 日。

12. 洪秋芬〈日治時期殖民政府和地方宗教信仰中心關係之探討──豐原慈濟宮的個案研究〉，《水竹居主人日記學術研討會論文集》，臺中縣文化局，2005 年 9 月出版，頁 123～158。

13. 洪郁如〈日本統治初期士紳階層女性觀之轉變〉，《臺灣重層近代化論文集》，播種者文化有限公司，2000 年 8 月，頁 255～281。

14. 翁聖峰〈國教宗教辨──以《孔教報》爲論述中心〉，《臺灣儒學文獻研討會》會議論文，臺大東亞文明研究中心主辦，2005 年 5 月 28 日舉行。

15. 郝譽翔〈「旅行」？或是「文學」？〉，《旅遊文學論文集》，文津出版社，2000 年 1 月初版，頁 279～302。

16. 許俊雅〈櫟社詩人吳子瑜及其詩初探〉，《日治時期臺灣傳統文學論文集》，東海大學中文系，2003 年 2 月出版，頁 202～255。

17. 許雪姬〈日治時期霧峰林家的產業經營初探〉，《臺灣商業傳統論文集》，中央研究院臺史所籌備處主辦，1999 年 5 月，頁 297～356。

18. 許雪姬〈張麗俊生活中的女性〉，《水竹居主人日記學術研討會論文集》，臺中縣文化局，2005 年 9 月出版，頁 69～122。

19. 陳世榮〈近代臺灣菁英的訴訟經驗──以林獻堂與張麗俊的日記爲核心〉，《紀念林獻堂先生逝世 50 週年──「日記與臺灣史研究」研討會》會議論文，中研院臺史所主辦，2006 年 12 月 22～23 日。

20. 陳炎正〈張達京與葫蘆墩圳開發〉，《臺中縣開發史學術研討會論文集》，臺中縣文化局，2003 年 12 月出版，頁 147～168。

21. 黃美娥〈北臺第一大詩社──日治時期的瀛社及其活動〉，《第六屆近代中國學術研討會論文集》，國立中央大學中國文學系所，2000 年 3 月出版，頁 341～379。

22. 黃美娥〈文學現代性的移植與傳播：日治時代臺灣傳統文人對世界文學的接受、翻譯與摹寫〉，《正典的生成：臺灣文學國際學術研討會》會議論文，2004 年 7 月 15 日舉行。

23. 黃美娥〈差異／交混、對話／對譯：日治時期臺灣傳統文人的身體經驗與新國民想像（1895～1937）〉，《文化啓蒙與知識生產（1895～1945）國際學術研討會》，2005 年 11 月 26 日舉行。

24. 黃美娥〈殖民地時期臺灣古典詩歌知識論的重構與衍異〉，《臺灣文學與跨文化流動：第五屆東亞學者現代中文文學國際研討會》會議論文，國立清華大學舉辦，2006 年 10 月 26 日～28 日。

25. 楊永彬〈日本領臺初期日臺官紳詩文唱和〉,《臺灣重層近代化論文集》,
臺北:播種者文化有限公司,2000 年 9 月,頁 105～181。

26. 廖振富〈可憐家國付浮沈──論櫟社詩人作品中的祖國情結及其演變〉,
《第六屆近代中國學術研討會論文集》,國立中央大學中國文學系所,
2000 年 3 月出版,頁 413～442。

27. 廖振富〈晚清旅臺詩人梁子嘉及其作品初探〉,《日治時期臺灣傳統文學
論文集》,東海大學中文系,2003 年 2 月出版,2003 年 2 月,頁 303～
337。

28. 廖振富〈臺大圖書館藏櫟社詩稿初探──外緣問題的考察〉,《2002 年漢
學研究國際學術研討會論文集》,國立雲林科技大學漢學資料整理研究所
主辦,2003 年 11 月出版,頁 367～406。

29. 廖振富〈苑裡詩人陳瑚的文學活動及其創作〉,《第二屆苗栗縣文學‧燿
日明月‧研討會論文集》,苗栗縣政府主辦,2004 年 12 月出版,頁 228
～257。

30. 廖振富〈近年新出土櫟社文獻及其研究現況述評〉,《臺灣儒學文獻學術
研討會》會議論文,國立臺灣大學東亞文明研究中心主辦,2005 年 5 月
28 日舉行。

31. 廖振富〈日治時期臺灣傳統文人日常生活中的漢文書寫──以張麗俊《水
竹居主人日記》為考察對象〉,《水竹居主人日記學術研討會論文集》,臺
中縣文化局,2005 年 9 月出版,頁 249～292。

32. 廖振富〈皇民化浪潮下的文化抵抗策略:論太平洋戰爭期間的櫟社活動
及其創作〉,《「皇民化與臺灣(1937～1945)」臺日學術研討會》會議論
文,長榮大學臺灣研究所、日本拓殖大學主辦,2006 年 5 月 13 日。

33. 蔡錦堂〈什麼是「皇民化運動」?〉,《「皇民化與臺灣(1937～1945)」
臺日學術研討會》會議論文,長榮大學臺灣研究所、日本拓殖大學主辦,
2006 年 5 月 14 日。

34. 賴恆毅〈張麗俊《水竹居主人日記》之獄中詩作試析〉,《國立臺北教育
大學臺文所第三屆研究生學術研討會》會議論文,2006 年 5 月 6 日舉行,
國立臺北教育大學至善樓國際會議廳。

35. 賴恆毅〈殖民地旅行經驗考察──以傳統文人張麗俊、中國官員張遵旭
參加「始政二十年臺灣勸業共進會」為例〉,發表於「第一屆國北教大暨
臺師大臺文所研究生論文發表會」,2006 年 11 月 18 日,國立臺北教育
大學視聽館 406 教室。

36. 賴恆毅〈劉家謀在臺詩作之諺語初探〉,《國立臺北師範學院臺灣文學研
究所第二屆研究生學術研討會》會議論文,2005 年 5 月 14 日舉行,國
立臺北師範學院至善樓國際會議廳。

學位論文

1. 宋南萱《「臺灣八景」從清代到日據時期的轉變》,國立中央大學藝術學研究所碩士論文,2000 年。

2. 李崇僖《日本時代臺灣警察制度之研究》,國立臺灣大學法律研究所碩士論文,1996 年。

3. 林文通《日治時期始政三十年紀念展覽會之研究》,臺灣科技大學設計研究所碩士論文,2002 年。

4. 施懿琳《日據時期鹿港民族正氣詩研究》,國立臺灣師範大學國文研究所碩士論文,1985 年。

5. 施懿琳《清代臺灣詩所反映的漢人社會》,臺灣師範大學國文研究所博士論文,1991 年。

6. 徐千惠《日治時期臺人旅外遊記析論──以李春生、連橫、林獻堂、吳濁流遊記爲分析場域》,國立臺灣師大國文研究所碩士論文,2002 年。

7. 翁聖峰《日據時期臺灣新舊文學論爭新探》,輔仁大學中國文學研究所博士論文,2002 年。

8. 張靜茹《以林癡仙、連雅堂、洪棄生、周定山的上海經驗論其身分認同的追尋》,國立臺灣師範大學國文研究所博士論文,2002 年。

9. 許俊雅《臺灣寫實詩作之抗日精神研究(1895~1945 年之古典詩歌)》,國立臺灣師範大學國文研究所碩士論文,1986 年。

10. 陳丹馨《臺灣光復前重要詩社作家作品研究》,東吳大學中國文學研究所碩士論文,1991 年。

11. 程佳惠《1935 年臺灣博覽會之研究》,國立中央大學歷史研究所碩士論文,2001 年。

12. 廖振富《唐代詠史詩之發展與特質》,國立臺灣師範大學國文研究所碩士論文,1989 年。

13. 廖振富《櫟社三家詩研究──林癡仙、林幼春、林獻堂》國立臺灣師範大學國文研究所博士論文,1996 年。

14. 劉融《日治時期臺灣參展島外博覽會之研究》,國立暨南國際大學歷史研究所碩士論文,2002 年。

15. 蔡易達《臺灣總督府基層統治組織之研究──保甲制度與警察》,文化大學日本研究所碩士論文,1988 年 6 月。

16. 蕭肅騰《日治時期臺灣殖民觀光意象之解構》,南華大學亞太研究所碩士論文,2004 年。

17. 鍾美芳《日據時代櫟社之研究》,東海大學歷史研究所碩士論文,1986 年。

三、日治時期報紙

1.《臺灣新民報》，東方文化書局復刻版，1974 年出版。

2.《臺灣民報》，東方文化書局復刻版，1994 年出版。

3.《臺灣日日新報》（影印版），五南圖書公司復刻本，1994 年至 1995 年出版。